BECK'SCHE GESETZESTEXTE
MIT ERLÄUTERUNGEN

Gramlich · Mietrecht

Mietrecht

Bürgerliches Gesetzbuch, Miethöheregelungsgesetz,
Wirtschaftsstrafgesetz, Heizkostenverordnung,
Zweite Berechnungsverordnung

Textausgabe zur Wohnraummiete
mit Erläuterungen

von

BERNHARD GRAMLICH

Richter am Landgericht
Stuttgart

2., neubearbeitete Auflage

C. H. BECK'SCHE VERLAGSBUCHHANDLUNG
MÜNCHEN 1985

CIP-Kurztitelaufnahme der Deutschen Bibliothek

Gramlich, Bernhard:
Mietrecht : Bürgerl. Gesetzbuch, Miethöheregelungsgesetz, Wirtschaftsgesetz, Heizkostenverordnung, Zweite Berechnungsverordnung ; Textausg. zur Wohnraummiete mit Erl. / von Bernhard Gramlich. – 2., neubearb. Aufl. – München : Beck, 1985.
  (Beck'sche Gesetzestexte mit Erläuterungen)
ISBN 3 406 31091 5

ISBN 3 406 31091 5

Druck der C. H. Beck'schen Buchdruckerei Nördlingen

Vorwort

Der größte Teil der Bevölkerung wird als Mieter oder Vermieter von den gesetzlichen Bestimmungen des Mietrechts betroffen. Die wirtschaftlichen Auswirkungen der gesetzlichen Regelungen können sehr weitgehend sein. Entsprechend stark ist das Bedürfnis nach Information in den verschiedensten Formen.

Das Mietrecht steht bereits seit Inkrafttreten des BGB am 1. 1. 1900 ständig im Spannungsfeld zwischen den gegenläufigen Zielen der Vertragsfreiheit und des aus sozialen Gründen notwendigen Mieterschutzes. Wie ein gerechter Ausgleich zwischen diesen Interessen aussehen muß, kann nur politisch entschieden werden. Die sich im Laufe der Jahre und Jahrzehnte vielfach ändernden politischen Auffassungen des Gesetzgebers haben zu einer Vielzahl von Änderungen des Mietrechts innerhalb des BGB und durch Schaffung von Sondergesetzen geführt. Hierdurch wurde eine Orientierung des Rechtssuchenden in zunehmendem Maße erschwert.

Die Anmerkungen in der vorliegenden Textausgabe sollen dem an genauerer Information interessierten Nichtjuristen, aber auch dem auf einem anderen Gebiet als dem Mietrecht spezialisierten Juristen, einen knappen Überblick über die im Mietrecht typischen Probleme geben und eine praktische Hilfe bei der Lösung aufgetretener Mietrechtsprobleme bieten. Im Mittelpunkt der Darstellung stehen die allgemeinen mietrechtlichen Bestimmungen, die für den nicht preisgebundenen Wohnraum gelten. Besonderes Gewicht wurde auf die im Zusammenhang mit Kündigung und Mieterhöhung stehenden Fragen gelegt. Auf Sonderbestimmungen für den öffentlich geförderten, preisgebundenen Wohnraum und für preisgebundene Altbauwohnungen in Berlin wird jeweils hingewiesen. Die entsprechenden Gesetzestexte können z. B. dem Taschenbuch dtv Nr. 5013 Beck-Texte im dtv, MietG, entnommen werden.

Soweit die gesetzlichen Bestimmungen auch ohne erklärende Hinweise verständlich erscheinen, wurde auf Erläuterungen verzichtet. Die Erläuterungen beschränken sich auf eine knappe, über den Gesetzeswortlaut hinausweisende Ansprache typischer und häufig auftretender Probleme und die Wiedergabe ihrer Lösung in der obergerichtlichen Rechtsprechung bzw. nach der überwiegenden Meinung in der Literatur. Wegen der Bindungswirkung der Rechtsentscheide für andere Gerichte wurde auf deren Wiedergabe besonderer Wert gelegt. Die Rechtsentscheide ergänzen praktisch den Gesetzestext in besonderer Form. Auf eine Wiedergabe abweichender Meinungen und Ent-

Vorwort

scheidungen wurde weitgehend ebenso verzichtet wie auf eine systematische und dogmatische Darstellung und Begründung der von der überwiegenden Meinung vertretenen Auffassung. Insoweit muß auf die zum Mietrecht vorliegenden, ausführlichen Kommentare und Erläuterungsbücher verwiesen werden.

Stuttgart, im Juni 1985 Bernhard Gramlich

Inhaltsverzeichnis

1. Bürgerliches Gesetzbuch

§ 535 Wesen des Mietvertrags	1
§ 536 Pflichten des Vermieters	1
§ 537 Mängel der Mietsache	16
§ 538 Schadensersatzpflicht des Vermieters	18
§ 539 Kenntnis des Mieters	20
§ 540 Arglistiges Verschweigen	21
§ 541 Haftung für Rechtsmängel	21
§ 541a Maßnahmen zur Erhaltung	22
§ 541b Maßnahmen zur Verbesserung	22
§ 542 Fristlose Kündigung wegen Nichtgewährung des Gebrauchs	27
§ 543 Anzuwendende Vorschriften	29
§ 544 Fristlose Kündigung wegen Gesundheitsgefährdung	29
§ 545 Mängelanzeige	30
§ 546 Lastentragung	31
§ 547 Ersatz der Verwendungen	31
§ 547a Wegnahme von Einrichtungen	32
§ 548 Abnutzung	33
§ 549 Untermiete	34
§ 550 Vertragswidriger Gebrauch	38
§ 550a Keine Vertragsstrafe	38
§ 550b Sicherheitsleistung des Mieters	39
§ 551 Entrichtung des Mietzinses	42
§ 552 Persönliche Verhinderung	43
§ 552a Aufrechnungs- und Zurückbehaltungsrecht	45
§ 553 Fristlose Kündigung bei vertragswidrigem Gebrauch	46
§ 554 Fristlose Kündigung bei Zahlungsverzug	47
§ 554a Fristlose Kündigung bei schuldhafter Pflichtverletzung	51
§ 554b Vereinbarung über fristlose Kündigung	52
§ 555 (aufgehoben)	52
§ 556 Rückgabe der Mietsache	53
§ 556a Widerspruch des Mieters gegen Kündigung	56
§ 556b Fortsetzung des befristeten Mietverhältnisses	60
§ 556c Weitere Fortsetzung des Mietverhältnisses	60
§ 557 Ansprüche bei verspäteter Rückgabe	62
§ 557a Im voraus entrichteter Mietzins	65
§ 558 Verjährung der Ersatzansprüche des Vermieters	66
§ 559 Vermieterpfandrecht	68
§ 560 Erlöschen des Pfandrechts	70

Inhaltsverzeichnis

§ 561 Selbsthilferecht 71
§ 562 Sicherheitsleistung 72
§ 563 Pfändungspfandrecht 72
§ 564 Ende des Mietverhältnisses 73
§ 564a Schriftform der Kündigung 77
§ 564b Berechtigtes Interesse des Vermieters an der Kündigung . . 78
§ 564c Mietverhältnisse auf bestimmte Zeit 92
§ 565 Kündigungsfristen 97
§ 565a Verlängerung des Mietverhältnisses 100
§ 565b Sondervorschriften für Dienstmietwohnungen 102
§ 565c Kündigung des Vermieters 103
§ 565d Widerspruch des Mieters gegen Kündigung 104
§ 565e Dienstwohnungen 105
§ 566 Schriftform des Mietvertrages 106
§ 567 Vertrag über mehr als 30 Jahre 108
§ 568 Stillschweigende Verlängerung 108
§ 569 Tod des Mieters 110
§ 569a Eintritt von Familienangehörigen in das Mietverhältnis . . 111
§ 569b Fortsetzung durch überlebenden Ehegatten bei gemeinschaftlicher Miete 114
§ 570 Versetzung des Mieters 114
§ 570a Vereinbartes Rücktrittsrecht 115
§ 571 „Kauf bricht nicht Miete" 115
§ 572 Sicherheitsleistung des Mieters 118
§ 573 Vorausverfügung über den Mietzins 119
§ 574 Rechtsgeschäfte über Entrichtung des Mietzinses 120
§ 575 Aufrechnung gegenüber dem Erwerber 121
§ 576 Wirkung der Anzeige der Eigentumsübertragung 121
§ 577 Belastung des Grundstücks 122
§ 578 Veräußerung vor Überlassung 122
§ 579 Weiterveräußerung 122
§ 580 Miete von Räumen 123

2. Gesetz zur Regelung der Miethöhe

§ 1 Verbot der Erhöhungskündigung 125
§ 2 Voraussetzungen des Erhöhungsverlangens 127
§ 3 Bauliche Veränderungen durch Mieter 142
§ 4 Betriebskostenvorauszahlung und Umlage erhöhter Betriebskosten 148
Zweite Berechnungsverordnung § 27 155
§ 5 Umlage erhöhter Kapitalkosten 159
§ 6 Kostenmiete im Saarland 163
§ 7 Bergmannswohnungen 164
§ 8 Automatisch gefertigte Vermieterklärungen 165

Inhaltsverzeichnis

§ 9 Kündigungsrecht von Mieter und Vermieter nach dem Erhöhungsverlangen 165
§ 10 Abweichende Vereinbarungen; Anwendungsbereich 167

3. Gesetz zur weiteren Vereinfachung des Wirtschaftsstrafrechts (Wirtschaftsstrafgesetz 1954)

§ 5 Mietpreisüberhöhung 172

4. Verordnung über Heizkostenabrechnung

§ 1 Anwendungsbereich 176
§ 2 Vorrang vor rechtsgeschäftlichen Bestimmungen 178
§ 3 Anwendung auf das Wohnungseigentum 179
§ 4 Pflicht zur Verbrauchserfassung 180
§ 5 Ausstattung zur Verbrauchserfassung 185
§ 6 Pflicht zur verbrauchsabhängigen Kostenverteilung 189
§ 7 Verteilung der Kosten der Versorgung mit Wärme 191
§ 8 Verteilung der Kosten der Versorgung mit Warmwasser ... 195
§ 9 Verteilung der Kosten der Versorgung mit Wärme und Warmwasser bei verbundenen Anlagen 196
§ 10 Überschreitung der Höchstsätze 198
§ 11 Ausnahmen 198
§ 12 Übergangsregelung 201
§ 12a Sondervorschrift für preisgebundene Wohnungen 203
§ 13 Berlin-Klausel 204

Anhang

5. Modernisierungs- und Energieeinsparungsgesetz

§ 3 Modernisierung, Energieeinsparung, Instandsetzung 205
§ 4 Modernisierungsmaßnahmen 206
§ 14 Miete nach der Modernisierung 207
§ 15 Vorzeitige Beendigung der Verpflichtungen für neu begründete Mietverhältnisse 208
§ 16 Überhöhte Miete 208

6. Sachverzeichnis 209

Abkürzungsverzeichnis

a. a. O.	am angegebenen Ort
AG	Amtsgericht
AGBG	Gesetz zur Regelung des Rechts der Allgemeinen Geschäftsbedingungen vom 9. 12. 1976 (BGBl. I 3317)
Anm.	Anmerkung
BayObLG	Bayerisches Oberstes Landesgericht
BGB	Bürgerliches Gesetzbuch
BGBl.	Bundesgesetzblatt
BGH	Bundesgerichtshof
BGHZ	Entscheidungen des Bundesgerichtshofs in Zivilsachen (Band, Seite)
II. BV	Verordnung über wohnungswirtschaftliche Berechnungen (Zweite Berechnungsverordnung) i. d. F. vom 5. 4. 1984 (BGBl. I S. 553)
BVerfG	Bundesverfassungsgericht
BVerfGE	Entscheidungen des Bundesverfassungsgerichts (Band, Seite)
DWW	Deutsche Wohnungswirtschaft
Emmerich-Sonnenschein	Mietrecht, Kommentar zu den mietrechtlichen Vorschriften des BGB und zum II. WKSchG, 2. Auflage 1981
EuGH	Europäischer Gerichtshof
GKG	Gerichtskostengesetz
GVG	Gerichtsverfassungsgesetz
hM	herrschende Meinung
HKV	Verordnung über die verbrauchsabhängige Abrechnung der Heiz- und Warmwasserkosten (Verordnung über Heizkostenabrechnung – HeizkostenV) i. d. F. vom 5. 4. 1984 (BGBl. I S. 592)
i. d. F.	in der Fassung
KG	Kammergericht Berlin
KO	Konkursordnung
LG	Landgericht
MDR	,,Monatschrift für Deutsches Recht", Hamburg
MHG	Gesetz zur Regelung der Miethöhe vom 18. 12. 1974 (BGBl. I 3603), zuletzt geändert

Abkürzungsverzeichnis XII

	durch Gesetz zur Erhöhung des Angebots an Mietwohnungen vom 20. 12. 1982 (BGBl. 1912)
ModEnG	Gesetz zur Förderung der Modernisierung von Wohnungen und von Maßnahmen zur Einsparung von Heizenergie i. d. F. vom 12. 7. 1978 (BGBl. I 993)
NJW	„Neue Juristische Wochenschrift", München
NMV 70	Verordnung über die Ermittlung der zulässigen Miete für preisgebundene Wohnungen (Neubaumietenverordnung 1970 – NMV 70) i. d. F. vom 5. 4. 1984 (BGBl. I S. 580)
OLG	Oberlandesgericht
Palandt	Palandt – Bürgerliches Gesetzbuch, Kommentar, 44. Auflage 1985
RE	Rechtsentscheid
Schmidt-Futterer/Blank	Schmidt-Futterer/Blank, Wohnraumschutzgesetze, Kündigung, Mieterhöhung, Mietwucher, Zweckentfremdung. Kommentar 5. Auflage 1984
Sternel	Sternel, Wohnraummietrecht. Vertragsgestaltung, Mieterhöhung, Kündigung, 2. Auflage 1979
u. U.	unter Umständen
vgl.	vergleiche
WiStG	Wirtschaftsstrafgesetz vom 9. 7. 1954 (BGBl. I 175) i. d. F. vom 3. 6. 1975 (BGBl. I 1313), geändert durch Gesetz vom 20. Dezember 1982 (BGBl. I 1912)
WKSchG	Gesetz über den Kündigungsschutz für Mietverhältnisse über Wohnraum vom 25. 11. 1971 (BGBl. I 1839), zuletzt geändert durch Gesetz vom 20. 12. 1982 (BGBl. I 1912)
WM	„Wohnungswirtschaft und Mietrecht", Köln
WPM	„Zeitschrift für Wirtschaft und Bankrecht, Wertpapiermitteilungen"
ZMR	„Zeitschrift für Miet- und Raumrecht", Düsseldorf
ZPO	Zivilprozeßordnung
ZVG	Gesetz über die Zwangsversteigerung und die Zwangsverwaltung

1. Bürgerliches Gesetzbuch

Vom 18. August 1896 (RGBl. S. 195)
Zuletzt geändert durch Gesetz vom 20. Dezember 1982
(BGBl. I S. 1912)
BGBl. III 400-2

[Wesen des Mietvertrags]

535 Durch den Mietvertrag wird der Vermieter verpflichtet, dem Mieter den Gebrauch der vermieteten Sache während der Mietzeit zu gewähren. Der Mieter ist verpflichtet, dem Vermieter den vereinbarten Mietzins zu entrichten.

[Pflichten des Vermieters]

536 Der Vermieter hat die vermietete Sache dem Mieter in einem zu dem vertragsmäßigen Gebrauche geeigneten Zustande zu überlassen und sie während der Mietzeit in diesem Zustande zu erhalten.

Übersicht zu §§ 535, 536

Seite

I. Allgemein zum Mietvertragsrecht
1. Abschluß des Mietvertrages 2
2. Formularmietvertrag 3
3. Hausordnung 4
4. Verhältnis der Mieter untereinander 5
5. Mischraummietverhältnis 5
6. Mischverträge 6

II. Pflichten des Vermieters, Rechte des Mieters
7. Gewährung des vertragsgemäßen Gebrauchs (rechtzeitige Raumüberlassung, Verkehrssicherungspflicht, Aufstellen technischer Geräte, Musikausübung, Tierhaltung, Heizung) 7

III. Pflichten des Mieters, Rechte des Vermieters
8. Mietzahlungspflicht 10
9. keine Gebrauchspflicht 10
10. Obhutspflicht 10
11. Besichtigungsrecht 11
12. Übertragung von Schönheitsreparaturen 11
13. Übertragung von Bagatellreparaturen 13
14. Reinigungspflicht 13

IV. Das gerichtliche Verfahren
- 15. Zuständigkeit........................ 14
- 16. Räumungsklage 14
- 17. Rechtsentscheid 14
- 18. Kosten 15

I. Allgemein zum Mietvertragsrecht

1. Der wirksame **Abschluß eines Mietvertrages** ist Voraussetzung für die Anwendung der gesetzlichen Bestimmungen für die Miete. Bereits bei den Vertragsverhandlungen bestehen aber gewisse beiderseitige vorvertragliche Schutzpflichten, deren schuldhafte Verletzung zu Schadensersatzansprüchen führen kann (culpa in contrahendo). Der Vermieter muß den Mieter über Besonderheiten der Wohnung, die für diesen erkennbar von besonderer Bedeutung sind, unterrichten und auf alle Fragen wahrheitsgemäße Antworten geben. Dies gilt umfassend und nicht nur für Fragen der Miethöhe und der zu erwartenden Nebenkosten. Auch für falsche Angaben anderer Personen, die im Auftrag des Vermieters tätig werden (z. B. Hausverwalter) haftet der Vermieter. Der Mieter ist rechtlich nicht gezwungen, Angaben auf Fragen des Vermieters (Selbstauskunft) zu machen. Läßt er Fragen unbeantwortet, so können sich allerdings seine Chancen auf Abschluß eines Mietvertrages bei entsprechender Nachfragesituation verschlechtern. Gibt der Mieter jedoch Auskunft, muß sie der Wahrheit entsprechen, auch wenn die Fragen in Form eines Fragebogens gestellt worden sind. Anders als im Arbeitsrecht hat die Rechtsprechung für den Wohnungssuchenden bisher die Grenzen der Offenbarungspflicht noch nicht festgeschrieben. Nur gegen Fragen, für die ein sachliches Informationsbedürfnis des Vermieters nicht zu erkennen ist, wird der Mieter zu schützen sein. Macht der Mieter falsche Angaben, riskiert er nicht nur einen möglichen Schadensersatzanspruch des Vermieters sondern auch die Anfechtung des Mietvertrages wegen arglistiger Täuschung (§ 123 BGB) (LG Köln ZMR 1984 S. 278, LG Landau ZMR 1985 S. 127) und eine Strafverfolgung wegen Betrug (§ 263 StGB).

Auch der Dauernutzungsvertrag über eine sog. Genossenschaftswohnung ist inhaltlich ein Mietvertrag (RE OLG Karlsruhe v. 21. 1. 1985).

Der Mietvertrag kann grundsätzlich auch mündlich abgeschlossen werden (Schriftformerfordernis vgl. § 566 BGB). Er kommt zustande, wenn sich Vermieter und Mieter über die wichtigsten Punkte geeinigt haben (welche Wohnung, Miethöhe, Vertragsbeginn) und keine Partei weitere Absprachen mehr für notwendig hält. Wird vereinbart, daß der Mietvertrag schriftlich zu schließen ist, kommt er im Zweifel erst mit Unterzeichnung der Vertragsurkunde durch beide Parteien zustande (§ 154 Abs. 2 BGB – vgl. Anm. 2 zu § 566 BGB).

Sowohl auf der Vermieter- als auch auf der Mieterseite können **mehrere Personen** (z. B. Ehegatten, Wohngemeinschaft) beteiligt sein. Sie sind dann jeweils gemeinsam berechtigt und verpflichtet (Gesamtgläubiger § 432 BGB, Gesamtschuldner §§ 427, 421 BGB). Die mietvertraglichen Rechte und Pflichten sind unteilbar, so daß die Personenmehrheiten sich jeweils einheitlich verhalten müssen. Kündigung oder Vertragsänderung (Mieterhöhung) müssen einheitlich von allen und gegen alle Mieter ausgesprochen bzw. vereinbart werden (vgl. Anm. 2 zu § 564 BGB, Anm. 9 zu § 2 MHG).

2. Die Verwendung von **Formularmietverträgen** ist sehr verbreitet. Die Zulässigkeit der in den Formularen enthaltenen Klauseln ist nicht nur durch die ausdrücklichen, zahlreichen Abweichungsverbote im BGB und MHG (z. B. § 564b Abs. 6) sondern darüber hinaus auch durch das Gesetz zur Regelung des Rechts der allgemeinen Geschäftsbedingungen vom 9. Dezember 1976 (AGBG) beschränkt. Bei der Verwendung von Formularen werden die vorgedruckten Vertragsbestimmungen zwischen den Vertragsparteien nicht mehr ausgehandelt. Der Mieter akzeptiert vielmehr häufig ohne oder mit nur geringfügigen Abänderungen (Streichungen) diese Vertragsbedingungen. Unklarheiten in den Bestimmungen, die auch durch ein ungenaues Ausfüllen (z. B. Streichen von Alternativen) auftreten können, gehen zu Lasten dessen, der das Formular verwendet, also regelmäßig zu Lasten des Vermieters. Soweit auch durch Auslegung das bei Vertragsschluß Gewollte nicht eindeutig festgestellt werden kann, gelten im Zweifel die hierzu bestehenden gesetzlichen Regelungen. Individuelle Vertragsabreden gehen, auch wenn sie nur mündlich getroffen wurden, entgegenstehend vorformulierten Vertragsbedingungen vor (§ 4 AGBG). Wer sich hierauf beruft, muß die getroffene individuelle Vereinbarung beweisen.

Die nach dem 1. 4. 1977 abgeschlossenen Mietverträge werden vom AGBG in vollem Umfang erfaßt, für die zuvor abgeschlossenen Verträge gilt nur die Generalklausel § 9 AGBG, nach der Bestimmungen unwirksam sind, die den Vertragspartner „unangemessen benachteiligen" (vgl. BGH NJW 1984 S. 2406).

Formularverträge sind nicht nur die häufig verwendeten, von den Verbänden herausgegebenen Muster oder der vom Bundesjustizministerium herausgegebene Mustermietvertrag 1976 (eingehend erläutert von Voelskow, Münch.Kommentar, vor § 535, Rdnr. 169ff.) sondern z. B. auch festgelegte Bedingungen, die der Vermieter (insbesondere Vermietungsgesellschaften) selbst erstellt und wiederholt verwendet hat oder verwenden will.

Die Klausel, die bestätigt, daß alle Bedingungen ausgehandelt sind, ist unwirksam (RE OLG Hamm NJW 1981 S. 1049). Von besonderer Bedeutung für Mietverträge ist die Einschränkung der Wirksamkeit von Klauseln, nach denen eine Erklärung bei Vornahme oder Unterlassung einer bestimmten Handlung als abgegeben gilt (Erklärungsfiktion, vgl. § 10 Nr. 5 AGBG), das Verbot von Klauseln, die den Zugang (z. B. von Mieterhöhungsverlangen oder Kündigungen innerhalb von 3 Tagen nach Absendung) fingieren (§ 10 Nr. 6 AGBG), das Verbot von unangemessenen Schadensersatzpauschalen (§ 11 Nr. 6 AGBG), das Verbot, die Beweislast uneingeschränkt auf den Mieter zu übertragen (§ 11 Nr. 15 AGBG, z. B. Klausel, daß bei unaufklärbarer Schadensursache, etwa bei Leitungsverstopfung, alle Mieter anteilig haften, RE OLG Hamm NJW 1982 S. 2005). Die letztgenannte Klausel verstößt im übrigen auch gegen § 9 AGBG und ist deshalb auch in Altverträgen aus der Zeit vor 1977 unwirksam. Wirksam hingegen: Ausschluß der Haftung für Feuchtigkeitsschäden an den Sachen des Mieters, sofern der Vermieter den Schaden nicht vorsätzlich oder grob fahrlässig herbeigeführt hat. Die Entscheidung wird man dahingehend verallgemeinern können, daß der Vermieter seine Haftung für Mängel (§ 538 BGB) generell auch in Formularverträgen bei leichtem Verschulden ausschließen kann (so RE BayOblG v. 17. 12. 1984, WM 1985 S. 49). Wegen Klauseln zu Schönheitsreparaturen vgl. Anm. 12.

Verstößt eine Klausel gegen das AGBG oder Vorschriften des BGB bzw. MHG, so ist die Klausel insgesamt unwirksam. Der Mietvertrag im übrigen bleibt hiervon grundsätzlich unberührt (vgl. § 6 AGBG). Anstelle der unwirksamen Klausel gelten die gesetzlichen Bestimmungen.

3. Insbesondere in größeren Mietshäusern besteht häufig eine **Hausordnung,** die Regeln für ein möglichst reibungsloses Zusammenleben der Hausbewohner trifft, so z. B. für die gemeinsame Benutzung und Reinigung bestimmter Räume (Waschküche, Dachboden, Treppenhaus) oder für die Einschränkung des Mietgebrauchs im Interesse der Mitmieter (Musikausübung, Autowaschen, Teppichklopfen). Diese Regelungen sind für den einzelnen Mieter in vollem Umfang nur verbindlich, wenn im Mietvertrag auf die Hausordnung Bezug genommen worden ist und diese dem Mieter bei Vertragsschluß ausgehändigt oder in vergleichbarer Weise zur Kenntnis gebracht worden ist. Bestimmungen der Hausordnung, die über den typischen Rahmen der Hausordnungen hinausgehen und zum Beispiel Haftungsregelungen treffen, sind als sogenannte überraschende Klauseln (§ 3 AGBG) unwirksam. Der Verstoß gegen in der Hausordnung wirksam bestimmte Verhaltenspflichten ist eine Vertragsverletzung, die den Vermieter berechtigt, auf Erfüllung zu klagen und unter Umständen bei schwerwiegenden, fortgesetzten Verstößen auch zur fristlosen Kündigung (§§ 553, 554a BGB) berechtigen kann. Fehlt eine Einbeziehung der Hausordnung im Mietvertrag, so ist der Vermieter nach herrschender Meinung ebenfalls berechtigt, eine Hausordnung aufzustellen. In diesem Fall sind einseitige Regelungen des Vermieters jedoch nur in sehr engem Rahmen möglich. Sie müssen zum ordnungsgemäßen Zusam-

menleben dringend erforderlich sein (z. B. Regelung von Benutzungszeiten). Die Übertragung von Reinigungspflichten kann auf diese Weise nicht erfolgen. Entsprechendes gilt, wenn eine Hausordnung bereits vor Abschluß des Mietvertrages aufgestellt war, vom Vermieter aber nicht in den Mietvertrag miteinbezogen wurde. Der vertragsgemäße Gebrauch (vgl. unten Anm. 7) der Wohnung darf nicht einseitig eingeschränkt werden.

4. Zwischen den **Mietern untereinander** bestehen keine vertraglichen Beziehungen. Soweit das Verhalten einzelner Mieter einen Mitmieter in dessen Rechte verletzt, kann dieser Schadensersatz und Unterlassung nach den Vorschriften zur unerlaubten Handlung (§§ 823 ff. BGB – z. B. bei Beschädigung seines Eigentums – etwa Wasserschaden – oder Gesundheitsbeeinträchtigungen) verlangen. Wird der Mieter durch andere Mieter am vertragsgemäßen Gebrauch der Wohnung gestört, so kann er immer auch vom Vermieter die Beseitigung dieser Störungen verlangen und gegebenenfalls auch die Miete mindern (§ 537 BGB). Der Vermieter muß dann gegen den anderen Mieter vorgehen (§§ 862, 906 BGB), gegebenenfalls auch diesem Mieter kündigen (§§ 553, 554 a BGB).

5. **Mischraummietverhältnisse** liegen vor, wenn durch einheitlichen Vertrag sowohl Wohnräume als auch Gewerberäume vermietet sind. Ob im Einzelfall dann die besonderen Mieterschutzvorschriften für Wohnraummietverhältnisse (insbesondere § 564b BGB, §§ 1 ff. MHG) anwendbar sind, hängt davon ab, welche Räume den Vertragscharakter prägen. Dies ist im Einzelfall oft nicht einfach feststellbar. Sind die vertraglichen Vereinbarungen nur äußerlich verbunden, soll aber nach dem Willen der Parteien das Mietverhältnis über die Wohnräume unabhängig von der Geschäftsraummiete bestehen, so liegen rechtlich 2 getrennte Verträge vor. Ist jedoch, wie in der Regel, eine einheitliche Vereinbarung über die Überlassung aller Räume gewollt, so ist danach abzugrenzen, welche Nutzungsart überwiegt. Der Umstand, daß Wohn- und Gewerberäume wirtschaftlich teilbar wären, reicht zur Anwendung der für Wohnräume geschaffenen Mieterschutzvorschriften nicht aus, da die Parteien diese Trennung nicht vereinbart haben. Welche Nutzungsart überwiegt, kann im Vergleich der vermieteten Flächen und der hierauf entfallenden Anteile an der Miete ermittelt werden. Dabei ist eine rechtliche Gewichtung durch die Parteien im Mietvertrag, soweit feststellbar, zu berücksichtigen (RE OLG Schleswig NJW 1983 S. 49). Überwiegt hiernach die gewerbliche Nutzung, so sind die speziell für die Wohnraummiete geltenden Mieterschutzbestimmungen insgesamt nicht anwendbar.

Wird Wohnraum zur **gewerblichen Weitervermietung,** etwa von einem Arbeitgeber zur Belegung durch seine Arbeitnehmer angemietet, so unterliegt dieser Vertrag nicht den Schutzbestimmungen des

Wohnraummietrechts. Entsprechendes gilt bei Mietverträgen, die von einer gewerblichen Vermietungsgesellschaft zur Weitervermietung der Räume geschlossen werden (typisch bei Wohnraum, der im Bauherrenmodell errichtet worden ist). Auch Mietverträge gemeinnütziger Organisationen, die geschlossen werden um aus sozialen Gründen den Wohnraum an Dritte weiter zu vermieten, unterliegen nicht dem Schutz des Wohnraummietrechts (RE OLG Karlsruhe NJW 1984 S. 373). Der die Räume als Wohnung Nutzende Mieter wird als Untermieter bezeichnet. Ein Wohnraummietvertrag liegt hiernach nur vor, wenn die gemieteten Räume vom Mieter selbst als Wohnraum genutzt werden sollen (BGH NJW 1981 S. 1377 und NJW 1982 S. 1696). Ob er diese dann tatsächlich auch selbst bewohnt oder vertragswidrig weiter vermietet, ist für die Qualifizierung des Mietverhältnisses nicht entscheidend (LG Hamburg ZMR 1985 S. 54).

Die genannten Verträge können somit vom Vermieter gekündigt und die Wohnräume herausverlangt werden (§ 556 Abs. 3 BGB), ohne daß im Regelfall die Kündigungsschutzbestimmungen (§ 564b, § 556a BGB) beachtet werden müssen. In Ausnahmefällen besteht jedoch auch hier ein Kündigungsschutz für den Untermieter (vgl. Anm. 5 zu § 556 BGB). Der Mietvertrag zwischen dem Mieter und dem die Wohnung nutzenden Untermieter unterliegt in vollem Umfang dem Mieterschutz, der allerdings ins Leere gehen kann, wenn der Vermieter Herausgabe gem. § 556 Abs. 3 BGB verlangt. Der Untermieter ist dann, sofern ihm nicht ausnahmsweise Kündigungsschutz auch gegenüber dem Vermieter zukommt, auf Schadensersatzansprüche (§ 541 BGB) allein gegenüber dem Mieter beschränkt.

6. Von **Mischverträgen** (gemischte Verträge) spricht man, wenn neben der Überlassung von Wohnraum noch weitere Leistungen vereinbart werden. So können zusätzlich im Mietvertrag auch dienst- oder arbeitsrechtliche Elemente vereinbart sein, z. B. die Verrichtung bestimmter Arbeiten im Haus und Garten oder dienstvertragliche Elemente, wie etwa die Zubereitung von Mahlzeiten in Heimverträgen der verschiedensten Art. Wohnraummietrecht ist bei diesen gemischten Verträgen anzuwenden, soweit die Raumüberlassung überwiegt, d. h. den Vertrag prägt. Überwiegen die dienst- oder arbeitsrechtlichen Pflichten des Wohnenden und ist die Raumüberlassung nur ein Teil der Entlohnung, so liegt eine Werkdienstwohnung gemäß § 565e BGB vor mit der Folge, daß die mietrechtlichen Bestimmungen grundsätzlich nicht anzuwenden sind. Bei den **Heimverträgen** ist auf den Umfang der Betreuungspflicht abzustellen. Bei Studentenwohnheimen, Lehrlingswohnheimen geht bereits das Gesetz (vgl. § 564b Abs. 7 Nr. 3) davon aus, daß der Raumüberlassungsanteil hier generell überwiegt. Die Verträge in Altenwohnungen und zum Teil auch in Altenheimen (Altersheimen) mit gewisser Serviceleistung werden von der Raumüberlassung geprägt, so daß Wohnraummietrecht (Kündi-

gungsschutz und Miethöhenregelung nach dem MHG) anwendbar ist. Erhält die Pflegeleistung aber verstärktes Gewicht, kann auch bei Altenheimen in jedem Fall aber bei Altenpflegeheimen die Raumüberlassung so weit zurücktreten, daß die sonstigen Leistungen den Vertragscharakter bestimmen. Dann ist oder wird das Wohnraummietrecht unanwendbar. Es kommt auf die tatsächlichen Verhältnisse im Einzelfall an (zum Altenheimvertrag BGH NJW 1981 S. 341).

II. Pflichten des Vermieters. Rechte des Mieters

7. Der Vermieter muß die Wohnung zum **vereinbarten Termin** zur Verfügung stellen. Soweit nicht anderes vereinbart, haftet er auch dann dem neuen Mieter auf Schadensersatz, wenn er die Wohnung vom Vormieter nicht rechtzeitig zurückerhält. Gestattet der Mieter den Bezug der Wohnung bereits kurze Zeit vor dem vereinbarten Zeitpunkt, so ist, wenn nichts anderes vereinbart wurde, für diese Zeit keine Miete zu bezahlen. Der Vermieter muß dafür sorgen, daß die Mietwohnung sich bei Übergabe in einem vertragsgemäßen Zustand befindet. Nach den gesetzlichen Regelungen muß er sie auch während der gesamten Mietzeit in vertragsgemäßem Zustand erhalten. Die Verpflichtung zur Durchführung von Schönheitsreparaturen und kleineren Reparaturen anderer Art, wird jedoch häufig auf den Mieter übertragen (siehe unten Anm. 12, 13).

Von der Überlassung der Wohnung wie vertraglich vereinbart ist die Gestattung der Benutzung weiterer Räume zu unterscheiden. Eine solche Gestattung kann jederzeit widerrufen werden.

Die **Gewährung** des vereinbarten **vertragsgemäßen Gebrauchs** ist die wichtigste Verpflichtung des Vermieters. Er muß alles tun, um dem Mieter die Nutzung der Wohnung zu ermöglichen und Störungen durch Dritte abzuwehren, soweit er von diesen Unterlassung verlangen kann (§§ 862, 906 BGB). Der Umfang seiner Überlassungspflicht im einzelnen ist durch die Auslegung des Vertrages zu ermitteln. Dabei müssen jeweils alle Umstände des Einzelfalles und die Verkehrssitte berücksichtigt werden. Die folgenden Anmerkungen können immer nur die Tendenz der Pflichten im Regelfall darstellen. Besonderheiten des Einzelfalles sind zusätzlich zu berücksichtigen.

Den Vermieter trifft eine umfassende **Verkehrssicherungspflicht.** Er muß alle erforderlichen und zumutbaren Maßnahmen ergreifen, um eine mögliche und drohende Gefährdung des Mieters in der Wohnung oder den Nebenräumen sowie auf den Zugängen abzuwenden. Die notwendigen Sicherheitsvorrichtungen z. B. an Treppen, Fahrstühlen usw. sind funktionsfähig zu erhalten. Die Wege müssen im notwendigen Umfang geräumt und gestreut sowie ausreichend beleuchtet werden. Die Räum- und Streupflichten werden häufig aber auf einen Mieter oder alle Mieter im Wechsel übertragen. In diesen

Fällen ist der Vermieter zu einer strengen Überwachung der Durchführung der Räum- und Streupflicht weiterhin verpflichtet.

Die **Grenzen** des vertragsgemäßen Gebrauchs, den der Vermieter zu gewähren und dessen Grenzen der Mieter nicht überschreiten darf, können sehr unterschiedlich sein. Das dem Mieter gestattete Wohnen umfaßt die gesamte Lebensführung des Mieters und seiner Familie mit allen ihren Bedürfnissen, soweit sie üblich sind oder in besonderer Weise im Mietvertrag berücksichtigt wurden. Der Mieter kann vom Vermieter, wenn ihm der vertragsgemäße Gebrauch nicht gewährt wird, Erfüllung des Mietvertrages verlangen. Gehen die Störungen von Mitmietern aus, die hierdurch den ihnen zustehenden vertragsgemäßen Gebrauch überschreiten, kann der Vermieter unter Umständen verpflichtet sein, mit einer Unterlassungsklage (§ 550 BGB) oder nach Abmahnung auch durch Kündigung des Mietverhältnisses (§§ 564b Abs. 2 Nr. 1, 553, 554a BGB) vorzugehen. Gegen ortsunübliche Belästigungen durch Dritte in der Nachbarschaft, die durch Immissionen (Lärm, Geruch) stören, muß der Vermieter gemäß §§ 903, 906 BGB vorgehen. Der Mieter kann aber auch Schadensersatz verlangen, die Miete mindern oder nach fristloser Kündigung ausziehen (§§ 537ff., 542ff., 554a BGB).

Der Mieter darf Wohnräume nicht **gewerblich** nutzen. Normale Büroarbeiten dürfen vom Mieter aber in gewissem Umfang, wie es der Verkehrssitte entspricht, auch in der Wohnung erledigt werden. Die Betreuung fremder Kinder als Tagesmutter ist zwar grundsätzlich zulässig. Sofern jedoch eine größere Anzahl (etwa ab 5) aufgenommen wird und eine einem Kindergarten ähnliche Einrichtung entsteht, wird der vertragsgemäße Gebrauch i.d.R. überschritten. Bauliche Veränderungen darf der Mieter ohne Erlaubnis des Vermieters nicht vornehmen. Einrichtungen, die der Mieter später wieder entfernen kann und muß (§ 547a BGB), kann der Mieter im üblichen Umfang anbringen (z.B. Dübel, Haken, Teppichboden, Aufstellen einer Duschkabine).

Die fachgerechte **Aufstellung technischer Geräte**, z.B. einer Waschmaschine, Geschirrspülmaschine oder Wäschetrockner kann der Vermieter nicht verbieten, eine entsprechende Bestimmung im Mietvertrag ist in der Regel unwirksam. Der Vermieter muß der Einrichtung eines Telefons zustimmen, nicht aber der Anbringung einer CB-Dachfunkantenne (RE BayObLG NJW 1981 S. 1275), während bei entsprechendem Bedarf, d.h. bei Fehlen einer Gemeinschaftsantenne, eine Rundfunk- oder Fernsehantenne nicht versagt werden könnte. Der Mieter ist regelmäßig berechtigt, im Keller Heizmaterial zu lagern und Fahrräder oder Mopeds abzustellen.

Musikausübung oder -wiedergabe kann nicht gänzlich verboten, aber für gewisse Ruhezeiten (etwa 13.00 Uhr bis 15.00 Uhr und 22.00 Uhr bis 8.00 Uhr) eingeschränkt werden. Die Musikausübung außerhalb der Ruhezeiten darf nicht zu einer Belästigung der Mitbewohner führen. Maßstab ist ein durchschnittliches Empfinden. Im Einzelfall kommt es nicht nur auf die Lautstärke sondern auch auf die Dauer (Berufsmusiker) und die Art der Musik (z. B. häufige mechanische Wiederholungen kurzer Stücke, hohe Töne, starke Bässe) an. Das Abspielen von Tonträgern in Zimmerlautstärke ist generell zulässig, auch wenn es wegen baulicher Mängel (Schallisolation) einen Nachbarn stört.

Die **Tierhaltung** kann vertraglich ganz verboten werden. Ist sie im Mietvertrag nicht eingeschränkt worden, sind die üblichen Haustiere erlaubt (Hund, Katze uä). Werden hierdurch jedoch andere Bewohner gefährdet oder belästigt oder die Wohnung über die gewöhnliche Abnutzung hinaus beschädigt, kann der Vermieter die Entfernung des Tieres verlangen (§ 550 BGB). In besonders schwerwiegenden Fällen kann er dem unnachgiebigen Mieter auch kündigen (§ 554a BGB). Ist die Tierhaltung nur im Einverständnis mit dem Vermieter nach den Vereinbarungen im Mietvertrag möglich, kann dieser seine Genehmigung nach freiem Ermessen erteilen oder ablehnen (RE OLG Hamm NJW 1981 S. 1626 – für etwas stärkere Einschränkung des Ermessens LG Mannheim NJW 1984 S. 59). Kleintiere (kleine Vögel, Zierfische), die weder die Belange des Vermieters noch anderer Mieter beeinträchtigen können, sind immer zulässig. Fehlen vertragliche Vereinbarungen, so kommt es darauf an, ob die Aufnahme des Tieres den vertragsgemäßen Gebrauch der anderen Mieter oder berechtigte Interessen des Vermieters verletzt.

Der Vermieter ist zum ordnungsgemäßen Betrieb einer mitvermieteten **Heizung** verpflichtet. Der Mieter ist in der Regel zur Benützung dieser Heizung verpflichtet und darf keine andere Heizung installieren. In welchem Umfang er die Wohnung tatsächlich beheizt, bleibt allein ihm überlassen, solange hierdurch kein Schaden an der Wohnung zu erwarten ist (Frostschaden, Feuchtigkeit). Ist nichts anderes ausdrücklich vereinbart, so wird der Vermieter etwa zwischen Mitte September und Mitte Mai zum durchgehenden Betrieb der Heizung verpflichtet sein, wobei in den Wohnräumen tagsüber mindestens 20° C erreicht werden müssen. Unter welchen Umständen außerhalb dieser Zeiten (kalte Sommertage) zu heizen ist und wieweit eine Absenkung der Temperatur über Nacht (etwa zwischen 23.00 Uhr und 7.00 Uhr) angebracht ist, ist im einzelnen stark umstritten. In Mehrfamilienhäusern wird sich der Vermieter nach der Mehrheit der Mieter richten müssen. Wegen der Umlage der Heizkosten wird auf § 4 MHG und die Anmerkungen zur Heizkostenverordnung Bezug genommen.

Wegen der Aufnahme von **Gästen,** Besuchern und Verwandten, wird auf Anm. 1 zu § 549 BGB Bezug genommen.

III. Pflichten des Mieters, Rechte des Vermieters

8. Die wichtigste Pflicht des Mieters ist die Bezahlung der vereinbarten **Miete**. Waren sich Vermieter und Mieter einig, daß die Räume nicht unentgeltlich überlassen werden, wurde aber dennoch kein konkreter Betrag vereinbart, so gilt die örtliche Vergleichsmiete (§ 2 Abs. 1 Nr. 2 MHG) als vereinbart. Das Fehlen einer Vereinbarung über die Miethöhe ist bei der heutigen Vermietungspraxis jedoch ein starkes Indiz dafür, daß die Parteien sich noch nicht über alle wesentlichen Punkte des Mietvertrages einig geworden sind, so daß noch kein Vertragsschluß vorliegt. Die Miete kann vom Vermieter gegen den Willen des Mieters nur in den gesetzlich zugelassenen Verfahren (§ 1 ff. MHG) erhöht werden. Im öffentlich geförderten, preisgebundenen Wohnungsbau kann die dort geltende Kostenmiete nur durch Erhöhungserklärung gemäß § 10 Wohnungsbindungsgesetz unter Beifügung einer Berechnung der gestiegenen Kosten erhöht werden. Eine Abbuchungsermächtigung kann der Vermieter nur verlangen, wenn diese im Mietvertrag ausdrücklich vereinbart wurde. Der Mieter trägt die Überweisungskosten. Wegen der Rechtzeitigkeit der Mietzahlungen wird auf Anm. 1 zu § 551 BGB Bezug genommen.

Nebenkosten hat der Mieter nur zu zahlen, soweit dies im Mietvertrag ausdrücklich und eindeutig vereinbart wurde. Sonst gelten alle Nebenkosten als mit der Miete abgegolten (vgl. Anm. 1 zu § 4 MHG). Für die Heizkosten gilt zumindest nach Ablauf der Übergangszeit ab 1. 7. 1984 Abweichendes (vgl. Anm. 3 zu § 7 Heizkostenverordnung).

9. Eine **Gebrauchspflicht** des Mieters besteht nicht. Das gilt auch in Gebieten, für die ein Zweckentfremdungsverbot (Mietrechtsverbesserungsgesetz vom 4. 11. 1971, BGBl. I S. 1745, Artikel 6 in Verbindung mit einer Verordnung der zuständigen Landesregierung, die den Anwendungsbezirk bestimmt) besteht. Zwar gilt auch das Leerstehenlassen von Wohnungen als Zweckentfremdung. Die Zweckentfremdungsvorschriften wenden sich aber nur gegen den Vermieter und besagen deshalb nichts über Wohnungen, die vermietet sind, aber vom Mieter nicht genutzt werden. Der Mieter wird in diesen Fällen von der Zahlung der Miete nicht befreit (§ 552 BGB).

10. Durch die Nichtbenutzung der Wohnung kann der Mieter jedoch unter Umständen seine **Obhutspflicht** verletzen. Von der Übergabe (Überlassung) der Wohnung bis zu ihrer Rückgabe (§ 556 BGB) ist der Mieter verpflichtet, die Wohnung sorgfältig und pfleglich zu behandeln. Waschmaschine, Geschirrspüler sind während ihres Betriebs zu überwachen und nach Betrieb vom Wasseranschluß zu trennen um Wasserschäden zu vermeiden (zur Schadensersatzpflicht vgl. Anm. 4 zu § 553 BGB). Auftretende Schäden hat der Mieter anzuzeigen (§ 545 BGB) und ihre Beseitigung zu ermöglichen (§§ 541a, 541b BGB). Benutzt der Mieter die Wohnung längere Zeit nicht, muß er

dennoch die Wohnung zugänglich halten und die Schlüssel z. B. einer Person seines Vertrauens, oder auch dem Vermieter, etwa in versiegeltem Umschlag, überlassen. Der Mieter muß Vorkehrungen treffen, daß durch den Nichtgebrauch der Wohnung kein Schaden z. B. durch Frost entstehen kann. Er ist für eine ausreichende Beheizung und Lüftung (Schimmelflecken) verantwortlich (RE OLG Celle ZMR 1985, S. 10).

11. Der Mieter muß die **Besichtigung** der Wohnung durch den Vermieter in gewissen Abständen ermöglichen, auch wenn dies im Mietvertrag nicht ausdrücklich geregelt ist. Der Umfang dieses Besichtigungsrechts ist ganz nach den Umständen des Einzelfalls zeitlich zu bestimmen. Es darf nicht schikanös ausgeübt werden. Abzustellen ist vielmehr auf ein berechtigtes Interesse des Vermieters, z. B. im Zusammenhang mit aufgetretenen Schäden oder bei geplantem Verkauf und zum Ende der Mietzeit wegen der Weitervermietung. Der Vermieter muß auf die persönlichen Bedürfnisse des Mieters und seiner Familie Rücksicht nehmen. Der Vermieter muß seine Besichtigung vorher ankündigen. Gewaltsam darf er sich keinen Zutritt verschaffen.

12. Der Mieter übernimmt im Mietvertrag häufig die folgenden weiteren Leistungspflichten. Diese bestehen nur, soweit ausdrücklich vereinbart. Sie können nicht allein auf Grund von Gewohnheitsrecht oder Verkehrssitte verlangt werden. Da das Gesetz von der Erhaltungspflicht des Vermieters ausgeht (§ 548 BGB), werden solche Vereinbarungen, soweit sie nicht eindeutig sind, einengend zu Lasten des Vermieters ausgelegt.

Die Übernahme der **Schönheitsreparaturen** durch den Mieter ist üblich und zulässig, auch im Formularmietvertrag. Die Rechtsprechung tendiert dazu, jede unübliche und übermäßige Belastung des Mieters durch Formularklauseln als unwirksam anzusehen. Als üblich und angemessen kann es nur angesehen werden, wenn dem Mieter Schönheitsreparaturen übertragen werden, die der Abnutzung während der Mietzeit entprechen. Soweit im Mietvertrag nicht näher präzisiert, ist hierunter das Tapezieren, Anstreichen oder Kalken der Wände und Decken sowie das Streichen der Türen und Fenster (jeweils Wohnungsinnenseite), der Heizkörper und Installationsrohre zu verstehen. Nicht zu den Schönheitsreparaturen gehört das Beseitigen von Mängeln, die nicht durch das Abwohnen sondern durch von außen wirkende Schadensursachen ausgelöst wurden (z. B. Schäden wegen Wasserrohrbruch in der darüber liegenden Wohnung, Risse in Wänden oder Decken). Soweit der Mieter Schönheitsreparaturen übernommen hat, geht die normale Abnutzung durch das Wohnen zu seinen Lasten. Er ist anstelle des Vermieters in dem von § 548 BGB vorgesehenen Umfang zur Erhaltung der Wohnung verpflichtet. Die Übernahme von Schönheitsreparaturen ist sowohl im öffentlich geförderten, preis-

1 BGB § 536 Pflichten des Vermieters

gebundenen, als auch im nicht preisgebundenen Wohnungsbau möglich. Vereinbarungen in Formularmietverträgen unterliegen jedoch in besonderer Weise einer Billigkeitsüberprüfung im Streitfall durch die Gerichte. Ist eine von der Rechtsprechung beanstandete Klausel verwendet worden, so ist die Übertragung der Schönheitsreparaturen auf den Mieter insgesamt unwirksam. Die Klausel wird nicht auf das gerade noch zulässige Maß zurückgeführt.

Als **unwirksam** wird eine **Klausel** im **Formularmietvertrag** angesehen, die dem Mieter die Durchführung von Schönheitsreparaturen beim Auszug unabhängig vom Zeitpunkt der zuletzt durchgeführten Schönheitsreparatur auferlegen will (OLG Hamm NJW 1981 S. 1049). Das gleiche gilt bei Formularverträgen für die Klausel, die eine nach Fristen gestaffelte Renovierungspflicht vorsieht, wenn die Wohnung bei Beginn des Mietverhältnisses nicht renoviert war und der Vermieter sich hierzu auch nicht verpflichtet hatte (RE OLG Stuttgart NJW 1984 S. 2585) und der Mieter auch keinen der Renovierungsbedürftigkeit entsprechenden Kostenersatz erhalten hat. Ebenfalls unwirksam ist die Bestimmung eines Formularmietvertrages, welche den Mieter zur Zahlung für (nach dem vereinbarten Fristenplan) rückständige Schönheitsreparaturen nach Beendigung des Mietverhältnisses verpflichten will, wenn auf die Notwendigkeit, dem Mieter eine Nachfrist zur Durchführung der Schönheitsreparaturen zu gewähren (§ 326 BGB), im Mietvertrag verzichtet wurde (RE OLG Karlsruhe, Die Justiz 1982, S. 432). Zu berücksichtigen ist bei der Nachfristsetzung jedoch auch, daß der Vermieter nach Auszug des Mieters auf Grund seiner Schadensminderungspflicht (§ 254 BGB) verpflichtet ist, mit der Durchführung der vom Mieter unterlassenen Schönheitsreparaturen vor einer neuen Vermietung nicht zu lange abzuwarten. Als **wirksam** wird hingegen eine Vereinbarung in einem Mietvertragsformular angesehen, nach der eine Kostenbeteiligung des Mieters vorgesehen ist, wenn Schönheitsreparaturen beim Auszug nach dem vereinbarten Turnus noch nicht fällig sind. Grundlage hierfür kann der Kostenvoranschlag eines vom Vermieter auszuwählenden Malerfachgeschäfts sein. Vorgesehen war in dem durch Rechtsentscheid entschiedenen Einzelfall folgende, nach dem Zeitpunkt der letzten Schönheitsreparatur gestaffelte Zahlungspflicht: Nach mehr als 1 Jahr: 20%, nach mehr als 2 Jahren: 40%, nach mehr als 3 Jahren: 60%, nach mehr als 4 Jahren: 80% und nach mehr als 5 Jahren: 100% der Kosten (OLG Stuttgart NJW 1982 S. 1294). Zugrunde gelegt werden dürfen hierbei nur Kosten für Arbeiten, die üblicherweise in 5 Jahren abgewohnt sind. Für Renovierungen, die nur in größerem Abstand notwendig sind, z. B. Tapezieren von Rauhfasertapeten, muß ein gesonderter, der üblichen Abnutzungsdauer entsprechender Fristenplan vereinbart werden.

Weitergehende **Schadensersatzansprüche** des Vermieters wegen unterlassener Schönheitsreparaturen sind nicht ausgeschlossen, auch wenn der Vermieter sich das Recht vorbehalten hat, Schönheitsreparaturen selbst bei Verzug des Mieters auf dessen Kosten vornehmen zu dürfen (OLG Hamm NJW 1983 S. 1332). Wird die Wohnung zu dem Zeitpunkt, in dem Schönheitsreparaturen fällig gewesen wären, renoviert und würden diese hierdurch wertlos, so ist der Mieter in der Regel zur Zahlung eines Ausgleichsbetrages verpflichtet (BGH NJW 1980 S. 2347, RE BGH NJW 1985 S. 480, RE OLG Schleswig NJW 1983 S. 1333). Die Höhe des Ausgleichsbetrages ist nach dem Wert der geschuldeten Arbeiten zu bestimmen. Maßgebend sind die Kosten, die dem Mieter entstanden wären, wenn die Schönheitsreparaturen wie vereinbart erfolgt wären.

Der frühere Mieter bleibt für vertraglich vereinbarte aber nicht ausgeführte Schönheitsreparaturen schadensersatzpflichtig, auch wenn der neue Mieter ihre Durchführung vertraglich übernommen und die Wohnung vor Bezug renoviert hat (BGH NJW 1968 S. 491, OLG Hamburg, ZMR 1984 S. 343).

Werden die von der Rechtsprechung in Formularmietverträgen beanstandeten Klauseln nicht in einem Formular sondern individuell im Einzelfall vereinbart, so sind sie in der Regel wirksam.

13. Die Übertragung von **Bagatellreparaturen** auf den Mieter wird ebenfalls für zulässig angesehen und ist auch im Mustermietvertrag des Bundesjustizministeriums von 1976 (dort § 8) vorgesehen. Sie kann jedoch insbesondere dann sittenwidrig und damit unwirksam sein, wenn die übernommenen Reparaturpflichten für den Mieter unübersehbar werden oder die Beteiligungsquote zu hoch angesetzt ist (ab 1,5% der Jahresmiete wird es kritisch). Hat der Mieter die Übernahme von Reparaturen bis zu einem bestimmten Höchstbetrag übernommen, so muß der Vermieter bei Reparaturen mit höheren Kosten diese insgesamt allein tragen. Auch wenn der Mieter sich zur Beteiligung bis zu einem bestimmten Betrag an allen Bagatellreparaturen verpflichtet hat, ist er zur Beteiligung an der Beseitigung größerer Schäden nicht verpflichtet. Die Klauseln verpflichten nur zur einmaligen Beteiligung oder Übernahme der Kosten bei jedem Schaden. Tritt ein Schaden wiederholt auf in kürzerer Zeit, ist der Vermieter allein zur dauerhaften Beseitigung verpflichtet.

14. Die Pflicht zur **Reinigung** von gemeinschaftlich benützten Gebäudeteilen und Wegen kann vom Mieter im Mietvertrag ebenfalls übernommen werden. Allein auf Grund einer Hausordnung, die in den Mietvertrag nicht einbezogen wurde, ist er nur in sehr eingeschränktem Umfang entsprechend der Verkehrssitte zu Reinigungsarbeiten außerhalb seiner Wohnung verpflichtet. Eine Verletzung der Reinigungspflicht rechtfertigt in der Regel keine fristlose Kündigung (§§ 553, 554a BGB). Der Vermieter kann seinen Erfüllungsanspruch aber gerichtlich durchsetzen (vgl. § 887 ZPO) und gegebenenfalls Schadensersatz wegen Nichterfüllung verlangen.

IV. Das gerichtliche Verfahren

Für das **gerichtliche Verfahren**, das notwendig wird, wenn sich Vermieter und Mieter über die gegenseitigen Vertragspflichten nicht einigen können, bestehen aus sozialpolitischen Gründen eine Reihe von Sondervorschriften neben den allgemeinen Bestimmungen über den Zivilprozeß. Zu beachten ist, daß für Wohnraummietverhältnisse bestehende Sonderbestimmungen nur anwendbar sind, wenn der Mieter die Wohnung selbst als Wohnung nutzt und nicht weitervermietet (vgl. oben Anm. 5).

15. **Zuständig** für Streitigkeiten aus Wohnraummietverhältnissen ist in erster Instanz grundsätzlich das Amtsgericht (§§ 23 Nr. 2a GVG, 29a ZPO), in dessen Bezirk die Wohnung liegt. Dies gilt auch für Prozesse, in denen Forderungen über mehr als 5000 DM, z. B. als Schadensersatz oder rückständige Miete, geltend gemacht werden. Abweichende Vereinbarungen hierzu sind unwirksam. Bei Wohnraum, der nur zum vorübergehenden Gebrauch vermietet oder teilmöbliert ein Teil der Vermieterwohnung ist (vgl. § 564b Abs. 7 Nr. 1 und 2, dort Anm. 11) gilt nur § 23 Nr. 2a GVG. Nur in diesen Fällen ist eine Gerichtsstandsvereinbarung zulässig. Auch für **Ferienwohnungen** – selbst im Ausland – ist das örtliche Gericht allein zuständig und eine Gerichtsstandsvereinbarung nicht möglich (EuGH NJW 1985 S. 905).

16. **Räumungsklage** kann der Vermieter bereits vor Ablauf der Kündigungsfrist erheben (RE OLG Karlsruhe vom 10. 6. 1983, Die Justiz 1983, S. 338), wenn konkrete Anhaltspunkte dafür sprechen, daß der Mieter nicht rechtzeitig räumen wird (§ 259 ZPO). Dies ist anzunehmen, wenn der Mieter die Wirksamkeit der Kündigung bestreitet oder in irgendeiner Weise zum Ausdruck bringt, daß er nicht rechtzeitig räumen wird. Bis zum Ablauf der Widerspruchsfrist nach § 556a Abs. 6 BGB braucht sich der Mieter jedoch nicht zu äußern. Ein Schweigen danach kann dem Vermieter unter Umständen Anlaß für eine vorzeitige Räumungsklage geben. Auch wenn das Gericht das Mietverhältnis als beendet ansieht und keine Fortsetzung nach § 556a BGB ausspricht, kann es dem Mieter eine Räumungsfrist von bis zu 1 Jahr gemäß § 721 ZPO gewähren.

Einstweilige Verfügungen können in dringenden Streitfällen, die einer vorläufigen Regelung bedürfen, erlassen werden (z. B. bei Verwehrung des Zutritts, Abschalten von Wasser oder Licht). Die Räumung einer Wohnung kann durch einstweilige Verfügung aber nur angeordnet werden, wenn der Besitzer sie dem Verfügungsberechtigten eigenmächtig gegen dessen Willen entzogen hat (§ 940a ZPO), also z. B. im Fall der Hausbesetzung.

Berufung gegen das Urteil des AG ist möglich, wenn der Berufungsstreitwert 700 DM übersteigt. Gegen das Berufungsurteil des Landgerichts ist kein Rechtsmittel mehr möglich.

Pflichten des Vermieters **§ 536 BGB 1**

17. Zur Vereinheitlichung der Rechtsprechung hat der Gesetzgeber den **Rechtsentscheid** seit 1980 für streitige Fragen aus dem gesamten Wohnraummietrecht zugelassen (Drittes Gesetz zur Änderung mietrechtlicher Vorschriften vom 21. Dezember 1967, Artikel III, geändert durch Gesetz vom 5. Juni 1980, BGBl. S. 657). Hiernach können die Landgerichte alle Rechtsfragen von grundsätzlicher Bedeutung, die noch nicht durch Rechtsentscheid entschieden sind, dem übergeordneten Oberlandesgericht (Berlin: Kammergericht, Bayern: Bayerisches Oberstes Landesgericht) zur Entscheidung vorlegen. Hierbei handelt es sich um kein Rechtsmittel der Parteien. Diese können die Vorlage nur anregen. Ob ein Rechtsentscheid eingeholt wird, entscheidet aber allein das Landgericht. Wird ein Rechtsentscheid eingeholt, so entscheidet das Oberlandesgericht die Rechtsfrage. Das Landgericht hat danach den bei ihm anhängigen Prozeß entsprechend der Ansicht des Oberlandesgerichts zu entscheiden. Für die Zukunft ist die Entscheidung der Rechtsfrage für alle Landgerichte im Bundesgebiet **bindend**. Will ein Landgericht einem Rechtsentscheid nicht folgen, so muß es die Rechtsfrage dem ihm übergeordneten Oberlandesgericht vorlegen. Dieses kann dann entweder der Auffassung im bereits ergangenen Rechtsentscheid folgen, oder die Frage dem Bundesgerichtshof zur Entscheidung vorlegen. Selbst kann es von einem Rechtsentscheid eines anderen Oberlandesgerichts oder des BGH nicht abweichen. Wegen der generellen Bindungswirkung der Rechtsentscheide kommt diesen große praktische Bedeutung zu. Zwar sind die Amtsgerichte formell nicht an die Rechtsentscheide gebunden. Praktisch folgen sie den dort vertretenen Rechtsauffassungen jedoch ganz überwiegend. Eine vollständige Sammlung der Rechtsentscheide mit Begründung wird jährlich als Sonderdruck des Bundesanzeigers veröffentlicht.

18. Wer die **Kosten** des gerichtlichen Verfahrens zu tragen hat, wird vom Gericht im Urteil entschieden. In der Regel werden die Kosten der unterliegenden Partei (§ 91 ZPO) auferlegt. Eine wichtige Ausnahme hiervon bildet § 93b ZPO für die Kosten des Räumungsverfahrens (vgl. Anm. 9 zu § 556a BGB). Für den Räumungsprozeß ist als Streitwert der Betrag der jährlichen Miete einschließlich Nebenkosten gemäß § 16 GKG zugrunde zu legen. Bei Mieterhöhungen ist der jährliche Unterschiedsbetrag zuzüglich etwaiger Rückstände maßgebend. Die Kosten im Einzelfall hängen von den gesamten Umständen des Prozeßverlaufes ab und können entsprechend stark variieren. Bei einem amtsgerichtlichen Räumungsverfahren mit Beweisaufnahme kann bei einer Monatsmiete von 200 DM (800 DM) mit Gerichtskosten in Höhe von ca. 250 DM (ca. 600 DM) und mit Rechtsanwaltskosten in Höhe von ca. 500 DM (ca. 1 700 DM) für jeden Rechtsanwalt gerechnet werden. Bei einem Mieterhöhungsverfahren wegen einer Mieterhöhung von monatlich 50 DM (100 DM) betragen die gerichtlichen Kosten ohne Berücksichtigung etwaiger Zahlungsrückstände ca.

100 DM (ca. 150 DM) zuzüglich der im Einzelfall recht unterschiedlichen Kosten für ein gerichtliches Sachverständigengutachten und Rechtsanwaltskosten in Höhe von ca. 250 DM (ca. 400 DM) für jeden Anwalt.

Ist der Mieter (seltener der Vermieter) nicht in der Lage, die Kosten des Rechtsstreits ohne Gefährdung für seinen Lebensunterhalt aufzubringen, kann ihm Prozeßkostenhilfe bewilligt werden. Voraussetzung ist, daß sein Begehren Aussicht auf Erfolg hat. Er wird dann von den Gerichtskosten und – sofern ihm ein Rechtsanwalt beigeordnet ist – auch von den Kosten seines Rechtsanwalts freigestellt. Das Risiko, die Rechtsanwaltskosten des Gegners im Falle des Unterliegens tragen zu müssen, bleibt jedoch bestehen. Sofern ihm Ratenzahlung zumutbar ist, wird er zur Zahlung der Kosten in Raten herangezogen.

[Mängel der Mietsache]

537 **(1) Ist die vermietete Sache zur Zeit der Überlassung an den Mieter mit einem Fehler behaftet, der ihre Tauglichkeit zu dem vertragsmäßigen Gebrauch aufhebt oder mindert, oder entsteht im Laufe der Miete ein solcher Fehler, so ist der Mieter für die Zeit, während deren die Tauglichkeit aufgehoben ist, von der Entrichtung des Mietzinses befreit, für die Zeit, während deren die Tauglichkeit gemindert ist, nur zur Entrichtung eines nach §§ 472, 473 zu bemessenden Teiles des Mietzinses verpflichtet. Eine unerhebliche Minderung der Tauglichkeit kommt nicht in Betracht.**

(2) Absatz 1 Satz 1 gilt auch, wenn eine zugesicherte Eigenschaft fehlt oder später wegfällt. Bei der Vermietung eines Grundstücks steht die Zusicherung einer bestimmten Größe der Zusicherung einer Eigenschaft gleich.

(3) Bei einem Mietverhältnis über Wohnraum ist eine zum Nachteil des Mieters abweichende Vereinbarung unwirksam.

---

1. Ob eine vermietete Wohnung **fehlerhaft** ist, ist an dem im Mietvertrag vereinbarten Gebrauch zu messen. Sofern dort nichts anderes ausdrücklich vereinbart ist, wird es darauf ankommen, von welchen Eigenschaften der Mieter bei Abschluß des Vertrages auf Grund aller Umstände des Einzelfalls ausgehen durfte. Der Fehler kann auf dem Zustand der Wohnung selbst beruhen (Baumängel wie z. B. fehlender Schallschutz, Feuchtigkeit) oder in störenden Einflüssen aus der Umwelt (z. B. Immissionen) oder in Störungen durch andere Mieter liegen. Auch öffentlich-rechtliche Beschränkungen des Gebrauchs (z. B.

drohende Abbruchverfügung) können einen Fehler der vermieteten Wohnung darstellen.

2. Der Fehler muß so **erheblich** sein, daß er die Tauglichkeit der Wohnung für den vertragsgemäßen Gebrauch aufhebt oder mindert. Belanglose Kleinigkeiten sollen nicht zum Streit zwischen den Mietparteien führen; so z. B., wenn der Fehler schnell und mit geringem Kostenaufwand behebbar ist.

Es kommt nicht darauf an, ob der Fehler bereits bei Überlassung der Wohnung aufgetreten ist oder erst später. Für die Rechte aus § 537 ist es auch nicht erforderlich, daß den Vermieter ein Verschulden am Vorliegen des Fehlers trifft.

3. Der **Umfang der Minderung** ist nach den Umständen des Einzelfalls zu bemessen. Voraussetzung der Minderung ist nicht, daß der Mieter sich durch eine besondere Erklärung gegenüber dem Vermieter darauf beruft. Sie tritt vielmehr automatisch allein auf Grund des Gesetzes ein, solange die Wohnung nicht in vertragsgemäßem Zustand ist. Zu beachten ist die Anzeigepflicht gem. § 545 BGB. Solange der Fehler besteht, ist der Mieter von der Zahlung der Miete in voller Höhe befreit, wenn die Wohnung praktisch unbewohnbar ist (z. B. totaler Heizungsausfall während der Wintermonate). Ist die Gebrauchstauglichkeit nur eingeschränkt, so ist die Miete in dem Verhältnis herabzusetzen, in welchem der mangelfreie Zustand zu dem wirklichen Zustand gestanden hat. Der Grad der Gebrauchseinschränkung ist entsprechend zu schätzen. Leichte Störungen (Nichtbeheizbarkeit des Schlafzimmers mit dadurch verursachten Feuchtigkeitsschäden, Zimmertemperatur in Wohnräumen nicht über 18°C, Lärmbelästigung tagsüber, Haustüre nicht abschließbar, mangelhafte Schallisolierung und erhebliche Belästigung durch Trittschall) werden in der Praxis mit 5% bis 10% bewertet, Minderungssätze über 20% werden in der Regel nur bei schwerwiegenden und längerdauernden Beeinträchtigungen (z. B. erhebliche Feuchtigkeit, häufige Beeinträchtigung durch mangelhafte Abwasseranlage, teilweiser Heizungsausfall im Winter) von der Rechtsprechung anerkannt. Als Miete ist die Bruttomiete zugrunde zu legen, das heißt Nebenkosten für den Zeitraum der Minderung sind der Kaltmiete (Nettomiete) hinzuzurechnen. Der Minderungsbetrag ist dann von der Kaltmiete abzuziehen (vgl. Sternel Rz II 374). Die Nebenkosten sind, sofern sich der Mangel hierauf nicht erstreckt, daneben weiterhin zu entrichten.

4. Das **Minderungsrecht** ist **ausgeschlossen,** wenn der Mieter den Mangel gekannt hat (§ 539 BGB) oder ihn zu vertreten hat (§ 324 BGB – vgl. Anm. 10 zu § 536 BGB) oder wenn er seiner Anzeigepflicht (§ 545 BGB) nicht nachgekommen ist und deshalb der Fehler vom Vermieter nicht behoben wurde. Erkennt der Mieter einen Mangel und macht ihn längere Zeit nicht geltend, kann darin unter Umständen

ein Verzicht auf sein Minderungsrecht gesehen werden. Sein Recht, die Beseitigung des Mangels zu verlangen, wird hierdurch nicht eingeschränkt.

5. **Abweichende** vertragliche **Vereinbarungen** (Absatz 3) sind bei Mietverhältnissen über Wohnraum unzulässig. Deshalb sind alle Klauseln unwirksam, die das Minderungsrecht vom Vorliegen weiterer Voraussetzungen abhängig machen wollen.

> [Schadensersatzpflicht des Vermieters]
>
> **538** (1) Ist ein Mangel der im § 537 bezeichneten Art bei dem Abschluß des Vertrages vorhanden oder entsteht ein solcher Mangel später infolge eines Umstandes, den der Vermieter zu vertreten hat, oder kommt der Vermieter mit der Beseitigung eines Mangels in Verzug, so kann der Mieter unbeschadet der im § 537 bestimmten Rechte Schadensersatz wegen Nichterfüllung verlangen.
>
> (2) Im Falle des Verzugs des Vermieters kann der Mieter den Mangel selbst beseitigen und Ersatz der erforderlichen Aufwendungen verlangen.

1. Neben dem Anspruch auf Minderung (§ 537 BGB) kann der Mieter unter den weiteren Voraussetzungen des § 538 auch Schadensersatz fordern. Wegen eines daneben möglicherweise noch bestehenden Kündigungsrechts wird auf § 542 BGB verwiesen.

Ist der **Mangel** bereits **bei Vertragsschluß** vorhanden, so haftet der Vermieter auch ohne Verschulden. Ihn trifft eine sogenannte Garantiehaftung (vgl. BGHZ 63, 333 ff.). Es ist nicht erforderlich, daß der Mangel sich bereits bei Vertragsschluß gezeigt hat, ausreichend ist, daß die Schadensursache bereits vorhanden war. Ob sie für den Vermieter erkennbar war, ist unbedeutend (BGHZ 49, 450). Für Mängel, die zwischen Vertragsschluß und Übergabe entstehen, wendet die Rechtsprechung § 538 entsprechend an (BGHZ 56, 136).

2. Für einen **Mangel,** der **nach Vertragsschluß** und Übergabe entsteht, haftet der Vermieter entsprechend den allgemeinen Vorschriften (§ 325 BGB) nur auf Schadensersatz, soweit er den Mangel zu vertreten hat (§§ 276–279 BGB). Der Vermieter hat auch für das Verschulden seiner Erfüllungsgehilfen (z. B. Handwerker, Putzfrauen, Hausmeister, nicht aber anderer Mieter) einzustehen, soweit er diese zur Erfüllung seiner vertraglichen Pflichten herangezogen hat. Der Mieter hat den Mangel gemäß § 545 BGB anzuzeigen.

Feuchtigkeitsschäden sind in der Praxis häufig. Hier ist in der Regel ein Mangel der Wohnung gegeben, wenn diese bei der üblichen Wohnungsnutzung auftreten. Auf besondere wärmetechnische Umstände muß sich der Mieter beim Heizen und Belüften nicht einstellen (vgl. OLG Celle WM 1985 S. 9).

3. In gleicher Weise besteht eine Schadensersatzpflicht, wenn der Vermieter mit der Beseitigung eines nachträglichen Mangels, den er nicht zu vertreten hat, in **Verzug** kommt (Sonderregelung zu § 326 BGB). Der Eintritt des Verzugs ist nach den allgemeinen Vorschriften (§ 284 ff. BGB) zu beurteilen. Demnach muß eine Mahnung durch den Mieter vorausgehen und der Vermieter muß die Nichtbeseitigung des Mangels schuldhaft versäumt haben. Eine Mahnung ist jedoch entbehrlich, wenn Mieter und Vermieter eine Frist für die Mängelbeseitigung vereinbart haben oder wenn der Vermieter die Beseitigung strikt verweigert.

4. Der **Umfang des Schadensersatzanspruchs** ist nach den Grundsätzen des Schadensersatzes bei Nichterfüllung zu bestimmen. Der Mieter kann verlangen so gestellt zu werden, wie er bei vertragsgemäßer Erfüllung des Mietvertrages gestanden hätte. Hiernach kann nicht nur Ersatz für den durch den Mangel verursachten Minderwert und die Mangelbeseitigungskosten sondern auch Ersatz für die Kosten einer etwaigen anderweitigen Unterbringung sowie entgangener Gewinn (z. B. aus Untervermietung) verlangt werden. Ferner kann Ersatz verlangt werden wegen der durch den Mangel verursachten Beschädigung des Eigentums des Mieters und seiner Angehörigen und auch Ersatz für etwaige Gesundheitsschäden.

5. Aus Absatz 2 ergibt sich ein Recht, nicht aber die Pflicht des Mieters zur Mängelbeseitigung. Der Umfang des Erstattungsanspruchs richtet sich nach §§ 256, 257 BGB und erfaßt alle erforderlichen Aufwendungen. Läßt der Mieter den Mangel beseitigen, ohne zuvor den Vermieter hierzu aufzufordern und ohne ihm eine Frist zu setzen, so kann er keinen Aufwendungsersatz nach allgemeinen Vorschriften (§§ 547, 683, 812 BGB) verlangen (RE OLG Hamm DWW 1984, S. 218). § 538 regelt diese Frage abschließend.

6. Die Regelungen des § 538 können im Mietvertrag **abbedungen** werden. Bei Formularmietverträgen können unbillige Klauseln gemäß §§ 9, 11 AGBG unwirksam sein (vgl. Anm. 2 zu §§ 535, 536 BGB). Unabdingbar ist das Recht des Mieters zur Aufrechnung und Zurückbehaltung (§ 552a BGB).

7. Die **Beweislast** für alle Anspruchsvoraussetzungen liegt grundsätzlich beim Mieter. Ausnahme: Steht ein Mangel fest, der zum Gefahrenbereich des Vermieters gehört (z. B. Wasserschaden, der von der vom Eigentümer bewohnten Wohnung ausgeht), hat der Vermieter sich zu entlasten (BGH NJW 1964 S. 33).

§ 539 [Kenntnis des Mieters]

539 Kennt der Mieter bei dem Abschlusse des Vertrags den Mangel der gemieteten Sache, so stehen ihm die in den §§ 537, 538 bestimmten Rechte nicht zu. Ist dem Mieter ein Mangel der im § 537 Abs. 1 bezeichneten Art infolge grober Fahrlässigkeit unbekannt geblieben oder nimmt er eine mangelhafte Sache an, obschon er den Mangel kennt, so kann er diese Rechte nur unter den Voraussetzungen geltend machen, unter welchen dem Käufer einer mangelhaften Sache nach den §§ 460, 464 Gewähr zu leisten ist.

1. Zur **Kenntnis** des Mangels gehört auch die Kenntnis seiner Auswirkung auf die Gebrauchstauglichkeit der Wohnung. Hat der Mieter formularmäßig anerkannt, daß die Sache in vertragsgemäßem Zustand sich befindet, sind seine Ansprüche nach § 539 nur dann eingeschränkt, wenn ihm der Mangel tatsächlich bekannt war. Entsprechende Klauseln in Formularmietverträgen sind gemäß §§ 9, 11 Nr. 15b AGBG unwirksam (vgl. Anm. 2 zu §§ 535, 536 BGB). Bei Kenntnis des Mangels sind die Rechte aus §§ 537, 538 BGB aber auch das Kündigungsrecht aus § 542 BGB (vgl. § 543 BGB) ausgeschlossen. Der Mieter erhält sich seine Rechte nur, wenn er den erkannten Mangel bei der Übergabe rügt und sich seine Rechte insoweit vorbehält (Satz 2). Ob die Beseitigung des Mangels verlangt werden kann, hängt von den Umständen des Einzelfalles ab. Im Vertragsschluß in Kenntnis des Mangels kann auch die Vereinbarung liegen, daß die Wohnung in diesem Zustand als vertragsgemäß angesehen wird. Eine Sondersituation besteht beim Bezug eines Neubaus. Auch wenn der Mieter hier Unvollständigkeiten kennt (z. B. Außenanlage), die dem vertragsgemäßen Zustand noch entgegenstehen, kann er seine Rechte aus §§ 537, 538 BGB wahrnehmen, wenn der Vermieter eine Fertigstellung in angemessener Zeit versäumt.

2. **Grob fahrlässige** Unkenntnis liegt vor, wenn dasjenige unbeachtet gelassen wurde, was im gegebenen Fall jedem hätte einleuchten müssen, so daß die Sorgfaltsverletzung besonders schwer erscheint (BGH NJW 1980 S. 777). Dies bedeutet aber nicht, daß der Mieter eine besondere Prüfungs- oder Erkundigungspflicht hat. In den Fällen grob fahrlässiger Unkenntnis haftet der Vermieter nur, wenn er die fehlende Eigenschaft zugesichert oder den Fehler **arglistig** verschwiegen hat. Arglistig liegt vor, wenn der Vermieter in dem Bewußtsein handelt, daß der Mieter den Mangel nicht kennt und bei seiner Kenntnis die Vereinbarung nicht abschließen würde.

Wenn der Mieter über einige Zeit bei nachträglicher Kenntnis des Mangels die Miete ungekürzt weiterbezahlt, wird § 539 von der

Rechtsprechung entsprechend angewandt (BGH WPM 1967 S. 515). Der Mieter darf dann keine Abzüge mehr vornehmen, kann aber weiterhin Beseitigung des Mangels verlangen.

3. **Beweislast:** Der Vermieter muß die Kenntnis des Mieters oder dessen grob fahrlässige Unkenntnis beweisen, der Mieter gegebenenfalls das arglistige Verschweigen des Vermieters oder daß er bei der Übergabe einen Vorbehalt erklärt hat.

[Arglistiges Verschweigen]

540 Eine Vereinbarung, durch welche die Verpflichtung des Vermieters zur Vertretung von Mängeln der vermieteten Sache erlassen oder beschränkt wird, ist nichtig, wenn der Vermieter den Mangel arglistig verschweigt.

Wegen des Begriffs der Arglist wird auf Anm. 2 zu § 539 BGB verwiesen.

Bei arglistigem Verschweigen ist die Ausschlußklausel **unwirksam.** Die Wirksamkeit des gesamten Vertrages ist nach § 139 BGB zu beurteilen. Demnach erstreckt sich die Nichtigkeit im Zweifel auf den ganzen Mietvertrag, wenn nicht anzunehmen ist, daß er auch ohne die nichtige Vereinbarung abgeschlossen worden wäre. Diese Rechtsfolge ist jedoch dahingehend einzuschränken, daß es dem Vermieter nicht gestattet ist, sich auf die Unwirksamkeit des gesamten Vertrages zu berufen, da es nicht angeht, daß er durch sein arglistiges Verhalten Vorteile ziehen kann. Auf die Nichtigkeit des gesamten Vertrages wird sich demgemäß in der Regel nur der Mieter berufen können.

[Haftung für Rechtsmängel]

541 Wird durch das Recht eines Dritten dem Mieter der vertragsmäßige Gebrauch der gemieteten Sache ganz oder zum Teil entzogen, so finden die Vorschriften der §§ 537, 538, des § 539 Satz 1 und des § 540 entsprechende Anwendung.

§ 541 ist von praktischer Bedeutung z.B. im Falle der Doppelvermietung. Der Mieter, dem kein Besitz an der bereits von einem anderen Mieter bezogenen Wohnung eingeräumt wird, ist auf Schadensersatzansprüche nach §§ 541, 538 BGB und das Kündigungsrecht gemäß § 542 BGB beschränkt. Eine Überlassung der Wohnung gemäß § 536

BGB kann er nicht verlangen. Die Verweisung auf § 537 (Abs. 3) BGB führt dazu, daß bei Wohnraummietverhältnissen keine abweichenden Vereinbarungen möglich sind.

> **[Maßnahmen zur Erhaltung]**
>
> **541 a** Der Mieter von Räumen hat Einwirkungen auf die Mietsache zu dulden, die zur Erhaltung der Mieträume oder des Gebäudes erforderlich sind.

1. Zur **Erhaltung** der Wohnung (Instandsetzung) erforderliche Arbeiten sind nur Schönheitsreparaturen und Maßnahmen, die den vertragsgemäßen Zustand der Wohnung erhalten, aber ihren Gebrauchswert nicht verbessern (z. B. Erneuerung oder Reparatur schadhafter Teile).

2. Der Mieter hat die mit den Arbeiten typischerweise verbundenen Belästigungen und Einschränkungen zu **dulden,** sofern im Mietvertrag nichts Abweichendes vereinbart ist. Zu aktivem Mitwirken ist er regelmäßig nicht verpflichtet. Er hat den für die Arbeiten erforderlichen Zugang zu gewähren und gegebenenfalls auch das Umstellen seiner Möbel hinzunehmen. Soweit erforderlich, muß er auch vorübergehend – auf Kosten des Vermieters – ausziehen.

Der Mieter darf nicht in schikanöser Weise in Anspruch genommen werden. Eine Durchführung der Arbeiten zur Unzeit (z. B. Sonntags, zur Nachtzeit) ist unzulässig. Kurz vor Beendigung des Mietverhältnisses (Auszug) sind aufschiebare Arbeiten ebenfalls unzulässig. Für Arbeiten nach § 541 b BGB gilt dies in verstärktem Maße.

Nach Beendigung der baulichen Maßnahmen muß der Vermieter den vertragsgemäßen Zustand (§ 536 BGB) wieder herstellen. Auch wenn der Mieter zur Duldung verpflichtet ist, berührt dies sein Recht zur Minderung (§ 537 BGB) wegen der aufgetretenen Beeinträchtigung nicht. Wegen entstandener Mehrkosten oder Beschädigungen kann er Schadensersatz (§ 538 BGB) verlangen.

> **[Maßnahmen zur Verbesserung]**
>
> **541 b** (1) Maßnahmen zur Verbesserung der gemieteten Räume oder sonstiger Teile des Gebäudes oder zur Einsparung von Heizenergie hat der Mieter zu dulden, es sei denn, daß die Maßnahme insbesondere unter Berücksichtigung der vorzunehmenden Arbeiten, der baulichen Folgen, vorausgegangener Verwendungen des Mieters oder der zu

erwartenden Erhöhung des Mietzinses für den Mieter oder seine Familie eine Härte bedeuten würde, die auch unter Würdigung der berechtigten Interessen des Vermieters und anderer Mieter in dem Gebäude nicht zu rechtfertigen ist; die zu erwartende Erhöhung des Mietzinses ist nicht zu berücksichtigen, wenn die gemieteten Räume oder sonstigen Teile des Gebäudes lediglich in einen Zustand versetzt werden, wie er allgemein üblich ist.

(2) Der Vermieter hat dem Mieter zwei Monate vor dem Beginn der Maßnahme deren Art, Umfang, Beginn und voraussichtliche Dauer sowie die zu erwartende Erhöhung des Mietzinses schriftlich mitzuteilen. Der Mieter ist berechtigt, bis zum Ablauf des Monats, der auf den Zugang der Mitteilung folgt, für den Ablauf des nächsten Monats zu kündigen. Hat der Mieter gekündigt, ist die Maßnahme bis zum Ablauf der Mietzeit zu unterlassen. Diese Vorschriften gelten nicht bei Maßnahmen, die mit keiner oder nur mit einer unerheblichen Einwirkung auf die vermieteten Räume verbunden sind und zu keiner oder nur zu einer unerheblichen Erhöhung des Mietzinses führen.

(3) Aufwendungen, die der Mieter infolge der Maßnahme machen mußte, hat der Vermieter in einem den Umständen nach angemessenen Umfang zu ersetzen; auf Verlangen hat der Vermieter Vorschuß zu leisten.

(4) Bei einem Mietverhältnis über Wohnraum ist eine zum Nachteil des Mieters abweichende Vereinbarung unwirksam.

Übersicht

	Seiten
I. Duldungspflicht (Absatz 1)	
1. Verbesserungsmaßnahmen	24
2. Zumutbarkeit	24
3. Art der durchzuführenden Arbeiten	24
4. bauliche Folge	25
5. Verwendungen des Mieters	25
6. Mieterhöhung	25
7. Interesse des Vermieters	25
8. Interesse der anderen Mieter	26
9. übliche Modernisierungsarbeiten	26
10. Sondervorschriften des Bundesbaugesetzes	26
II. 11. Verfahren bei Modernisierung (Absatz 2)	26
III. 12. Aufwendungsersatz (Absatz 3)	27

I. Duldungspflicht

Erfaßt werden alle Modernisierungsarbeiten, unabhängig davon, ob sie öffentlich gefördert werden. Der bisher für öffentlich geförderte Modernisierungsarbeiten maßgebende § 20 ModEnG ist aufgehoben.

1. **Verbesserungsmaßnahmen** (Modernisierung) sind alle Arbeiten, die objektiv den Gebrauchs- oder Substanzwert der gemieteten Wohnung oder des Gebäudes erhöhen, also z. B. der Einbau einer neuen Anlage (Ölzentralheizung) oder die Ersetzung alter Anlagen oder Teile durch neue moderne (z. B. Einbau von Schallschutzfenstern). Maßnahmen, die sowohl der Erhaltung des vertragsgemäßen Zustandes als auch der Verbesserung dienen (z. B. schadhafte Einfachfenster werden durch größere isolierverglaste Fenster ersetzt), werden in Anlehnung an § 3 Abs. 3 ModEnG ebenfalls einheitlich nach § 541b zu beurteilen sein. Nach überwiegender Auffassung muß der Mieter den Anschluß an das Breitbandkabelnetz (Kabelfernsehen) dulden. Wegen der in diesen Fällen zulässigen Mieterhöhung wird auf Anm. 3 und 4 zu § 3 MHG hingewiesen.

Für die Duldungspflicht wird auf das zu § 541a BGB Gesagte Bezug genommen. In Ausnahmefällen kann es sogar erforderlich sein, daß der Mieter vorübergehend eine ihm vom Vermieter anzubietende andere Unterbringung hinnimmt.

2. Die **Zumutbarkeit** ist auf Grund einer umfassenden Würdigung aller Umstände des Einzelfalles zu ermitteln. Erforderlich ist eine Abwägung der Interessen des Vermieters und des Mieters einschließlich seiner Familie ohne die prinzipielle Bevorzugung der einen oder anderen Partei. Die im Gesetz genannten Abwägungsgesichtspunkte sind nur als Beispiele zu verstehen.

Nach der seit 1. 1. 1983 geltenden Neufassung ist es im Rechtsstreit nicht mehr Sache des Vermieters, die Zumutbarkeit der Maßnahme darzulegen, vielmehr hat der Mieter darzulegen, daß die Beeinträchtigungen eine nicht zu rechtfertigende **Härte** für ihn darstellen. Er kennt die hierfür maßgebenden Gesichtspunkte wesentlich besser als der Vermieter. Eine sachliche Verschiebung der Zumutbarkeitsgrenze ist durch diese Neufassung nicht erfolgt. Was unzumutbar ist, ist auch eine nicht zu rechtfertigende Härte und umgekehrt.

3. Die **Art der durchzuführenden Arbeiten** kann für die Unzumutbarkeit sprechen, wenn diese z. B. mit besonderem Lärm oder Schmutzentwicklung verbunden sind oder wenn z. B. die Heizung vorübergehend unterbrochen werden muß oder der Zugang zur Wohnung erheblich erschwert wird. Erhöhtes Gewicht kommt diesen Gesichtspunkten zu, wenn der Mieter krank ist oder aus anderen Gründen in besonderer Weise auf seine Wohnung im bisherigen Zustand angewiesen ist (z. B. hohes Lebensalter, Körperbehinderung).

4. Bei den **baulichen Folgen** ist z. B. an eine Grundrißveränderung oder an eine Änderung der Zahl der Räume, etwa an den Verlust eines Wohnraumes durch Einbau eines Bades, zu denken. Die Wohnung muß auch in der modernisierten Form den Bedürfnissen des Mieters noch entsprechen.

5. **Vorausgegangene Verwendungen** (Um- oder Einbauten) des Mieters, die durch die Modernisierung wertlos werden, sind von besonderem Gewicht, wenn sie mit Zustimmung des Vermieters erfolgt sind und noch nicht allzu lange zurückliegen. Auch umfangreiche Schönheitsreparaturen, die nach den Bestimmungen des Mietvertrages kurz zuvor erfolgt sind, müssen in die Abwägung einbezogen werden. In diesen Fällen kann der Mieter unter Umstand Aufwendungsersatz nach Absatz 3 verlangen.

6. Die zu erwartende **Mieterhöhung,** beim freifinanzierten, nicht preisgebundenen Wohnungsbau nach § 3 MHG, beim öffentlich geförderten, preisgebundenen Wohnungsbau nach §§ 16, 13 NMV 1970, ist von erheblicher Bedeutung. Maßgebend ist hier die sich nach der Modernisierung ergebende Gesamtmiete, ähnlich wie bei § 554 BGB, so daß auch die Nebenkosten einzubeziehen sind. Besonders aufwendige Modernisierungen (Luxusmodernisierung) müssen nicht geduldet werden. Es ist erforderlich, daß die Verbesserung objektiv in einem angemessenen Verhältnis zu der zu erwartenden Mieterhöhung steht (RE KG NJW 1981 S. 2307).

Welche Mieterhöhung zumutbar ist, ist auf Grund der konkreten Einkommensverhältnisse des betroffenen Mieters im Einzelfall festzustellen. Generelle Grenzen gibt es hier nicht. Eine Orientierung kann jedoch bei den für die Wohngeldgewährung zu berücksichtigenden Beträgen gefunden werden. Soweit die Erhöhung durch einen erhöhten Wohngeldanspruch ausgeglichen werden kann, liegt keine finanzielle Härte vor (RE KG ZMR 1982 S. 318).

Ist die erhöhte Miete für einen Mieter unzumutbar, so kann der Vermieter die Duldungspflicht unter Umständen erreichen, wenn er gegenüber diesem Mieter auf den Erhöhungsanspruch nach § 3 MHG ganz oder teilweise im voraus bindend verzichtet. Stellt sich erst nach Durchführung der Maßnahmen heraus, daß die tatsächlichen Modernisierungskosten zu einer unzumutbaren Mieterhöhung führen, wird die sich aus § 3 MHG ergebende Mieterhöhung nach den Grundsätzen von Treu und Glauben zu ermäßigen sein.

7. Die **Interessen des Vermieters** z. B. an der Pflege und Werterhöhung seines Eigentums, an der Verbesserung der Wirtschaftlichkeit sind auf der anderen Seite der Abwägung zu berücksichtigen. Auch die Möglichkeit, die Arbeiten besonders preiswert oder schnell zu einem bestimmten Zeitpunkt durchführen zu können, sind zu berücksichtigen.

8. Das **Interesse anderer Mieter** an der Modernisierung kann das Interesse des Vermieters an ihrer Durchführung unterstützen. Dies gilt vor allem dann, wenn die Modernisierung zu einem erhöhten Wohnkomfort führt und wirtschaftlich sinnvoll nur im ganzen Haus durchgeführt werden kann.

9. **Übliche** Modernisierungsmaßnahmen, die wohnwirtschaftlich für die langfristige Sicherung des Wohnungsbestandes sinnvoll sind, sollen nicht an einem zahlungsschwachen Mieter scheitern. Auch wenn die Arbeiten in einem objektiv maßvollen Rahmen bleiben, kann dies insbesondere bei einem Einzelmieter in einer Mehrzimmerwohnng zu einer Mieterhöhung führen, die seine finanziellen Möglichkeiten übersteigt. Wird die Wohnung nur an den regional gängigen Standard angepaßt, so ist bei einer sonst umfassenden Interessenabwägung die sich ergebende Miete außer Betracht zu lassen.

Ob eine Baumaßnahme nur einen allgemein üblichen Zustand herbeiführt, ist unter Umständen auch aus dem örtlichen Mietspiegel zu ersehen, so wenn das angesprochene Ausstattungsmerkmal bei entsprechenden Gebäuden generell als vorhanden angeführt wird. Es muß der normale und durchschnittliche Zustand geschaffen werden, die Ausstattung im Neubau des sozialen Wohnungsbaus ist nicht maßgebend. Zusammenfassend zu dem noch stark umstrittenen Begriff Viersen, WM 1984 S. 203.

10. Neben der sich aus § 541 b ergebenden Duldungspflicht kann der Mieter auch auf Grund eines öffentlich-rechtlichen **Modernisierungsgebots** nach §§ 39e, 39f Bundesbaugesetz zur Duldung der Modernisierungsmaßnahmen verpflichtet sein. In diesen Fällen kann auch ein Kündigungsrecht des Vermieters nach § 564b BGB oder der Behörde nach § 39g Bundesbaugesetz in Betracht kommen.

II. Verfahren bei Modernisierung

11. Vor Beginn der Arbeiten ist der Mieter zu **unterrichten** (Absatz 2), damit er sich entscheiden kann, ob er die Modernisierung dulden will oder kündigen soll. In das Unterrichtungsschreiben sind zweckmäßigerweise auch die in § 3 Abs. 2 MHG (vgl. dort Anm. 12) zusätzlich geforderten Angaben aufzunehmen. Unterbleibt die von § 541b Abs. 2 vorgeschriebene Unterrichtung, so ist die Modernisierung bereits aus diesem Grund unzulässig. Hält der Mieter die Modernisierung für unzumutbar, so kann der Vermieter mit der Modernisierung erst beginnen, wenn der Mieter in einem gerichtlichen Verfahren rechtskräftig oder vorläufig vollstreckbar zur Duldung verurteilt worden ist. Eine einstweilige Verfügung ist in diesen Fällen in der Regel nicht zu erreichen.

III. Aufwendungsgesetz

12. Beim **Aufwendungsersatzanspruch** des Mieters (§ 256 BGB) ist auf die Umstände des Einzelfalls abzustellen. Sie müssen im konkreten Fall angemessen sein. Verlangt der Mieter einen Vorschuß, so wird er die zu erwartenden Aufwendungen erläutern und aufschlüsseln müssen.

[Fristlose Kündigung wegen Nichtgewährung des Gebrauchs]

542 (1) Wird dem Mieter der vertragsmäßige Gebrauch der gemieteten Sache ganz oder zum Teil nicht rechtzeitig gewährt oder wieder entzogen, so kann der Mieter ohne Einhaltung einer Kündigungsfrist das Mietverhältnis kündigen. Die Kündigung ist erst zulässig, wenn der Vermieter eine ihm von dem Mieter bestimmte angemessene Frist hat verstreichen lassen, ohne Abhilfe zu schaffen. Der Bestimmung einer Frist bedarf es nicht, wenn die Erfüllung des Vertrags infolge des die Kündigung rechtfertigenden Umstandes für den Mieter kein Interesse hat.

(2) Wegen einer unerheblichen Hinderung oder Vorenthaltung des Gebrauchs ist die Kündigung nur zulässig, wenn sie durch ein besonderes Interesse des Mieters gerechtfertigt wird.

(3) Bestreitet der Vermieter die Zulässigkeit der erfolgten Kündigung, weil er den Gebrauch der Sache rechtzeitig gewährt oder vor dem Ablaufe der Frist die Abhilfe bewirkt habe, so trifft ihn die Beweislast.

---

1. Das **Kündigungsrecht** nach dieser Vorschrift schließt weder eine fristlose Kündigung nach § 544 BGB oder § 554a BGB aus noch die Geltendmachung der Rechte aus §§ 537, 538 BGB. Der Mieter hat insoweit die Wahl. Kündigt der Mieter gemäß § 542, so kann er daneben auch Schadensersatz verlangen, z. B. die Mehrkosten für eine Ersatzwohnung und Umzugskosten. Der Mieter kann auch von der Kündigung absehen und Erfüllung des Mietvertrages verlangen. Das Kündigungsrecht steht dem Mieter auch bereits vor dem vereinbarten Übergabezeitpunkt zu, wenn der Vermieter die Erfüllung endgültig verweigert oder wenn mit Sicherheit vorhersehbar ist, daß ein nicht zu beseitigender Mangel vorliegt.

2. Es ist unerheblich, ob den Vermieter ein **Verschulden** daran trifft, daß der vertragsgemäße Gebrauch nicht gewährt wird, oder ob

1 BGB § 542 Fristlose Kündigung

die vertragsgemäße Leistung überhaupt möglich ist. Solange der Mieter jedoch aus Gründen, die in seiner Person liegen, am Mietgebrauch gehindert ist, kann er nicht nach § 542 kündigen.

Im Grundsatz kann jede Störung des vertragsgemäßen Verbrauchs vom Mieter zum Anlaß einer Kündigung nach § 542 genommen werden (Einschränkung in Absatz 2), z. B. Lärm, Feuchtigkeit, unzureichende Heizung, Behinderung des Zugangs, Unterlassen von dem Vermieter obliegenden Erhaltungsmaßnahmen.

3. **Unerheblich** (Absatz 2) ist eine Störung nur dann, wenn eine relativ kurze zeitliche Verzögerung vorliegt oder die Störung nach den Umständen des Einzelfalls und dem Umfang der vertragsgemäß ermöglichten Nutzung objektiv von untergeordneter Bedeutung ist. Durch Absatz 2 soll unlauterer Mißbrauch des Kündigungsrechtes ausgeschlossen werden.

4. Die **Fristsetzung** durch den Mieter muß nicht schriftlich erfolgen, was aus Gründen der Beweissicherung jedoch zu empfehlen ist. Die zu beseitigenden Störungen sind dabei genau zu bezeichnen. Die Länge der Frist ist nach den Umständen des Einzelfalls zu bemessen. Auch eine zu kurze Fristsetzung ist nicht wirkungslos, vielmehr setzt sie eine angemessene Frist in Gang.

5. An dem **Wegfall des Interesses** (Satz 3) des Mieters dürfen wegen der einschneidenden Rechtsfolgen keine zu geringen Anforderungen gestellt werden. Das Interesse des Mieters ist objektiv zu beurteilen. Es liegt vor, wenn der Mieter die Wohnung nicht mehr in der vorgesehenen Weise benützen kann oder wenn die Abhilfe unzumutbar lange Zeit in Anspruch nimmt, aber auch, wenn der Vermieter die Abhilfe endgültig verweigert.

6. Der **Mieter** kann beim Vorliegen aller Voraussetzungen fristlos oder mit einer Frist **kündigen.** Die Kündigung kann unmittelbar nach Ablauf der gesetzten Frist oder in angemessener Zeit danach (ca. 2–3 Monate) erfolgen. Die Kündigung bedarf der Schriftform nach § 564a BGB. In der Kündigung soll zum Ausdruck gebracht werden, daß sie auf die Gebrauchsvereitelung gestützt ist. Eine fehlende oder unvollständige Begründung kann jedoch auch später noch nachgereicht werden, da § 564b Abs. 3 BGB nicht anwendbar ist.

Das Recht zur fristlosen Kündigung kann nach § 545 BGB ausgeschlossen sein. Das Recht zur Kündigung kann durch vertragliche Vereinbarung für Wohnraummietverhältnisse nicht ausgeschlossen oder eingeschränkt werden (§ 543 BGB).

> **[Anzuwendende Vorschriften]**
>
> **543** Auf das dem Mieter nach § 542 zustehende Kündigungsrecht finden die Vorschriften der §§ 539 bis 541 sowie die für die Wandelung bei dem Kaufe geltenden Vorschriften der §§ 469 bis 471 entsprechende Anwendung. Bei einem Mietverhältnis über Wohnraum ist eine Vereinbarung, durch die das Kündigungsrecht ausgeschlossen oder eingeschränkt wird, unwirksam.

Die Verweisung auf §§ 469–471 BGB betrifft den Fall, daß eine Mehrheit von Gegenständen vermietet wird. Sie hat für das Wohnraummietverhältnis keine Bedeutung, da die Wohnung als Einheit vermietet wird. Auch Nebenräume (z. B. Garagen) werden regelmäßig in den einheitlichen Wohnraummietvertrag einbezogen (RE OLG Karlsruhe NJW 1983 S. 1499).

> **[Fristlose Kündigung wegen Gesundheitsgefährdung]**
>
> **544** Ist eine Wohnung oder ein anderer zum Aufenthalte von Menschen bestimmter Raum so beschaffen, daß die Benutzung mit einer erheblichen Gefährdung der Gesundheit verbunden ist, so kann der Mieter das Mietverhältnis ohne Einhaltung einer Kündigungsfrist kündigen, auch wenn er die gefahrbringende Beschaffenheit bei dem Abschlusse des Vertrags gekannt oder auf die Geltendmachung der ihm wegen dieser Beschaffenheit zustehenden Rechte verzichtet hat.

1. Die Rechte aus §§ 537, 538, 542, 554a und 557a BGB können daneben bestehen.

2. Erforderlich ist eine erhebliche **Gefährdung der Gesundheit,** eine Gesundheitsbeschädigung muß noch nicht eingetreten sein. Vorübergehende oder kurzfristige behebbare Störungen reichen nicht aus. Die Gefährdung ist objektiv zu bestimmen, d. h. besondere Anfälligkeiten des Mieters reichen nicht aus. Soweit nur ein Teil der Räume betroffen ist, kommt es darauf an, ob dem Mieter eine entsprechende Einschränkung zugemutet werden kann. Dies ist nur unter der Berücksichtigung aller Umstände des Einzelfalles zu entscheiden.

3. Die **Kündigung** bedarf nach § 564a BGB der Schriftform und soll begründet werden. Die Begründung kann jedoch auch noch später

nachgeholt werden, da § 564b Abs. 3 BGB nicht anwendbar ist. Die Kündigung kann fristlos oder befristet erklärt werden. Zumindest bei nicht plötzlich auftretenden Störungen wird der Mieter zur Mängelanzeige (§ 545 BGB) verpflichtet sein.

4. Obwohl im Gesetz bei § 544 nicht ausdrücklich erwähnt, kann das Kündigungsrecht nicht durch vertragliche Regelung ausgeschlossen oder eingeschränkt werden.

[Mängelanzeige]

545 (1) Zeigt sich im Laufe der Miete ein Mangel der gemieteten Sache oder wird eine Vorkehrung zum Schutze der Sache gegen eine nicht vorhergesehene Gefahr erforderlich, so hat der Mieter dem Vermieter unverzüglich Anzeige zu machen. Das gleiche gilt, wenn sich ein Dritter ein Recht an der Sache anmaßt.

(2) Unterläßt der Mieter die Anzeige, so ist er zum Ersatze des daraus entstehenden Schadens verpflichtet; er ist, soweit der Vermieter infolge der Unterlassung der Anzeige Abhilfe zu schaffen außerstande war, nicht berechtigt, die im § 537 bestimmten Rechte geltend zu machen oder nach § 542 Abs. 1 Satz 3 ohne Bestimmung einer Frist zu kündigen oder Schadensersatz wegen Nichterfüllung zu verlangen.

Die Anzeigepflicht ist Folge der dem Mieter obliegenden Obhutspflicht (vgl. Anm. 10 zu §§ 535, 536 BGB). Der Mieter hat jede Verschlechterung oder Beschädigung an der Mietwohnung und an den mitvermieteten Einrichtungen und Gebäudeteilen anzuzeigen, auch wenn der vertragsgemäße Gebrauch der Mietwohnung hierdurch nicht berührt wird. Sofern der Vermieter selbst im Haus wohnt oder ein Hausmeister bestellt ist, entfällt die Mitteilungspflicht, soweit damit zu rechnen ist, daß diese selbst Kenntnis erlangen (z. B. Schaden an der Haustüre oder im Treppenhaus). Der Mieter hat keine besondere Prüfungspflicht. Bei grob fahrlässiger Unkenntnis (vgl. § 539 Satz 2 BGB) wird er den Rechtsfolgen des Absatz 2 jedoch nicht entgehen können.

Vorkehrungen zum Schutz der Wohnung kommen z. B. bei längerer Abwesenheit des Mieters oder bei Elementarschäden (Sturm, Wasser) oder bei baulichen Schäden (teilweiser Einsturz des Hauses, undichter Öltank) in Betracht.

> **[Lastentragung]**
>
> **546** Die auf der vermieteten Sache ruhenden Lasten hat der Vermieter zu tragen.

Als **Lasten** werden die Verpflichtungen bezeichnet, die den Vermieter als Eigentümer treffen, nicht dessen persönliche Verbindlichkeiten. Hierzu gehören z.B. Grundsteuern, Gebühren für Müllabfuhr oder Schornsteinfeger. Vom gesetzlichen Grundsatz wird in der Praxis häufig abgewichen. Dem Mieter wird im Mietvertrag regelmäßig eine Beteiligung an diesen Kosten und auch an anderen Kosten auferlegt. Vereinbarungen über die Weitergabe der Nebenkosten müssen jedoch die abgewälzten Lasten eindeutig bezeichnen. Unklarheiten gehen zu Lasten des Vermieters. Wegen Änderungen während der Mietzeit wird für den freifinanzierten, nicht preisgebundenen Wohnungsbau auf §§ 4, 5 MHG hingewiesen. Im öffentlich geförderten, preisgebundenen Wohnungsbau sind §§ 20 ff. NMV 1970 anwendbar.

> **[Ersatz von Verwendungen]**
>
> **547** (1) Der Vermieter ist verpflichtet, dem Mieter die auf die Sache gemachten notwendigen Verwendungen zu ersetzen. Der Mieter eines Tieres hat jedoch die Fütterungskosten zu tragen.
>
> (2) Die Verpflichtung des Vermieters zum Ersatze sonstiger Verwendungen bestimmt sich nach den Vorschriften über die Geschäftsführung ohne Auftrag.

1. **Notwendige Verwendungen** sind Aufwendungen des Mieters, die er gemacht hat, um die gemietete Wohnung im Bestand zu erhalten, so z.B. bei Ersatz beschädigter Fensterscheiben oder anderen unaufschiebbaren Reparaturen. Es muß sich um Maßnahmen handeln, die zur Erhaltung der Bewohnbarkeit oder Abwendung drohender Gefahren sofort durchgeführt werden müssen. Aufwendungen, die er gemacht hat, um die Wohnung erst in einen vertragsgemäßen Zustand zu bringen, sind nach § 538 Abs. 2 BGB zu beurteilen. Der Umfang des Aufwendungserstattungsanspruchs ergibt sich aus §§ 256, 257 BGB. Der Mieter kann Ersatz der im Einzelfall konkret notwendigen Aufwendungen in vollem Umfang verlangen.

2. **Sonstige Verwendungen** sind Aufwendungen, die der Verbesserung der Wohnung dienen, ohne ihren Bestand zu verändern. Sie sind

zu ersetzen (§§ 683–685 BGB), wenn sie dem mutmaßlichen oder tatsächlichen Willen des Vermieters entsprochen haben.

3. **Abweichende** vertragliche **Vereinbarungen** z. B. über Mietvorauszahlungen (§ 557a BGB) oder Baukostenzuschüsse (vgl. Anm. 1 zu § 557a BGB) haben Vorrang. Bei größeren Investitionen des Mieters (Mietermodernisierung) ist dringend der Abschluß eines speziellen Vertrages zu empfehlen. Es gibt hierfür ein vom Bundesjustizministerium (5300 Bonn, Postfach) entwickeltes und von dort zu beziehendes Vertragsmuster.

Bei völligem Ausschluß von Verwendungsersatz bei vorzeitiger Vertragsbeendigung (Verfallklausel) handelt es sich um eine unzulässige Vertragsstrafenklausel nach § 550a BGB.

[Wegnahme von Einrichtungen]

547 a (1) **Der Mieter ist berechtigt, eine Einrichtung, mit der er die Sache versehen hat, wegzunehmen.**

(2) **Der Vermieter von Räumen kann die Ausübung des Wegnahmerechts des Mieters durch Zahlung einer angemessenen Entschädigung abwenden, es sei denn, daß der Mieter ein berechtigtes Interesse an der Wegnahme hat.**

(3) **Eine Vereinbarung, durch die das Wegnahmerecht des Mieters von Wohnraum ausgeschlossen wird, ist nur wirksam, wenn ein angemessener Ausgleich vorgesehen ist.**

---

1. Die Berechtigung des Mieters zum Einbau von Einrichtungen muß sich aus dem Mietvertrag – gegebenenfalls auch durch Auslegung – und dem dort vereinbarten vertragsgemäßen Gebrauch ergeben.

Einrichtungen sind alle beweglichen Sachen, die mit der Wohnung verbunden werden, um den Gebrauchswert zu erhöhen. Dabei ist es unerheblich, wie fest sie eingefügt werden oder ob sie wesentliche Bestandteile (§§ 93ff. BGB) werden (z. B. Wandschrank, Waschbecken, Teppichboden, Pflanzen im Garten).

Der Mieter ist grundsätzlich berechtigt und verpflichtet, nach Ablauf der Mietzeit die Sachen auf seine Kosten wegzunehmen. Er ist verpflichtet, den ursprünglichen Zustand der Wohnung wiederherzustellen (§ 258 BGB). Der Anspruch des Vermieters hierauf verjährt nach § 558 BGB in 6 Monaten.

2. Der Mieter **verliert** das **Wegnahmerecht** (Absatz 2) erst, wenn der Vermieter eine Entschädigung gezahlt hat. Ein Angebot reicht nur aus, wenn es angemessen und vorbehaltlos ist und es allein am Mieter liegt, die Zahlung anzunehmen. Die Entschädigung muß dem Verkehrswert entsprechen, wobei es aber zu berücksichtigen ist, wenn

Kosten und ein Wertverlust durch den Ausbau entstehen. Ebenso sind die Kosten zu berücksichtigen, die der Mieter für die Wiederherstellung des ursprünglichen Zustandes (§ 258 BGB) aufzubringen hat. Sobald die Einrichtungen von der Wohnung getrennt sind, hat der Vermieter keine Abwendungsbefugnis mehr.

3. **Abweichende Vereinbarungen** müssen einen angemessenen Ausgleich vorsehen, der nicht nur in einer Entschädigung in Geld sondern in jedem anderen Ausgleich bestehen kann, z.B. Ausschluß des Kündigungsrechtes, Einschränkung künftiger Mieterhöhungen, kostenfreie Überlassung anderer Einrichtungsgegenstände an den Mieter und ähnliches mehr. Insbesondere bei umfangreichen Investitionen des Mieters (Mietermodernisierung) stellt die gesetzliche Regelung zumeist keinen befriedigenden Interessenausgleich dar. Als Orientierung für einen angemessenen Ausgleich in diesen Fällen wurde vom Bundesministerium der Justiz die 1982 erschienene Mustervereinbarung für Modernisierung durch Mieter vorgelegt, die Vorschläge für Vereinbarungen zwischen Vermieter und Mieter vor Durchführung der Modernisierung durch den Mieter enthält. Die Anbringung von Einrichtungen durch den Mieter kann auch als Form der Mietvorauszahlung vereinbart werden. Dann ist § 557a BGB maßgebend.

[Abnutzung]

548 Veränderungen oder Verschlechterungen der gemieteten Sache, die durch den vertragsmäßigen Gebrauch herbeigeführt werden, hat der Mieter nicht zu vertreten.

---

1. Die nach dem Gesetz grundsätzlich dem Vermieter obliegende **Erhaltungspflicht** wird üblicherweise im Mietvertrag in erheblichem Umfang auf den Mieter übertragen (Schönheitsreparaturen, kleine Instandhaltungsreparaturen, Vereinbarungen über den Zustand der Wohnung bei Rückgabe – vgl. hierzu Anm. 12, 13 zu §§ 535, 536 BGB). Soweit aber nicht ausdrücklich und konkret im Mietvertrag Abweichendes zur Übertragung der Erhaltungspflicht auf den Mieter bestimmt ist, ist der Mieter für normale Abnutzungsspuren nicht ersatzpflichtig. Das Auslegen eines Teppichbodens überschreitet den vertragsgemäßen Gebrauch nicht. Einen angebrachten Fußbodenbelag hat der Mieter aber, soweit nichts anders vereinbart ist, zu entfernen, einschließlich der Klebereste, gegebenenfalls sind gekürzte Türblätter wieder zu verlängern. Dübellöcher sind in der Regel zu verschließen. Etwas anderes gilt nur, sofern die erforderlichen und üblichen Haltevorrichtungen vor allem in Bad und Toilette oder für Lampen beim Bezug gefehlt haben.

2. Der Vermieter hat die **Beweislast** für die Mangelfreiheit bei der Übergabe. Der Mieter hat zu beweisen, daß die Beschädigung der gemieteten Wohnung durch vertragsgemäßen Gebrauch entstanden ist. Ist der Schaden nicht durch vertragsgemäßen Gebrauch entstanden, so haftet der Vermieter, wenn die Schadensursache aus seinem Verantwortungsbereich kommt. Bei Unaufklärbarkeit der Schadensursache haftet der Mieter, wenn eine Schadensursache im Verantwortungsbereich des Vermieters nicht ernsthaft in Betracht kommt (RE OLG Karlsruhe NJW 1985 S. 142). Entsteht der Schaden jedoch im Bereich der für mehrere Wohnungen gemeinsamen Abflußleitung (Verstopfung), muß der Vermieter eine ursächliche Pflichtverletzung des in Anspruch genommenen Mieters nachweisen. Eine abweichende Regelung in Formularmietverträgen, wonach bestimmt ist, daß im Falle der Unaufklärbarkeit der Schadensursache alle Mieter anteilig für die Kosten der Schadensbehebung haften, ist unwirksam gemäß §§ 9, 11 Nr. 15 AGBG (RE OLG Hamm NJW 1982 S. 2005).

[Untermiete]

549 (1) Der Mieter ist ohne die Erlaubnis des Vermieters nicht berechtigt, den Gebrauch der gemieteten Sache einem Dritten zu überlassen, insbesondere die Sache weiter zu vermieten. Verweigert der Vermieter die Erlaubnis, so kann der Mieter das Mietverhältnis unter Einhaltung der gesetzlichen Frist kündigen, sofern nicht in der Person des Dritten ein wichtiger Grund vorliegt.

(2) Entsteht für den Mieter von Wohnraum nach dem Abschluß des Mietvertrages ein berechtigtes Interesse, einen Teil des Wohnraums einem Dritten zum Gebrauch zu überlassen, so kann er von dem Vermieter die Erlaubnis hierzu verlangen; dies gilt nicht, wenn in der Person des Dritten ein wichtiger Grund vorliegt, der Wohnraum übermäßig belegt würde oder sonst dem Vermieter die Überlassung nicht zugemutet werden kann. Ist dem Vermieter die Überlassung nur bei einer angemessenen Erhöhung des Mietzinses zuzumuten, so kann er die Erlaubnis davon abhängig machen, daß der Mieter sich mit einer solchen Erhöhung einverstanden erklärt. Eine zum Nachteil des Mieters abweichende Vereinbarung ist unwirksam.

(3) Überläßt der Mieter den Gebrauch einem Dritten, so hat er ein dem Dritten bei dem Gebrauche zur Last fallendes Verschulden zu vertreten, auch wenn der Vermieter die Erlaubnis zur Überlassung erteilt hat.

1. Die teilweise **Überlassung** der Wohnung an weitere Personen auf Dauer ist ohne Einverständnis des Vermieters grundsätzlich nicht zulässig. Dies gilt nicht nur, wenn diese Personen einen eigenen Haushalt in der Wohnung führen wollen, sondern auch dann, wenn sie in den Haushalt des Mieters aufgenommen werden sollen (RE BayObLG ZMR 1984, S. 37; OLG Hamm NJW 1982 S. 2876). Dieses grundsätzliche Verbot wird jedoch in zweifacher Hinsicht eingeschränkt. Zum einen richtet es sich nicht gegen dem Mieter besonders nahestehende Personen, zum anderen kann der Mieter gem. Absatz 2 einen Anspruch auf eine Erlaubnis des Vermieters haben.

Die vorübergehende Aufnahme von **Gästen** (mehrere Wochen lang) fällt nicht unter § 549 und ist generell zulässig. Maßstab in all diesen Fällen ist allein der sich aus dem Mietvertrag ergebende, gegebenenfalls durch Auslegung zu ermittelnde, vertragsgemäße Gebrauch (vgl. Anm. 7 zu §§ 535, 536 BGB).

Nur die Aufnahme **Dritter** ohne Erlaubnis ist unzulässig. Es ist eine Frage der Auslegung des einzelnen Mietvertrages, wer zur Benutzung der Wohnung berechtigt sein soll. Diese Personen sind nicht Dritte. Auch wenn im Mietvertrag nichts ausdrücklich vereinbart ist, wird im Regelfall die Aufnahme von Ehegatten, Kindern, Hausangestellten, Lebenspartnern (Verlobten) – nicht aber Geschwister (BayObLG ZMR 1984, S. 37) – als vertragsgemäß anzusehen und deshalb ohne weitere Erlaubnis zulässig sein. Etwas anderes kann sich ergeben, wenn der Aufnahme besondere Gründe entgegenstehen (zB krasse Überbelegung – Anm. 2 zu § 553 BGB). Strenge Moralvorstellungen des Vermieters machen die Aufnahme eines Lebenspartners nicht unzulässig.

Überläßt der Mieter die gesamte Wohnung einem oder mehreren Dritten zur selbständigen Haushaltsführung, ist nur § 549 Abs. 1 anwendbar. Der Mieter hat keinen Anspruch auf Erteilung der Erlaubnis nach Absatz 2, der nur bei Überlassung von Wohnungsteilen anwendbar ist.

2. Zwischen dem Mieter und dem Untermieter kommt ein **Untermietverhältnis** zustande, auf das die allgemeinen mietvertraglichen Bestimmungen anzuwenden sind, insbesondere gelten hier auch die Kündigungsschutzvorschriften (§ 564b BGB) und die Sozialklausel (§ 556a ff BGB). Mieterhöhungen sind auch in Untermietverhältnissen nur bis zur örtlichen Vergleichsmiete für entsprechende Untermietverhältnisse nach dem MHG zulässig. Für den öffentlich geförderten, preisgebundenen Wohnungsbau gilt § 21 Wohnungsbindungsgesetz. Unmittelbare vertragliche Beziehungen zwischen dem (Haupt-)vermieter und Untermieter bestehen nicht. Der Vermieter kann somit weder Mietzahlungen vom Untermieter verlangen noch hat er einen vertraglichen Schadensersatzanspruch gegen den Untermieter und auch kein Vermieterpfandrecht (§ 559 ff. BGB). Kündigt der Vermieter das

1 BGB § 549 Untermiete

Mietverhältnis gegenüber dem Mieter, so ist der Untermieter gemäß § 556 Abs. 3 BGB zur Herausgabe verpflichtet, ohne daß er sich auf den Kündigungsschutz oder die Sozialklausel berufen kann. Wegen der Ausnahmen von diesem Grundsatz vgl. Anm. 5 zu § 556 BGB. Räumungsschutz gemäß § 721 ZPO kann dem Untermieter auch bei Geltendmachung des Herausgabeanspruchs des Vermieters gewährt werden.

3. Die **Erlaubnis** des Vermieters kann allgemein oder eingeschränkt für eine Person, bereits bei Vertragsschluß oder später erteilt werden. Duldet der Vermieter längere Zeit die Untervermietung, ist die Erlaubnis stillschweigend erteilt. Dies ist wirksam, selbst wenn im Mietvertrag für Änderungen und Ergänzungen allgemein die Schriftform vorgesehen ist.

Der **Anspruch** auf Erlaubnis (Absatz 2) kann sich aus den verschiedensten Interessen des Mieters ergeben, z. B. aus wirtschaftlichen, persönlichen oder familiären Veränderungen. Ein berechtigtes Interesse des Mieters liegt grundsätzlich vor, wenn der Mieter aus persönlichen oder wirtschaftlichen Gründen mit einem oder mehreren Dritten eine **Wohngemeinschaft** auf Dauer gründen will. Auf das Geschlecht der Beteiligten kommt es hierbei nicht an. Das Zusammenleben unverheirateter Paare wird heute nicht mehr von der Allgemeinheit mißbilligt (RE BGH vom 3. 10. 1984, ZMR 1985 S. 50). Der Mieter ist grundsätzlich frei, wie er sein persönliches Leben in der Mietwohnung gestalten will. Grenzen bestehen aber auch hier im Umfang des vereinbarten vertraglichen Gebrauchs (z. B. Überbelegung).

Wird an eine Wohngemeinschaft vermietet, bedeutet dies auch eine Zustimmung für den hiermit typischerweise verbundenen häufigen Mieterwechsel. Wird der Mietvertrag mit einer Wohngemeinschaft (und nicht mit einem einzelnen Mieter mit der Erlaubnis zur Untervermietung) abgeschlossen, so können die Mitglieder der Wohngemeinschaft nicht untereinander die Wohnung kündigen, vielmehr gelten unter diesen §§ 749 ff. BGB.

Voraussetzung für den Anspruch auf Erlaubnis ist, daß sich dieses Interesse zur Untervermietung erst nach Abschluß des Mietvertrages ergeben hat und der Mieter selbst weiterhin auf die Wohnung angewiesen ist. Der Wunsch, eine Wohngemeinschaft zu bilden, ist nicht berechtigt, wenn der Mieter bei Abschluß des Mietvertrages diesen Wunsch verschwiegen hat, etwa weil er befürchtet hat, die Wohnung in diesem Fall nicht zu erhalten.

4. Der Vermieter kann seine Erlaubnis unter Umständen von der Zahlung eines **Untermietzuschlages** abhängig machen. Ob und in welcher Höhe ein Zuschlag angemessen ist, wird sich vor allem nach der zu erwartenden zusätzlichen Abnutzung richten. Die Bestimmungen des MHG sind insoweit nicht anwendbar. Der überwiegende Teil der Mietzahlungen des Untermieters sollte dem Mieter verbleiben,

zumindest wenn zum ortsüblichen Untermietpreis vermietet wurde. Für den öffentlich geförderten, preisgebundenen Wohnungsbau gilt § 26 Abs. 3 NMV 1970. Erteilt der Vermieter eine zeitlich unbefristete Erlaubnis, ist die Zahlung des Zuschlages nicht auf die Zeit tatsächlicher Untervermietung beschränkt. Hat der Vermieter die Erlaubnis erteilt, so kann er sie später nicht widerrufen. In Beracht kommt nur eine Anfechtung wegen Irrtum, Täuschung oder Drohung (§§ 119, 123 BGB). Will der Vermieter sich nicht auf Dauer binden, kann er die Erlaubnis befristet erteilen und gegebenenfalls dann jeweils verlängern.

5. **Verweigert** der Vermieter die **Erlaubnis** ohne wichtigen Grund in der Person des Untermieters, hat der Mieter die Wahl, ob er auf Erteilung der Erlaubnis klagen oder kündigen will unter Einhaltung der verkürzten Fristen gemäß § 565 Abs. 5, Abs. 2 BGB. Daneben kann er selbstverständlich auch seinen Anspruch auf Erteilung der Erlaubnis gemäß Absatz 2 gerichtlich durchsetzen. Der Mieter kann sich, nachdem er von der Ablehnung erfahren hat, Zeit zur Überlegung lassen, ob er von seinem Kündigungsrecht Gebrauch machen will. Überlanges Warten kann jedoch zur Verwirkung des Kündigungsrechtes führen.

6. Wenn der Mieter die Wohnung **ohne Erlaubnis** des Vermieters untervermietet, ist dies eine Überschreitung des vertragsgemäßen Gebrauchs. Der Vermieter kann dann gemäß § 550 BGB Unterlassung verlangen. Zuvor muß er jedoch den Mieter auffordern, das Untermietverhältnis zu beenden (Abmahnung). Dabei muß er ihm ausreichend Zeit zur Kündigung des Untermietsverhältnisses geben. Wenn der Mieter nichts unternimmt, kann der Vermieter fristlos kündigen (§ 553 BGB) und soweit ihm ein Schaden entstanden ist, Schadensersatz verlangen. Die Herausgabe der vom Untermieter gezahlten Miete kann der Vermieter nicht fordern. Hat der Mieter einen Anspruch auf Erteilung der Untermieterlaubnis, ist die Geltendmachung der genannten Rechte des Vermieters rechtsmißbräuchlich und damit wirkungslos.

7. Im Falle der Kündigung des Hauptmietverhältnisses – gleich aus welchem Grund – hat der Untermieter einen Schadensersatzanspruch gegen den Mieter (§ 541 BGB). Es ist strittig, ob die Kenntnis des Untermieters von der fehlenden Untermieterlaubnis bei Vertragsschluß die Rechte des Untermieters ausschließt, wofür allerdings viel spricht (§§ 541, 538, 539 BGB).

8. Die **Haftung** des Mieters für den Untermieter (Absatz 3) beschränkt sich auf Vorgänge, die mit dem Mietverhältnis in engerem Zusammenhang stehen. Sie erstreckt sich nicht auf Handlungen des Untermieters, die in keinem Zusammenhang mit dessen Stellung als Untermieter stehen.

[Vertragswidriger Gebrauch]

550 Macht der Mieter von der gemieteten Sache einen vertragswidrigen Gebrauch und setzt er den Gebrauch ungeachtet einer Abmahnung des Vermieters fort, so kann der Vermieter auf Unterlassung klagen.

Der Unterlassungsanspruch tritt neben das Kündigungsrecht nach § 553 BGB oder § 554b BGB und neben den Schadensersatzanspruch wegen Vertragsverletzung oder Eigentumsverletzung. Der vertragsgemäße Gebrauch ist dem Mietvertrag, gegebenenfalls durch Auslegung unter Berücksichtigung der Verkehrssitte zu entnehmen (vgl. Anm. 7 zu §§ 535, 536 BGB). Auch wenn sich der Vermieter gegen Störungen durch Dritte wendet (vgl. z. B. § 549 Abs. 3 BGB), ist die Abmahnung an den Mieter zu richten. Sie ist an keine Form gebunden. Sie muß die vertragswidrige Handlung konkret bezeichnen. Die Abmahnung ist entbehrlich, wenn der Vermieter von vorneherein eine Verhaltensänderung entschieden und endgültig ablehnt.

Erst nach der Abmahnung kann der Vermietung bei Fortsetzung des vertragswidrigen Gebrauchs Klage erheben und eine einstweilige Verfügung beantragen. Die Notwendigkeit der Abmahnung kann vertraglich, jedoch nicht im Formularmietvertrag (§ 9 Abs. 2, § 11 Nr. 4 AGBG) ausgeschlossen werden.

[Keine Vertragsstrafe]

550 a Eine Vereinbarung durch die sich der Vermieter von Wohnraum eine Vertragsstrafe vom Mieter versprechen läßt, ist unwirksam.

Die Vorschrift ist nicht nur auf Vertragsstrafen gemäß §§ 339 ff. BGB anzuwenden, sondern auf alle Vereinbarungen, die ähnliche Wirkungen haben. Unzulässig sind alle Abreden, die für den Fall der Vertragsverletzung ein zusätzliches Druckmittel, über die Sicherung von Ersatzansprüchen hinaus, vorsehen. Unzulässig sind zum Beispiel Verfallklauseln (vgl. § 557a BGB), die Vereinbarung einer Abstandszahlung oder Bearbeitungsgebühr bei vorzeitiger Entlassung aus dem Mietvertrag bereits bei Vertragsschluß, die Vereinbarung, für unterlassene Schönheitsreparaturen eine bestimmte Anzahl von Monatsmieten zu bezahlen und ähnliches. Schwierig wird die Beurteilung, wenn die Abrede dazu dient, einen bestehenden Schadensersatzanspruch des Vermieters der Höhe nach zu pauschalieren. Solche

Abreden sind unwirksam, wenn sie der Umgehung des § 550a dienen sollen. Dies wird regelmäßig dann der Fall sein, wenn überhöhte Beträge vereinbart sind.

Ist eine Vertragsklausel gemäß § 550a nichtig, so bleibt der Mietvertrag im übrigen bestehen.

[Sicherheitsleistung des Mieters]

550 b (1) Hat bei einem Mietverhältnis über Wohnraum der Mieter dem Vermieter für die Erfüllung seiner Verpflichtungen Sicherheit zu leisten, so darf diese das Dreifache des auf einen Monat entfallenden Mietzinses vorbehaltlich der Regelung in Absatz 2 Satz 3 nicht übersteigen. Nebenkosten, über die gesondert abzurechnen ist, bleiben unberücksichtigt. Ist eine Geldsumme bereitzustellen, so ist der Mieter zu drei gleichen monatlichen Teilleistungen berechtigt; die erste Teilleistung ist zu Beginn des Mietverhältnisses fällig.

(2) Ist bei einem Mietverhältnis über Wohnraum eine als Sicherheit bereitzustellende Geldsumme dem Vermieter zu überlassen, so hat er sie von seinem Vermögen getrennt bei einer öffentlichen Sparkasse oder bei einer Bank zu dem für Spareinlagen mit gesetzlicher Kündigungsfrist üblichen Zinssatz anzulegen. Die Zinsen stehen dem Mieter zu. Sie erhöhen die Sicherheit.

(3) Eine zum Nachteil des Mieters abweichende Vereinbarung ist unwirksam.

(4) Bei Wohnraum, der Teil eines Studenten- oder Jugendwohnheims ist, besteht für den Vermieter keine Verpflichtung, die Sicherheitsleistung zu verzinsen.

---

1. Die Vorschrift wurde durch das Gesetz zur Erhöhung des Angebots an Mietwohnungen (BGBl. 1982 I, S. 1912) in das Gesetz eingefügt und ist nach Artikel 4 Nr. 2 dieses Gesetzes nur auf Mietverträge, die **ab dem 1. Januar 1983** vereinbart worden sind, in vollem Umfang **anwendbar.** Bei vorher abgeschlossenen Vereinbarungen besteht eine Verzinsungspflicht in Übereinstimmung mit der bisherigen Rechtsprechung (für die Zeit ab 1972 RE BGH NJW 1982 S. 2186) nur dann, wenn sie im Mietvertrag nicht ausdrücklich ausgeschlossen ist. Im Gegensatz zu der Regelung des § 550b Abs. 3 sind in diesen Altverträgen Bestimmungen, die eine Verzinsung ausdrücklich ausschließen mit Wirkung für die Vergangenheit und die Zukunft wirksam. Eine gesetzliche Anlagepflicht besteht bei Altverträgen nicht. Die Neurege-

lung gilt sowohl im freifinanzierten, nicht preisgebundenen Wohnungsbau als auch für den öffentlich geförderten, preisgebundenen Wohnungsbau (§ 9 Abs. 5 Wohnungsbindungsgesetz). Für Berliner Altbauwohnungen besteht eine Sonderregelung (§ 29a Abs. 6 1. Bundesmietengesetz, in der Fassung vom 3. August 1982, BGBl. I S. 1106, 1111).

2. Die Kaution ist der **Höhe** nach **begrenzt**. Der Vermieter kann eine Kaution jedoch nur dann verlangen, wenn dies im Mietvertrag ausdrücklich vereinbart worden ist. Eine gesetzliche Verpflichtung des Mieters zur Sicherheitsleistung besteht nicht. Im Mietvertrag muß deshalb auch bestimmt werden, in welcher Höhe Sicherheit zu leisten ist und welche Ansprüche des Vermieters hierdurch gesichert werden sollen (Sicherungsabrede). Die Sicherheitsleistung kann nicht nur in der Überlassung eines Geldbetrages (Barkaution), sondern auch auf jede andere Weise, z. B. durch Bürgschaft oder Einräumen eines Pfandrechts (Verpfändung eines Sparbuchs des Mieters) vereinbart werden. Läßt der Vermieter sich jedoch ein Sparbuch des Mieters verpfänden, muß er damit rechnen, daß bereits ein Pfandrecht der Bank daran besteht und seinem Recht vorgeht. In allen Fällen der Sicherheitsleistung gilt die Begrenzung auf das Dreifache der Monatsmiete zur Zeit der Kautionsvereinbarung. Gesondert ausgewiesene Nebenkostenvorschüsse bleiben außer Ansatz. Hat der Mieter hingegen die Nebenkosten pauschaliert zu zahlen (ohne jährliche Abrechnung), so ist diese Pauschale zu berücksichtigen.

3. In allen Fällen, in denen der Mieter eine Geldsumme zur Verfügung zu stellen hat, ist er zur Zahlung in **3 Raten** berechtigt. Die erste Rate wird zu Beginn des Mietverhältnisses – d. h. nicht im Zeitpunkt des Abschlusses des Mietvertrags, sondern erst bei Beginn des vereinbarten Gebrauchrechts – fällig, in der Regel somit zusammen mit der ersten Mietzahlung. Ist der Vermieter nach der Sicherungsabrede berechtigt, auch wegen Schadensersatzansprüchen während der Mietzeit auf die Kaution zuzugreifen, so ist der Mieter gegebenenfalls verpflichtet, die Kaution bis zum ursprünglichen Betrag wieder aufzufüllen (§ 240 BGB).

4. Für den Fall der Barkaution ist der Vermieter verpflichtet, diese auf einem Sonderkonto **anzulegen** (offenes Treuhandkonto, Anderkonto). Zulässig ist die Anlage bei jedem Kreditinstitut, auch bei einem ausländischen, oder beim Postsparkassendienst. Der Vermieter kann über das Konto nur treuhänderisch verfügen. Denkbar ist auch, daß das Konto in der Art eingerichtet wird, daß nur Mieter und Vermieter zusammen verfügen können. Im Streitfall muß dann der Vermieter gegen den Mieter auf Zustimmung zur Auszahlung klagen, während es bei alleiniger Verfügungsbefugnis des Vermieters am Mieter liegt, gegebenenfalls auf Rückzahlung der Kaution zu klagen.

Die Anlage auf einem Sonderkonto bewirkt, daß der Mieter im Konkurs des Vermieters oder bei Einzelzwangsvollstreckung gegen diesen gesichert ist. Im Konkurs hat der Mieter ein Aussonderungsrecht (§ 43 KO). Die Einzelzwangsvollstreckung kann der Mieter im Weg der Drittwiderspruchsklage (§ 771 ZPO) verhindern. Außerdem unterliegt das Sonderkonto auch nicht dem Pfandrecht nach Nr. 19 der Allgemeinen Geschäftsbedingungen der Banken (BGH WM 1973 S. 894).

Der Vermieter erfüllt seine Pflicht zur **verzinslichen** Anlage auch dann in vollem Umfang, wenn bei anderen Kreditinstituten ein höherer Zins gezahlt wird. Legt der Mieter die Kaution höher verzinslich (längerfristig) an, so stehen auch diese Zinsen in voller Höhe dem Mieter zu. Dieser kann jedoch vor Beendigung des Mietverhältnisses keine Auszahlung der Zinsen verlangen. Vielmehr dienen diese ebenso wie die Hauptsumme dem vereinbarten Sicherungszweck.

5. Nach Beendigung des Mietverhältnisses ist die Sicherheit einschließlich Zinsen **zurückzuzahlen,** sofern keine Ansprüche der in der Sicherungsabrede genannten Art (z. B. rückständige Miete, Schadensersatzanspruch wegen unterlassener Schönheitsreparaturen) bestehen. Dem Vermieter steht zwar eine gewisse Zeit zur Prüfung und Überlegung zu, allzu lange (nicht mehr als 6 Monate ab Räumung) darf er mit der Abrechnung aber nicht warten. Vor diesem Zeitpunkt ist der Mieter nicht berechtigt, gegen Ansprüche des Vermieters mit dem Kautionsrückzahlungsanspruch aufzurechnen, insbesondere darf er nicht vor Ende der Mietzeit unter Verweisung auf die Kaution seine Mietzahlungen einstellen.

Erfüllt der Vermieter seine Verpflichtung zur Anlage nicht, so kann der Mieter nach Beendigung der Vertragszeit die üblichen Zinsen als Schadensersatzanspruch geltend machen. Er kann aber auch während der Vertragszeit auf Erfüllung der Anlagepflicht klagen, da er nur so die ihm nach dem Gesetz zustehende gesicherte Stellung im Konkurs – vgl. auch § 572 BGB – und bei Einzelzwangsvollstreckung erlangen kann.

6. **Abweichende Vereinbarungen,** die den Mieter nicht schlechter stellen, sind zulässig. So kann z. B. vereinbart werden, daß der Vermieter die Sicherheit nicht anzulegen hat, wenn er wegen seiner Rückzahlungspflicht dem Mieter eine Bürgschaft eines Kreditinstituts verschafft. Wird eine Sicherheit höher als nach Absatz 1 zulässig vereinbart, so ist die Vereinbarung in Höhe von 3 Monatsmieten wirksam. Dies entspricht dem Grundsatz, daß Verstöße gegen Preisvorschriften dazu führen, daß das Geschäft zum zulässigen Preis wirksam ist. Der Mieter kann den die dreifache Monatsmiete übersteigenden Betrag jederzeit zurückfordern.

7. Die Ausnahmevorschriften für **Studentenwohnheime** (zum Begriff vgl. Anm. 11 zu § 564b BGB) gilt ebenfalls ab 1. 1. 1983 und

1 BGB § 551 Entrichtung des Mietzinses

zwar auch für die zuvor geschlossenen Verträge. Ab diesem Zeitpunkt besteht keine Verpflichtung mehr zur Verzinsung, sofern sie nicht im Mietvertrag ausdrücklich vereinbart worden ist. Wenn zur Verzinsungspflicht in vor dem 1. 1. 1983 abgeschlossenen Verträgen nichts Ausdrückliches vereinbart worden ist, wenn sie also auch nicht ausdrücklich abbedungen war, endet die nach der bisherigen Rechtsprechung bestehende Verzinsungspflicht am 31. 12. 1982. Für die Zeit nach dem 1. 1. 1983 besteht in den genannten Wohnheimen nur noch dann eine Verzinsungspflicht, wenn sie im Mietvertrag ausdrücklich vereinbart worden ist.

[Entrichtung des Mietzinses]
551 (1) **Der Mietzins ist am Ende der Mietzeit zu entrichten. Ist der Mietzins nach Zeitabschnitten bemessen, so ist er nach dem Ablaufe der einzelnen Zeitabschnitte zu entrichten.**

(2) **Der Mietzins für ein Grundstück ist, sofern er nicht nach kürzeren Zeitabschnitten bemessen ist, nach dem Ablaufe je eines Kalendervierteljahrs am ersten Werktage des folgenden Monats zu entrichten.**

1. **Fällig** ist die Monatsmiete nach der gesetzlichen Regelung erst nach Ablauf des jeweiligen Monats, d. h. zum 1. des Folgemonats. Diese gesetzliche Regelung kommt jedoch nur dann zur Anwendung, wenn im Mietvertrag nichts anderes vereinbart ist. Regelmäßig wird die Fälligkeit der Miete zu einem Tag am Anfang des jeweiligen Monats bestimmt. Dies ist auch durch Formularmietvertrag zulässig. Wird z. B. vereinbart, daß die Miete spätestens am dritten Werktag eines Monats zu zahlen ist und es für die Rechtzeitigkeit der Zahlung nicht auf die Absendung sondern die Ankunft der Miete beim Vermieter ankommt, so muß die Miete an diesem Tag dem Konto des Vermieters gutgeschrieben bzw. in bar überbracht werden. Ein Sonnabend zählt nicht als Werktag (vgl. § 193 BGB). Das Risiko für verzögerte oder fehlgeleitete Überweisungen trägt der Mieter. Fehlt eine ausdrückliche Regelung, so reicht es aus, wenn die Bank mit der Überweisung so rechtzeitig beauftragt wird, daß mit einer Gutschrift auf dem Konto des Vermieters zum Fälligkeitstag gerechnet werden kann. Für unvorhersehbare Verzögerungen haftet der Mieter dann nicht.

Bringt der Mieter bei der Überweisung zum Ausdruck, für welchen Zeitraum die Miete bezahlt werden soll (Tilgungsbestimmung, vgl. §§ 366, 367 BGB), kann sie der Vermieter nicht anders verrechnen (also nicht z. B. auf bereits länger ausstehende Raten oder Nebenkosten). Dies ist insbesondere für die Verjährung (§§ 197, 201 BGB: 4 Jahre, vgl. Anm. 1 zu § 558 BGB) von Bedeutung. Bei Tilgung durch Dauerauftrag kann angenommen werden, daß die jeweils gerade fällig gewordene Rate getilgt werden soll.

2. Zahlt der Mieter nicht rechtzeitig, so kommt er ohne Mahnung in **Verzug** und muß Verzugszinsen bezahlen (§§ 284 Abs. 2, 286, 288 BGB). Will der Mieter sich noch überlegen, ob er z. B. wegen Mängel Minderungs- oder Schadensersatzansprüche (§§ 537, 538 BGB) geltend machen will, kann er unter Vorbehalt bezahlen. Damit wird dem sonst möglichen Eindruck entgegengewirkt, er habe auf die Geltendmachung entsprechender Rechte verzichtet.

[Persönliche Verhinderung]

552 Der Mieter wird von der Entrichtung des Mietzinses nicht dadurch befreit, daß er durch einen in seiner Person liegenden Grund an der Ausübung des ihm zustehenden Gebrauchsrechts verhindert wird. Der Vermieter muß sich jedoch den Wert der ersparten Aufwendungen sowie derjenigen Vorteile anrechnen lassen, welche er aus einer anderweitigen Verwertung des Gebrauchs erlangt. Solange der Vermieter infolge der Überlassung des Gebrauchs an einen Dritten außerstande ist, dem Mieter den Gebrauch zu gewähren, ist der Mieter zur Entrichtung des Mietzinses nicht verpflichtet.

---

1. Das Risiko, ob er den gemieteten Wohnraum auch verwenden kann, trägt der Mieter.

Der **Hinderungsgrund** liegt **in der Person des Mieters,** wenn irgendein anderer Mieter zur Nutzung der Wohnung in der Lage wäre. Hinderungsgründe in der Person des Mieters sind somit z. B. Krankheit oder Tod des Mieters oder seiner Angehörigen, Arbeitsplatzwechsel, Ausweisung, Ladung zum Strafantritt, Absage einer Ausstellung für deren Dauer Wohnraum gemietet wurde, Änderung der Reisepläne.

2. Der Vermieter muß sich nur das **anrechnen lassen,** was er tatsächlich durch anderweitige Vermietung erlangt, nicht aber auch das, was er hätte erlangen können. Er hat grundsätzlich keine Pflicht, sich um eine ersatzweise Vermietung zu bemühen. Die verbrauchsabhängigen Nebenkosten (Wasser, Heizung) kann der Vermieter nicht verlangen.

3. **Zieht der Mieter vorzeitig aus,** d. h. vor Ablauf der vereinbarten Mietzeit oder vor dem Ende der Kündigungsfrist, hat der Mieter wegen der grundsätzlich weiter bestehenden Verpflichtung zur Mietzahlung ein starkes Interesse daran, daß eine vorzeitige neue Vermietung erfolgt. Der Vermieter ist aber grundsätzlich nicht verpflichtet, den Mieter aus dem Mietvertrag vorzeitig zu entlassen, auch wenn dieser ihm einen geeigneten **Ersatzmieter** benennt, der zur Fortsetzung des Mietverhältnisses unter denselben Bedingungen bereit ist. Eine solche Verpflichtung kommt nur ausnahmsweise in Betracht, wenn das berechtigte Interesse des Mieters an der Aufhebung des Vertrages dasjenige des Vermieters am Fortbestand des Mietvertrages ganz erheblich übersteigt (z. B. schwere Krankheit, beruflich bedingter Ortswechsel oder wesentliche Vergrößerung der Familie des Mieters). Es reicht nicht aus, wenn der Mieter z. B. ein eigenes Haus baut oder eine Eigentumswohnung kauft (für befristetes Mietverhältnis RE OLG Karlsruhe NJW 1981 S. 1741). Zieht der Mieter einige Monate vor Ende der Kündigungsfrist aus, kann es nach den gesamten Umständen des Einzelfalles jedoch gegen Treu und Glauben verstoßen, wenn der Vermieter die Wohnung grundlos bis zum Ende der Kündigungsfrist unvermietet stehen läßt. Sofern die restliche Mietzeit nur noch verhältnismäßig kurz ist (3 Monate), braucht der Vermieter in der Regel einen Ersatzmieter für diese Zeit nicht zu akzeptieren, insbesondere wenn er danach mit einem anderen Mieter einen neuen Vertrag mit günstigeren Bedingungen abschließen will (RE OLG Oldenburg WM 1981 S. 125). Der Vermieter kann aus allen vernünftigen, sachlichen Gründen einen Ersatzmieter ablehnen. Etwas strenger ist das OLG Hamm, das gewichtige Gründe für die Ablehnung eines Nachmieters fordert, die das Interesse des Vormieters an der vorzeitigen Beendigung seines Mietverhältnisses überwiegen müssen (RE OLG Hamm NJW 1983 S. 1564). Im entschiedenen Fall handelte es sich um ein nichtverheiratetes Paar als Ersatzmieter.

Ist im Mietvertrag eine Mietnachfolgeklausel enthalten, so ist der Vermieter nach der getroffenen Vereinbarung regelmäßig verpflichtet, mit einem entsprechenden Ersatzmieter einen neuen Mietvertrag abzuschließen. Auf die Beweggründe des Mieters für die vorzeitige Beendigung des Mietverhältnisses kommt es dann nicht mehr an. Nachteile durch den Mieterwechsel hat der Vermieter in der Regel jedoch auch im Fall der Nachfolgerklausel nicht hinzunehmen.

4. Die **Mietzahlungspflicht entfällt,** wenn der Vermieter nicht mehr erfüllungsbereit ist. Dies ist nicht nur dann der Fall, wenn er an einen Dritten vermietet hat, sondern auch, wenn er die Räume selbst nutzt oder verändert oder sie Handwerkern als Lager oder Aufenthaltsraum überläßt. Kann diese Verwendung oder Veränderung jedoch jederzeit rückgängig gemacht werden und die Räume dem Mie-

ter wieder zur Verfügung gestellt werden, entfällt dessen Mietzahlungspflicht nicht. Die fehlende Erfüllungsbereitschaft des Vermieters hat der Mieter zu beweisen (RE OLG Oldenburg WM 1981 S. 177).

> **[Aufrechnungs- und Zurückbehaltungsrecht]**
> **552 a** Der Mieter von Wohnraum kann entgegen einer vertraglichen Bestimmung gegen eine Mietzinsforderung mit einer Forderung auf Grund des § 538 aufrechnen oder wegen einer solchen Forderung ein Zurückbehaltungsrecht ausüben, wenn er seine Absicht dem Vermieter mindestens einen Monat vor der Fälligkeit des Mietzinses schriftlich angezeigt hat.

1. In Mietverträgen, insbesondere in solchen, die unter Verwendung eines Formulars abgeschlossen werden, ist oft vereinbart, daß der Mieter mit etwaigen Ansprüchen gegen den Vermieter nicht aufrechnen oder ein Zurückbehaltungsrecht geltend machen kann. Der Mieter bliebe hiernach verpflichtet, laufend die Miete zu zahlen. Etwaige Gegenansprüche gegen den Vermieter müßte er gerichtlich geltend machen. In eng begrenztem Umfang läßt § 552a entsprechende Vertragsklauseln nicht zu und erhält dem Mieter insoweit das Aufrechnungsrecht gegenüber dem Vermieter. Sind die Vertragsklauseln entgegen § 552a weitergefaßt, ist der Ausschluß des Aufrechnungsrechtes und des Zurückbehaltungsrechtes insoweit unwirksam.

2. Nur gegenüber der **Mietforderung** bleibt die Aufrechnung und das Zurückbehaltungsrecht zulässig. Der Ausschluß der Aufrechnung gegenüber von Schadensersatzansprüchen des Vermieters kann wirksam vereinbart werden. Zur Miete gehören auch die vom Mieter geschuldeten Nebenkosten. Geschützt wird der Mieter nur, soweit er Schadensersatzforderungen oder Aufwendungsersatz (§ 538 Abs. 1, Abs. 2 BGB) geltend machen will.

3. Die erforderliche **Anzeige** muß dem Vermieter zumindest 1 Monat vor Fälligkeit der Mietforderung zugehen. Sonst wirkt sie erst für den nächsten Fälligkeitszeitpunkt.

4. Bei **Formularmietverträgen** ist es darüber hinaus unwirksam, wenn das Zurückbehaltungsrecht eingeschränkt (§ 11 Nr. 2 AGBG) oder die Aufrechnung mit einer unbestrittenen oder rechtskräftig festgestellten Forderung ausgeschlossen (§ 11 Nr. 3 AGBG) wird.

1 BGB § 553 Vertragswidriger Gebrauch

> **[Fristlose Kündigung bei vertragswidrigem Gebrauch]**
>
> **553** Der Vermieter kann ohne Einhaltung einer Kündigungsfrist das Mietverhältnis kündigen, wenn der Mieter oder derjenige, welchem der Mieter den Gebrauch der gemieteten Sache überlassen hat, ungeachtet einer Abmahnung des Vermieters einen vertragswidrigen Gebrauch der Sache fortsetzt, der die Rechte des Vermieters in erheblichem Maße verletzt, insbesondere einem Dritten den ihm unbefugt überlassenen Gebrauch beläßt, oder die Sache durch Vernachlässigung der dem Mieter obliegenden Sorgfalt erheblich gefährdet.

1. Das Kündigungsrecht des Vermieters steht neben dem Recht zur fristlosen Kündigung nach § 554 BGB und dem Recht zur ordentlichen Kündigung nach § 564b Abs. 2 Nr. 1 BGB.

Der **vertragswidrige Gebrauch** (zum Begriff des vertragsgemäßen Gebrauchs vgl. Anm. 7 zu §§ 535, 536 BGB) muß trotz einer hierauf bezogenen Abmahnung (§ 550 BGB) durch den Mieter fortgesetzt worden sein. Ein Verschulden des Mieters ist nicht erforderlich. Sind auf der Seite des Mieters mehrere Personen am Mietvertrag beteiligt, so rechtfertigt der vertragswidrige Gebrauch eines Mieters die Kündigung gegenüber allen Mietern. Der Vermieter kann jedoch verpflichtet sein, den Mietern, die sich am vertragswidrigen Gebrauch nicht beteiligt haben, einen neu abzuschließenden Mietvertrag anzubieten (vgl. LG Darmstadt NJW 1983 S. 52).

2. Ob die Rechte des Vermieters in **erheblichem Maße** verletzt sind, ist nach Schwere und Häufigkeit der Vertragsverletzung zu beurteilen. Ein Indiz kann hierbei sein, wie sich der Vermieter in vergleichbaren Situationen früher verhalten hat. Bei der Auslegung dieses Rechtsbegriffes ist zu berücksichtigen, daß eine ,,schuldhaft nicht unerhebliche" Pflichtverletzung Grund bereits für eine ordentliche Kündigung nach § 564b Abs. 2 Nr. 1 BGB ist. Dies zeigt, daß die in § 553 gemeinte Pflichtverletzung besonders schwer sein muß. Ein Verstoß gegen die Hausordnung reicht in aller Regel nicht aus. Auch eine schwere Vertragsverletzung, die aber bereits abgeschlossen ist, reicht nicht aus, wenn keine Wiederholung zu befürchten ist. Eine Gefährdung der Wohnung darf nicht nur in einer bloß entfernten Möglichkeit des Schadenseintritts bestehen, sondern muß auf Grund konkreter Umstände objektiv vorliegen. Beispielsfälle für erhebliche Überschreitungen des vertragsgemäßen Gebrauchs können sein z. B. die unerlaubte gewerbliche Nutzung von Wohnräumen, die unerlaubte Untervermietung, auf deren Genehmigung der Mieter keinen Anspruch hat

(RE OLG Hamburg NJW 1982 S. 1157, BGH ZMR 1985 S. 94, Überbelegung der Wohnung, RE BayObLG NJW 1984 S. 60 zum Fall der Aufnahme von Ehefrau und neugeborenes Kind in Einzimmerwohnung, 25 m²), übermäßige Belästigungen aller Art gegenüber dem Vermieter oder anderen Mietern, die Lagerung gefährlicher Stoffe im Wohnraum oder unfachmännische Eingriffe in die Installation.

3. Die **Kündigung** muß innerhalb angemessener Zeit nach der Abmahnung erfolgen. Stellt der Mieter das vertragswidrige Verhalten vor dem Zugang der Kündigung ein, besteht kein Kündigungsrecht mehr. Läßt er erst später ab, berührt dies die Wirksamkeit der Kündigung nicht mehr. Der Vermieter kann die Kündigung auch mit einer Frist aussprechen. Nach § 564a BGB muß die Kündigung schriftlich erfolgen. Sie muß nicht begründet werden; § 564b Abs. 3 BGB ist nicht anwendbar (vgl. Anm. 6 zu § 564 BGB). Wegen der in diesen Fällen oft sehr angespannten persönlichen Beziehungen kann eine Begründung sogar unzweckmäßig sein. Entscheidend ist allein, daß die Kündigungsgründe bei Zugang der Kündigung vorgelegen haben. Wegen abweichender vertraglicher Regelungen wird auf § 554b BGB hingewiesen.

4. Hat der Mieter den vertragswidrigen Gebrauch zu vertreten, was praktisch bis auf die Fälle der Geisteskrankheit immer der Fall sein wird, so kann der Vermieter auch **Schadensersatz** verlangen, soweit ihm durch das vertragswidrige Verhalten oder die Kündigung ein Schaden entstanden ist (z. B. Mietausfall, Inseratkosten, Kosten einer vorzeitigen Renovierung). Der Mietausfall ist jedoch höchstens bis zu dem Zeitpunkt zu zahlen, zu dem der Mieter frühestens selbst hätte ordentlich kündigen (§ 565 BGB) können.

[Fristlose Kündigung bei Zahlungsverzug]

554 (1) Der Vermieter kann das Mietverhältnis ohne Einhaltung einer Kündigungsfrist kündigen, wenn der Mieter

1. für zwei aufeinanderfolgende Termine mit der Entrichtung des Mietzinses oder eines nicht unerheblichen Teils des Mietzinses im Verzug ist, oder
2. in einem Zeitraum, der sich über mehr als zwei Termine erstreckt, mit der Entrichtung des Mietzinses in Höhe eines Betrages in Verzug gekommen ist, der den Mietzins für zwei Monate erreicht.

Die Kündigung ist ausgeschlossen, wenn der Vermieter vorher befriedigt wird. Sie wird unwirksam, wenn sich der Mie-

1 BGB § 554 Fristlose Kündigung bei Zahlungsverzug

ter von seiner Schuld durch Aufrechnung befreien konnte und unverzüglich nach der Kündigung die Aufrechnung erklärt.

(2) Ist Wohnraum vermietet, so gelten ergänzend die folgenden Vorschriften:
1. Im Falle des Absatzes 1 Satz 1 Nr. 1 ist der rückständige Teil des Mietzinses nur dann als nicht unerheblich anzusehen, wenn er den Mietzins für einen Monat übersteigt; dies gilt jedoch nicht, wenn der Wohnraum zu nur vorübergehendem Gebrauch vermietet ist.
2. die Kündigung wird auch dann unwirksam, wenn bis zum Ablauf eines Monats nach Eintritt der Rechtshängigkeit des Räumungsanspruchs hinsichtlich des fälligen Mietzinses und der fälligen Entschädigung nach § 557 Abs. 1 Satz 1 der Vermieter befriedigt wird oder eine öffentliche Stelle sich zur Befriedigung verpflichtet. Dies gilt nicht, wenn der Kündigung vor nicht länger als zwei Jahren bereits eine nach Satz 1 unwirksame Kündigung vorausgegangen ist.
3. Eine zum Nachteil des Mieters abweichende Vereinbarung ist unwirksam.

1. Zum **Mietzins** gehören auch die vertraglich vereinbarten, laufend zu entrichtenden Nebenkostenvorauszahlungen oder Nebenkostenpauschalen. Ist der Mieter mit einmaligen Zahlungen, wie z. B. vereinbarten Mietvorauszahlungen oder Mietkaution (§ 550b BGB – auch bei Teilleistung) oder mit Schadensersatzansprüchen des Vermieters im Verzug, rechtfertigt dies die Kündigung nach § 554 nicht. Für eine Nachzahlung auf Grund einer Betriebskostenabrechnung gilt dasselbe (RE OLG Koblenz, NJW 1984 S. 2369).

2. Der **Verzug** ist nach §§ 284, 285 BGB festzustellen. Zur Rechtzeitigkeit der Zahlung wird auf Anm. 1 zu § 551 BGB Bezug genommen. Eine Mahnung ist nicht erforderlich, da die Fälligkeit nach dem Kalender bestimmt ist. Verzug ist ausgeschlossen, soweit dem Mieter ein Zurückbehaltungsrecht oder Minderungsrecht (§ 537 BGB) zusteht. Ist der Mieter aus Gründen, die er nicht zu vertreten hat, im Unklaren über die Person des Vermieters (z. B. bei Eigentumswechsel oder Erbfall) oder über die Höhe der Miete, so kommt er ebenfalls nicht in Verzug.

Der Verzug muß nach Absatz 1 Nr. 1, Absatz 2 Nr. 1 sich auf Zahlungen für zwei aufeinanderfolgende Termine beziehen und insgesamt den Betrag für eine Monatsmiete übersteigen. Wird diese Summe für diesen Zeitraum nicht erreicht, so ist eine Kündigung nach § 554 auch bei langandauerndem Verzug nicht gerechtfertigt. Zahlt der Mieter z. B. jeden zweiten Monat pünktlich, so liegt ein die Kündigung rechtfertigender Verzug erst vor, wenn ein rückständiger Gesamtbetrag in Höhe von 2 Monatsmieten erreicht ist (Absatz 1 Nr. 2). Wenn der Mieter über längere Zeit unpünktlich zahlt oder ständig Abzüge macht, rechtfertigt dies die Kündigung nach § 554 erst, wenn der rückständige Gesamtbetrag 2 Monatsmieten erreicht hat. Der Verzug mit einem Betrag in dieser Höhe muß über 2 Zahlungstermine ununterbrochen bestanden haben. Auch wenn die Anforderungen des § 554 nicht erfüllt sind, kann beim Vorliegen besonderer Umstände eine fristlose Kündigung nach § 554a BGB gerechtfertigt sein.

3. Wegen des Begriffs **vorübergehender Gebrauch** wird auf Anm. 11 zu § 564b BGB verwiesen. In diesen Mietverhältnissen kann eine fristlose Kündigung bei Rückständen für 2 aufeinanderfolgende Termine erfolgen, auch wenn der rückständige Betrag weniger als eine Monatsmiete beträgt.

4. Die **Kündigung** kann auch befristet ausgesprochen werden. Eine Räumungsfrist von 1 Woche wird in der Regel einzuräumen sein. Die Voraussetzungen des § 554 müssen bei Zugang der Kündigung vorgelegen haben, sonst ist und bleibt die Kündigung unwirksam. Die Kündigung muß gemäß § 564a BGB schriftlich erfolgen. Eine Begründung ist ebenso wie bei § 553 BGB nicht zwingend erforderlich. Hat der Vermieter längere Zeit eine unpünktliche, die Kündigung rechtfertigende Zahlungsweise hingenommen, wird er in der Regel nach Treu und Glauben verpflichtet sein, die Kündigung nach § 554 dem Mieter zuerst anzukündigen. Der Vermieter ist grundsätzlich nicht verpflichtet, vor der Kündigung auf die ihm überlassenen Sicherheiten zurückzugreifen.

Nach Mieterhöhungen ist das Kündigungsrecht nach § 9 Abs. 2 MHG eingeschränkt.

Schadensersatzansprüche aus Verzug (§ 286 BGB), z. B. Verzugszinsen, werden durch die Kündigung nicht ausgeschlossen. Ersatzfähig sind dabei aber auch Schäden, die durch die Kündigung selbst entstanden sind, wie z. B. Mietausfall oder die Kosten für die Suche eines neuen Mieters.

5. Die **Befriedigung** des Vermieters **vor** Zugang der **Kündigung** beseitigt dessen Kündigungsrecht (Absatz 1 Satz 2). Der Mieter muß jedoch die rückständige Miete vollständig bezahlt haben. Eine Teilleistung, die dazu führt, daß die rückständige Miete unter die in Absatz 1 Nr. 1 und 2, Absatz 2 Nr. 1 genannten Beträge sinkt, reicht nicht aus. Ob es zur vollständigen Tilgung erforderlich ist, daß auch der Verzugsschaden (Verzugszinsen) bezahlt wird, ist strittig. Nach überwiegender Auffassung reicht es aus, wenn der ausstehende Betrag vor der Kündigung abgesandt bzw. auf ein Bankkonto des Vermieters über-

wiesen wurde, nach anderer Auffassung ist erforderlich, daß der rückständige Betrag vor Zugang der Kündigung dem Konto des Vermieters gutgeschrieben wurde.

Der Mieter kann auch durch **Aufrechnung** das Kündigungsrecht des Vermieters beseitigen. Diese muß nicht unverzüglich (Absatz 1 Satz 3) sondern nur innerhalb eines Monats nach Eintritt der Rechtshängigkeit der Räumungsklage erfolgen (Absatz 2 Nr. 2 Satz 1). Entscheidend ist der Zugang der Aufrechnungserklärung beim Vermieter. Die Gegenforderung des Mieters kann dieser auch erst nachträglich erworben haben. Ein vertragliches Aufrechnungsverbot ist nach § 552a BGB und §§ 9, 11 Nr. 3 AGBG zu beurteilen.

6. Die **Befriedigung** des Vermieters **nach** Zugang der **Kündigung** läßt diese unter den Voraussetzungen des Absatz 2 Nr. 2 unwirksam werden. Die Monatsfrist beginnt mit der Zustellung der Räumungsklage an den Mieter (§§ 253, 261 ZPO). Ihr Ende ist nach §§ 187, 188 BGB zu bestimmen. Wird bereits vor Zustellung der Räumungsklage gezahlt, wird die Kündigung nach dem Sinn dieser Vorschrift ebenfalls unwirksam (RE KG DWW 1984 S. 191). Die Befriedigung muß in derselben Weise wie bei Zahlung vor Zugang der Kündigung vollständig sein. Als öffentliche Stelle kommt in erster Linie der örtliche Sozialhilfeträger in Betracht, der durch das Gericht vom Eingang einer auf Zahlungsverzug gestützten Räumungsklage benachrichtigt wird. Als öffentliche Stelle im Sinne dieser Vorschrift wird aber auch jede andere öffentliche Körperschaft, also auch die Kirchen, anzusehen sein. Die öffentliche Stelle muß sich ohne Bedingung und in der vom Mieter geschuldeten Höhe verpflichten. Diese Verpflichtungserklärung muß dem Vermieter bis zum Ablauf der Monatsfrist zugehen.

Die nachträgliche, 1-monatige Schonfrist besteht nicht, wenn der Vermieter in den letzten 2 Jahren vor der Kündigung bereits schon einmal nach § 554 gekündigt hat und die Kündigung durch nachträgliche Zahlung oder Verpflichtung einer öffentlichen Stelle innerhalb der Schonfrist unwirksam geworden ist. Die 2-Jahres-Frist ist ab Zugang der zweiten Kündigung zurück in die Vergangenheit zu rechnen. Die erste Kündigung muß innerhalb dieser 2-Jahres-Frist zugegangen sein. Es ist nicht erforderlich, daß auch die erste Kündigung im Rahmen eines Räumungsrechtsstreits rechtshängig war (RE KG DWW 1984 S. 191).

Zahlt der Mieter innerhalb der ihm zustehenden Schonfrist oder verpflichtet sich eine öffentliche Stelle in dieser Frist, so kann der Vermieter den Rechtsstreit für erledigt erklären, so daß der Mieter die **Verfahrenskosten** insoweit zu tragen hat (§ 91a ZPO).

[Fristlose Kündigung bei schuldhafter Pflichtverletzung]

554 a Ein Mietverhältnis über Räume kann ohne Einhaltung einer Kündigungsfrist gekündigt werden, wenn ein Vertragsteil schuldhaft in solchem Maße seine Verpflichtungen verletzt, insbesondere den Hausfrieden so nachhaltig stört, daß dem anderen Teil die Fortsetzung des Mietverhältnisses nicht zugemutet werden kann. Eine entgegenstehende Vereinbarung ist unwirksam.

1. Die Vorschrift tritt für die Fälle schuldhafter, schwerwiegender Vertragsverletzungen neben das Kündigungsrecht des Vermieters nach § 553 BGB, das kein Verschulden erfordert und neben das Kündigungsrecht des Mieters nach §§ 542, 544 BGB. Die dort aufgestellten, teilweise sehr strengen Voraussetzungen, können in den dort genannten Fällen nicht durch Anwendung des § 554a umgangen werden. Unter Berücksichtigung der genannten anderen Vorschriften müssen auch an den Kündigungsgrund nach § 554a strenge Anforderungen gestellt werden. Der Kündigende kann wie in den Fällen des § 553 und § 554 BGB in entsprechender Weise Schadensersatz verlangen.

2. Die Kündigung muß schriftlich (§ 564a BGB) erfolgen. Wegen der Notwendigkeit ihrer Begründung wird auf Anm. 3 zu § 553 BGB Bezug genommen. Eine vorausgehende Abmahnung wird vom Gesetz nicht verlangt. Sie dürfte jedoch geboten sein, wenn der Kündigende zuvor längere Zeit im konkreten Einzelfall nicht so schwere Verfehlungen hingenommen hat, auf Grund ihrer Summierung sich jedoch später zur Kündigung entschließen will. Die Kündigung muß in engem zeitlichen Zusammenhang mit der sie begründenden Vertragsverletzung ausgesprochen werden.

3. Die **Vertragsverletzung** muß ganz **besonders schwerwiegend** sein. Bereits die ordentliche Kündigung nach § 564b Abs. 2 Nr. 1 BGB setzt eine ,,nicht unerhebliche" Vertragsverletzung voraus. Die Zumutbarkeit der Vertragsfortsetzung ist objektiv am Maßstab eines Durchschnittsbetrachters unter Berücksichtigung aller besonderen Umstände des Einzelfalls zu beurteilen.
Ein Verschulden des Mieters liegt bei den in Frage kommenden schweren Vertragsverletzungen regelmäßig bis auf die Fälle der Geisteskrankheit vor. Das Verhalten seiner Familienangehörigen und Untermieter (§ 549 Abs. 3 BGB) muß er sich zurechnen lassen.
Die Kündigung nach § 554a kommt bei entsprechend schwerwiegender Verletzung aller Arten von Vertragspflichten in Betracht. Auf einige Anwendungsbeispiele sei ausdrücklich hingewiesen:

Gegenseitige Belästigungen der Vertragsparteien oder anderer Mieter rechtfertigen nur in besonderen Ausnahmefällen die fristlose Kündigung. Schwere und insbesondere wiederholte Beleidigungen können jedoch ausreichen. Harmlose, einmalige Tätlichkeiten reichen nicht aus. Von Bedeutung für die Beurteilung ist auch, ob das Verhalten provoziert wurde oder unentschuldbar erscheint. Andauernde und schwerwiegende Lärmbelästigungen oder nachhaltige Verstöße gegen die Hausordnung, die das weitere Zusammenleben unerträglich machen, können die fristlose Kündigung rechtfertigen. Die Aufnahme weiterer Personen, auch des anderen Geschlechts, in die Wohnung kann aus allein moralischen Gründen nicht als schwerwiegende Vertragsverletzung angesehen werden. Kein Kündigungsgrund besteht, wenn der Mieter gegenüber potentiellen Erwerbern der Wohnung erklärt, er werde nicht freiwillig räumen. Fortlaufend unpünktliche Zahlungen können auch ein Kündigungsgrund sein, wenn die Voraussetzungen des § 554 nicht erfüllt sind. In diesen Fällen muß der Vermieter jedoch in besonderer Weise beeinträchtigt werden, etwa durch besonders lang anhaltende Unpünktlichkeit, z. B., wenn Mieter trotz mehrfacher Aufforderung nicht vereinbarungsgemäß zum Monatsersten zahlt (LG Hamburg ZMR 1983 S. 200). In diesen Fällen wird eine Abmahnung vor der Kündigung regelmäßig erforderlich sein. Wiederholte Versuche einer Vertragspartei, rechtlich nicht begründete Ansprüche auch gerichtlich durchzusetzen, wird in der Regel die Kündigung nicht rechtfertigen. Wenn dies in besonders schikanöser Weise geschieht, kann im Einzelfall auch einmal etwas anderes gelten.

[Vereinbarung über fristlose Kündigung]

554 b Eine Vereinbarung, nach welcher der Vermieter von Wohnraum zur Kündigung ohne Einhaltung einer Kündigungsfrist aus anderen als den im Gesetz genannten Gründen berechtigt sein soll, ist unwirksam.

Eine vertragliche Ausdehnung des Kündigungsrechts des Mieters ist zulässig.

555 *(aufgehoben)*

[Rückgabe der Mietsache]

556 (1) Der Mieter ist verpflichtet, die gemietete Sache nach der Beendigung des Mietverhältnisses zurückzugeben.

(2) Dem Mieter eines Grundstücks steht wegen seiner Ansprüche gegen den Vermieter ein Zurückbehaltungsrecht nicht zu.

(3) Hat der Mieter den Gebrauch der Sache einem Dritten überlassen, so kann der Vermieter die Sache nach der Beendigung des Mietverhältnisses auch von dem Dritten zurückfordern.

1. **Rückgabe** kann der Vermieter auch dann verlangen, wenn er nicht Eigentümer ist. Der Anspruch entsteht mit Beendigung des Mietverhältnisses, d. h. bei fristloser Kündigung mit deren Zugang, sofern keine Räumungsfrist eingeräumt wurde, bei befristeter Kündigung nach Ablauf der Kündigungsfrist. Geräumt werden muß am ersten Werktag (§ 193 BGB) nach Beendigung des Mieterverhältnisses. Wird zum Ende eines Monats gekündigt, so muß am ersten Werktag des Folgemonats geräumt werden. Zu diesem Zeitpunkt hat der Mieter dem Vermieter oder dessen Beauftragten sämtliche Haus- und Wohnungsschlüssel zu übergeben, auch diejenigen, die er selbst anfertigen ließ. Der Vermieter ist jedoch verpflichtet, die Aufwendungen des Mieters für diese Schlüssel zu ersetzen. Hat der Mieter Schlüssel verloren, so ist er schadensersatzpflichtig. Soweit erforderlich, muß er die Kosten für das Auswechseln der Schließanlage tragen.

Der Mieter muß alle Gegenstände, die er in die Wohnung gebracht hat, entfernt haben. Bleiben einzelne Gegenstände zurück oder ist die Wohnung nicht im vertragsgemäßen Zustand (Schönheitsreparaturen), so darf der Vermieter die Rücknahme der Wohnung in seine Obhut nicht ablehnen. Er ist auf die Geltendmachung von entsprechenden Schadensersatzansprüchen beschränkt (vgl. BGH NJW 1983 S. 1049). Nimmt er die Wohnung nicht zurück, so kommt er in Annahmeverzug, so daß der Mieter für nachfolgende Schäden nur noch eingeschränkt oder überhaupt nicht mehr haftet (§§ 300, 303 BGB).

Soweit nichts anderes vereinbart ist, hat er die Wohnung besenrein zu übergeben. Abreden über Schönheitsreparaturen (vgl. Anm. 12 zu §§ 535, 536 BGB) müssen ausdrücklich getroffen worden sein. Abnutzungen durch vertragsgemäßen Gebrauch gehen nach dem Gesetz (§ 548 BGB) zu Lasten des Vermieters. Vom Vermieter überlassene Gegenstände müssen nicht gereinigt werden. Die Entfernung von Heizöl im Tank kann, sofern dies nicht nach den besonderen Umständen des Einzelfalles sachlich geboten ist, in der Regel nicht verlangt werden. Der Vermieter hat den Wert des zurückgelassenen Heizöls zu ersetzen. Grundsätzlich muß der Mieter alle Einrichtungen (vgl. § 547a BGB) entfernen. Etwas anderes gilt, wenn der Vermieter zum Ausdruck gebracht hat, daß die Einrichtungen zurückgelassen werden dürfen. Fußbodenbeläge sind zu entfernen einschließlich etwaiger Klebereste.

2. Räumt der Mieter **nicht rechtzeitig**, so kann der Vermieter nicht selbst Besitz von der Wohnung ergreifen, sondern muß Räumungsklage erheben. Diese Klage kann er bereits vor Beendigung des Mietverhältnisses und vor Ablauf der Kündigungsfrist erheben, wenn er nach den Umständen des Einzelfalls befürchten muß, daß der Mieter nicht rechtzeitig auszieht (§ 259 ZPO). Dem Mieter kann im Räumungsrechtsstreit vom Gericht eine in der Regel befristete Fortsetzung des Mietverhältnisses nach § 556a BGB gewährt werden. Wird das Mietverhältnis nicht fortgesetzt, so kann nach seiner Beendigung dem Mieter Räumungsschutz für die Dauer bis zu 1 Jahr gewährt werden (§§ 721, 794a ZPO). Die Räumung erfolgt danach durch den Gerichtsvollzieher nach §§ 885, 886 ZPO. Der Vermieter ist hierbei zur Vorschußzahlung wegen der Räumungskosten verpflichtet. Zahlt der Mieter nachdem ein Räumungsurteil gemäß § 554 BGB vorliegt, kann der Vermieter den Antrag auf Zwangsräumung beim Gerichtsvollzieher – auch mehrfach – wieder zurücknehmen. Nach mehreren Jahren kann dann aber die Vollstreckung – je nach den Umständen des Einzelfalls – unzulässig werden, weil vom Abschluß eines neuen Mietvertrages zwischen den Parteien ausgegangen werden muß (RE OLG Hamm MDR 1982 S. 147).

Räumt der Mieter nicht rechtzeitig, kann der Vermieter Nutzungsentschädigung (§ 557 BGB) und Ersatz des Verzugsschadens (§ 286 BGB) verlangen. Läßt der Mieter einzelne Gegenstände zurück, so ist der Vermieter grundsätzlich zu ihrer sorgfältigen Aufbewahrung verpflichtet. Handelt es sich um geringwertige Sachen, so kann der Vermieter zumindest nach einiger Zeit in der Regel davon ausgehen, daß der Mieter sein Eigentum daran aufgegeben hat (§ 959 BGB). Der Vermieter kann sie dann sich aneignen oder vernichten. Daneben kann er Schadensersatz wegen Nichterfüllung der Räumungspflicht geltend machen.

Der Vermieter ist nicht verpflichtet, die Wohnung vor Ablauf der Mietzeit zurückzunehmen. Nimmt er sie vorzeitig zurück, bleibt der Mietzahlungsanspruch grundsätzlich bis zum Ablauf der Kündigungsfrist bestehen (vgl. Anm. 3, 4 zu § 552 BGB).

3. Das **Zurückbehaltungsrecht** (Absatz 2) ist auch bei Wohnraummietsverhältnissen ausgeschlossen (§ 580 BGB). Der Mieter kann auf Grund von Schadensersatz- oder Aufwendungsersatzansprüchen oder

sonstigen Ansprüchen gegen den Vermieter die Rückgabe der Wohnung nicht verweigern. Eine abweichende Regelung im Mietvertrag ist zulässig.

4. Auch von einem **Dritten** (Absatz 3), nicht nur vom Mieter, kann der Vermieter Herausgabe verlangen, also auch vom Untermieter (§ 549 BGB). Voraussetzung ist ein wirksamer, beendeter Hauptmietvertrag zwischen Vermieter und Hauptmieter. Da der Untermieter nur vertragliche Beziehungen zum Hauptmieter hat, kann der Vermieter den Untermietsvertrag nicht kündigen. Er hat deshalb einen gesetzlichen Herausgabeanspruch. Hat der Mieter das Untermietsverhältnis nicht zuvor wirksam gekündigt, kann der Untermieter vom Mieter Schadensersatz (§ 541 BGB) verlangen. Der Untermieter muß die Wohnräume in derselben Weise herausgeben, wie dies oben zur Rückgabepflicht des Mieters erläutert ist.

5. Der **Kündigungsschutz des Untermieters** nach § 564b BGB und sein Widerspruchsrecht (§ 556a BGB) werden durch den Herausgabeanspruch des Vermieters praktisch weitgehend entwertet, da sie nur im Verhältnis zwischen Untermieter und Hauptmieter bestehen. Besonders unangemessen erscheint dies, wenn nicht nur einzelne Räume sondern eine gesamte Wohnung nicht vom Eigentümer sondern von einem Mieter an den Untermieter vermietet werden. Dies ist häufig bei im Bauherrenmodell errichteten Wohnungen oder Häusern der Fall, wenn aus steuerlichen Gründen eine Vermietungsgesellschaft die Vermietung übernimmt oder wenn ein Arbeitgeber für seine Arbeitnehmer Wohnraum anmietet (vgl. Anm. zu § 565b BGB). Die Rechtsprechung hat deshalb den Herausgabeanspruch des Vermieters eingeengt. Bei Vermietung durch Vermietungsunternehmen kann der Untermieter dem Vermieter den Einwand unzulässiger Rechtsausübung (§ 242 BGB) entgegensetzen, soweit sein Schutz nach §§ 564b, 556a beeinträchtigt wird, wenn er nicht bereits bei Vertragsabschluß davon **Kenntnis** hatte, daß der Vermieter nicht Eigentümer ist. Der Vermieter hat somit nur dann den Herausgabeanspruch nach Absatz 3, wenn der Untermieter bei Abschluß des Mietvertrages davon in Kenntnis gesetzt wird oder aus anderer Quelle weiß, daß der Vermieter nicht Eigentümer ist (RE BGH NJW 1982 S. 1696). Die Kenntnis des Untermieters muß der Vermieter beweisen. Kann er dies nicht, kann der Untermieter in der Wohnung bleiben und hat gegenüber dem Vermieter eine Nutzungsvergütung (§§ 242, 557 BGB) statt der Miete an den Hauptmieter zu zahlen. Solange der Vermieter keinen Kündigungsgrund nach § 564b BGB gegenüber dem Untermieter geltend machen kann, darf dieser in der Wohnung bleiben. Der Herausgabeanspruch des Vermieters ist auch dann ausgeschlossen, wenn Vermieter und Hauptmieter rechtsmißbräuchlich zusammengewirkt haben, um dem Mieter den Kündigungsschutz zu entziehen.

Der Herausgabeanspruch ist in derselben Weise wie der Rückgabeanspruch nach Absatz 1 gerichtlich durchzusetzen. Hauptmieter und Untermieter können gleichzeitig auf Rückgabe bzw. Herausgabe verklagt werden.

[Widerspruch des Mieters gegen Kündigung]

556 a (1) Der Mieter kann der Kündigung eines Mietverhältnisses über Wohnraum widersprechen und vom Vermieter die Fortsetzung des Mietverhältnisses verlangen, wenn die vertragsmäßige Beendigung des Mietverhältnisses für den Mieter oder seine Familie eine Härte bedeuten würde, die auch unter Würdigung der berechtigten Interessen des Vermieters nicht zu rechtfertigen ist. Eine Härte liegt auch vor, wenn angemessener Ersatzwohnraum zu zumutbaren Bedingungen nicht beschafft werden kann. Bei der Würdigung der berechtigten Interessen des Vermieters werden nur die in dem Kündigungsschreiben nach § 564a Abs. 1 Satz 2 angegebenen Gründe berücksichtigt, soweit nicht die Gründe nachträglich entstanden sind.

(2) Im Falle des Absatzes 1 kann der Mieter verlangen, daß das Mietverhältnis so lange fortgesetzt wird, wie dies unter Berücksichtigung aller Umstände angemessen ist. Ist dem Vermieter nicht zuzumuten, das Mietverhältnis nach den bisher geltenden Vertragsbedingungen fortzusetzen, so kann der Mieter nur verlangen, daß es unter einer angemessenen Änderung der Bedingungen fortgesetzt wird.

(3) Kommt keine Einigung zustande, so wird über eine Fortsetzung des Mietverhältnisses und über deren Dauer sowie über die Bedingungen, nach denen es fortgesetzt wird, durch Urteil Bestimmung getroffen. Ist ungewiß, wann voraussichtlich die Umstände wegfallen, auf Grund deren die Beendigung des Mietverhältnisses für den Mieter oder seine Familie eine Härte bedeutet, so kann bestimmt werden, daß das Mietverhältnis auf unbestimmte Zeit fortgesetzt wird.

(4) Der Mieter kann eine Fortsetzung des Mietverhältnisses nicht verlangen,
1. wenn er das Mietverhältnis gekündigt hat;
2. wenn ein Grund vorliegt, aus dem der Vermieter zur Kündigung ohne Einhaltung einer Kündigungsfrist berechtigt ist.

> (5) Die Erklärung des Mieters, mit der er der Kündigung widerspricht und die Fortsetzung des Mietverhältnisses verlangt, bedarf der schriftlichen Form. Auf Verlangen des Vermieters soll der Mieter über die Gründe des Widerspruchs unverzüglich Auskunft erteilen.
>
> (6) Der Vermieter kann die Fortsetzung des Mietverhältnisses ablehnen, wenn der Mieter den Widerspruch nicht spätestens zwei Monate vor der Beendigung des Mietverhältnisses dem Vermieter gegenüber erklärt hat. Hat der Vermieter nicht rechtzeitig vor Ablauf der Widerspruchsfrist den in § 564a Abs. 2 bezeichneten Hinweis erteilt, so kann der Mieter den Widerspruch noch im ersten Termin des Räumungsrechtsstreits erklären.
>
> (7) Eine entgegenstehende Vereinbarung ist unwirksam.
>
> (8) Diese Vorschriften gelten nicht für Wohnraum, der zu nur vorübergehenden Gebrauch vermietet ist, und für Mietverhältnisse der in § 565 Abs. 3 genannten Art.

1. Die Bestimmungen der §§ 556a bis 556c BGB werden als **Sozialklausel** bezeichnet. Sie wurden in der Zeit des Abbaus der Wohnungszwangswirtschaft ab 1960 in das Gesetz aufgenommen, um einen sozialen Ausgleich zum damals geltenden Prinzip der freien Kündigung zu schaffen. Seit 1971 wird der sozial notwendige Schutz des Mieters in erster Linie durch den Kündigungsschutz nach § 564b BGB gewährleistet. Ist die Kündigung auf Grund der dort genannten berechtigten Interessen des Vermieters wirksam, so wird der Mieter vor besonderen Härten ergänzend durch die Sozialklausel geschützt. Sie ist heute somit nicht mehr das Kernstück des sozialen Mietrechts, sondern nur noch ergänzendes Korrektiv. Dies ist bei der Auslegung und Interessenabwägung zu berücksichtigen. Ohne Bedeutung für den Schutz durch die Sozialklausel bleibt der Gesichtspunkt, daß im Falle der Verurteilung zur Räumung noch Räumungsschutz (§§ 721, 794a ZPO) und Vollstreckungsschutz (§ 765a ZPO) gewährt werden kann.

2. Die Vorschrift erfaßt **Mietverhältnisse**, die unbefristet oder nach § 565a BGB mit einer Verlängerungsklausel oder auflösend bedingt vereinbart worden sind. Bei befristeten Mietverhältnissen gelten Besonderheiten (§ 556b BGB). Untermietverhältnisse werden erfaßt, sofern sie nicht nach Absatz 8 ausgeschlossen sind. Für Werkswohnungen bestehen Sonderregelungen (§ 565d BGB).

Nur bei **vertragsgemäßer Beendigung** des Mietverhältnisses **durch Kündigung** besteht der Schutz der Sozialklausel. Die Kündigung muß nach Form, Inhalt und Frist (§§ 564a, 564b, 565 BGB) wirksam sein.

Kündigt der Vermieter wegen Vertragsverletzungen des Mieters nach §§ 553, 554, 554a BGB, so ist die Sozialklausel nicht anwendbar (vgl. Absatz 4). Eine vertragsgemäße Beendigung des Mietverhältnisses fehlt aber auch dann, wenn der Vermieter eine außerordentliche befristete Kündigung (zum Begriff Anm. 5 zu § 564 BGB) erklärt hat (RE OLG Oldenburg NJW 1973 S. 1841).

3. Die erforderliche **Härte** muß über die Beeinträchtigungen und Unannehmlichkeiten, die jeder Umzug mit sich bringt, deutlich hinausgehen. Bei mehreren Mietern reicht eine Härte in der Person eines Mieters aus. Ob eine Verlängerung des Mietvertrags geboten ist, kann nicht generell gesagt werden, sondern muß sich aus einer alle Umstände des Einzelfalles umfassenden Abwägung der Interessen des Mieters an der Fortsetzung des Mietverhältnisses mit den Interessen des Vermieters an der Räumung ergeben. Eine Härte kann gegeben sein, wenn sich der Mieter intensiv aber erfolglos um vergleichbaren Wohnraum bemüht hat. Der Mieter muß z. B. Inserate aufgeben und einen Makler beauftragen. Eine höhere Miete und im übrigen nachteiligere Vertragsbedingungen muß er in gewissem Umfang hinnehmen. Ein Zwischenumzug wird in der Regel unzumutbar sein, wenn der Mieter in absehbarer Zeit selbst ausziehen will (z. B. berufsbedingter Ortswechsel, Bezug eines eigenen Hauses). Größere Investitionen in letzter Zeit in der Wohnung im Einverständnis des Vermieters können einen Auszug des Mieters ebenfalls unzumutbar erscheinen lassen. Hohes Alter und lange Wohnzeit allein sind keine Härte. Anders ist es jedoch, wenn Krankheit und Pflegebedürftigkeit hinzutreten, die auch unabhängig vom Alter eine Härte bilden können, wenn aus dieser Situation besondere Schwierigkeiten bei der Beschaffung von Ersatzwohnraum auftreten oder bei einem Umzug mit einer deutlichen Verschlechterung des Zustandes zu rechnen ist. Auf eine Unterbringung in einem Alten- oder Pflegeheim muß sich der Mieter nicht verweisen lassen (RE OLG Karlsruhe NJW 1970 S. 1746). Auch durch Schwangerschaft kann eine vorübergehende Härte begründet sein.

4. Die dagegen abzuwägenden **Interessen des Vermieters** entsprechen den bei der Kündigung zu berücksichtigenden Interessen (§ 564b Abs. 2 BGB), die im Kündigungsschreiben angegeben oder erst danach entstanden sind. Sind sie zuvor entstanden, dem Vermieter aber erst nachträglich bekannt geworden, sind sie ebenfalls ausgeschlossen wie alle anderen Kündigungsgründe, die im Kündigungsschreiben nicht angegeben, aber zuvor entstanden sind. Der Vermieter muß gegebenenfalls neu kündigen. Im Falle des Sonderkündigungsrechts nach § 564b Abs. 4 BGB (Zweifamilienhaus) sind auch Gründe zu berücksichtigen, die eine Kündigung nach § 564b Abs. 2 BGB nicht rechtfertigen würden. Auch diese sind, sofern sie nicht nachträglich entstanden sind, bereits im Kündigungsschreiben anzugeben.

59 Widerspruch des Mieters gegen Kündigung §556a BGB 1

5. Darüber hinaus ist auch ein **öffentliches Interesse** an der Sanierung in den Fällen der §§ 26, 28 Städtebauförderungsgesetz zu berücksichtigen. Diese Interessen müssen im Kündigungsschreiben nicht angesprochen sein.

6. Der Widerspruch begründet beim Vorliegen der genannten Voraussetzungen einen Anspruch auf **Fortsetzung des Mietverhältnisses** (Absatz 2). Ob das Mietverhältnis befristet oder unbefristet fortzusetzen ist, hängt davon ab, ob mit dem Wegfall der Härtegründe zu rechnen ist und wie lange dem Vermieter die Fortsetzung zumutbar ist. In der Regel wird nur eine befristete Fortsetzung zumutbar sein. Die Fortsetzungszeit liegt in der Regel zwischen 6 Monaten und 3 Jahren. Nach den Umständen des Einzelfalls kann auch nur die Fortsetzung zu geänderten Bedingungen (nicht nur höhere Miete) zumutbar sein. Inwieweit eine Fortsetzung des Mietvertrages und eine Änderung der Vertragsbedingungen verlangt werden kann, muß sich aus der umfassenden Abwägung der sich widersprechenden Interessen von Vermieter und Mieter ergeben. Wegen einer mehrmaligen Fortsetzung des Mietverhältnisses wird auf § 556c BGB hingewiesen. Ist das Mietverhältnis nicht fortzusetzen, ist der Mieter bis zur Räumung zur Zahlung einer Nutzungsentschädigung nach § 557 BGB verpflichtet.

7. Eine **Einigung** (Absatz 3) der Vertragsparteien wird in der Praxis meist nicht möglich sein, so daß regelmäßig im Räumungsprozeß zu entscheiden ist, ob und zu welchen Bedingungen das Mietverhältnis fortzusetzen ist (§ 308a ZPO). Der Mieter kann wegen seines Fortsetzungsanspruchs aber auch selbst Klage erheben. Die Verlängerung auf Grund stillschweigender Fortsetzung gemäß § 568 BGB ist daneben zu beachten.

Die Kündigung der auf unbestimmte Zeit fortgesetzten Mietverhältnisse ist durch § 556c BGB eingeschränkt.

8. Die Sozialklausel ist **unanwendbar** (Absatz 4, Absatz 8), wenn der Vermieter ordentlich gekündigt hat, zur fristlosen Kündigung (§§ 553, 554, 554a BGB) jedoch berechtigt war. Hat der Mieter neben dem Vermieter gekündigt, kann der Mieter sich in der Regel nicht auf die Sozialklausel berufen, auch wenn das Mietverhältnis letztlich durch die Kündigung des Vermieters beendet wird. Die Kündigung des Mieters stellt regelmäßig einen Verzicht auf die Geltendmachung des Widerspruchsrechtes dar. Die Ausnahmevorschrift in Absatz 8 entspricht § 564b Abs. 7 Nr. 1 und 2 BGB. Auf die Erläuterungen zu dieser Vorschrift wird verwiesen.

9. Der Widerspruch ist **schriftlich** (Absatz 5) zu erklären und muß deutlich zum Ausdruck bringen, daß der Mieter die Beendigung des Mietverhältnisses nicht hinnehmen will. Der Widerspruch ist auf Verlangen des Vermieters zu begründen. Unterläßt der Mieter diese Be-

gründung, kann dies zu Kostennachteilen im Räumungsprozeß führen (§ 93b Abs. 2 ZPO).

10. Wird der Widerspruch nicht **fristgerecht** (Absatz 6) erhoben, wobei es auf den Zugang beim Vermieter ankommt, so ist er nur unwirksam, wenn der Vermieter sich auf die Verspätung beruft. Der Hinweis nach § 564a Abs. 2 BGB kann im Kündigungsschreiben oder auch danach in gesondertem Schreiben erfolgen (vgl. Anm. 2, 3 zu § 564a BGB).

[Fortsetzung des befristeten Mietverhältnisses]

556 b (1) Ist ein Mietverhältnis über Wohnraum auf bestimmte Zeit eingegangen, so kann der Mieter die Fortsetzung des Mietverhältnisses verlangen, wenn sie auf Grund des § 556a im Falle einer Kündigung verlangt werden könnte. Im übrigen gilt § 556a sinngemäß.

(2) Hat der Mieter die Umstände, welche das Interesse des Vermieters an der fristgemäßen Rückgabe des Wohnraums begründen, bei Abschluß des Mietvertrages gekannt, so sind zugunsten des Mieters nur Umstände zu berücksichtigen, die nachträglich eingetreten sind.

---

1. Mietverhältnisse auf **bestimmte Zeit** werden nicht durch Kündigung, sondern durch Zeitablauf beendet. Erfaßt werden hier Mietverhältnisse nach §§ 564, 564c Abs. 1 BGB. Beim Zeitmietvertrag gemäß §§ 564c Abs. 2 BGB ist die Sozialklausel gesetzlich ausgeschlossen. Da auf § 556a BGB in vollem Umfang verwiesen wird, ist in den von § 556b erfaßten Mietverhältnissen im Falle einer fristlosen Kündigung kein Fortsetzungsanspruch gegeben. Dies gilt selbst dann, wenn der Vermieter vom Recht zur fristlosen Kündigung wegen des bevorstehenden Zeitablaufs keinen Gebrauch gemacht hat.

2. Bei der **Abwägung der Interessen** gilt die Besonderheit (Absatz 2), daß der Mieter in der Regel nur für nach Vertragsschluß entstehende Härtegründe Schutz genießt. Für die erforderliche Kenntnis der Motive des Vermieters reicht es nach § 166 BGB aus, wenn ein Familienmitglied Kenntnis davon hatte.

[Weitere Fortsetzung des Mietverhältnisses]

556 c (1) Ist auf Grund der §§ 556a, 556b durch Einigung oder Urteil bestimmt worden, daß das Mietverhältnis auf bestimmte Zeit fortgesetzt wird, so kann der

Mieter dessen weitere Fortsetzung nach diesen Vorschriften nur verlangen, wenn dies durch eine wesentliche Änderung der Umstände gerechtfertigt ist oder wenn Umstände nicht eingetreten sind, deren vorgesehener Eintritt für die Zeitdauer der Fortsetzung bestimmend gewesen war.

(2) Kündigt der Vermieter ein Mietverhältnis, dessen Fortsetzung auf unbestimmte Zeit durch Urteil bestimmt worden ist, so kann der Mieter der Kündigung widersprechen und vom Vermieter verlangen, das Mietverhältnis auf unbestimmte Zeit fortzusetzen. Haben sich Umstände, die für die Fortsetzung bestimmend gewesen waren, verändert, so kann der Mieter eine Fortsetzung des Mietverhältnisses nur nach § 556a verlangen; unerhebliche Veränderungen bleiben außer Betracht.

1. Das **auf bestimmte Zeit** nach §§ 556a oder 556b **fortgesetzte Mietverhältnis** (Absatz 1) kann nach Ablauf dieser Zeit erneut fortgesetzt werden, wenn zu diesem Zeitpunkt wiederum die Härte für den Mieter das Räumungsinteresse des Vermieters überwiegt und dies auf anderen Umständen beruht als bei der ersten Verlängerung. Ist die Interessenlage auf beiden Seiten gleichgeblieben, so bleibt es bei der Beendigung des Mietverhältnisses nach Ablauf der befristeten Verlängerung. Ist hingegen das Räumungsinteresse des Vermieters entfallen oder hat es sich verändert, kann dies zu einer erneuten Verlängerung führen. Auch wenn Umstände nicht eingetreten sind, die für die Befristung bestimmend waren, ist eine erneute Abwägung möglich. Dies ist z. B. dann der Fall, wenn sich die Gesundung des Mieters oder die Bezugsfertigung einer in Aussicht genommenen Ersatzwohnung wider Erwarten verzögert hat. Keine Partei kann sich dabei aber auf Veränderungen berufen, die sie selbst wider Treu und Glauben herbeigeführt hat.

Ergibt die Abwägung, daß das Interesse des Mieters überwiegt, kann dieser die Fortsetzung entsprechend der jetzt maßgebenden Umstände befristet oder im Ausnahmefall auch unbefristet verlangen. Gegebenenfalls sind auch die Vertragsbedingungen neu anzupassen. Bei der Geltendmachung des Widerspruchs ist auch in diesen Fällen Frist und Form entsprechend § 556a BGB einzuhalten. Auch der Hinweis nach §§ 556a Abs. 6, 564a Abs. 2 BGB ist erneut zu erteilen. Auch eine mehrfache Verlängerung ist bei entsprechender Änderung der Umstände nicht ausgeschlossen.

2. Das **auf unbestimmte Zeit** nach §§ 556a oder 556b BGB **fortgesetzte Mietverhältnis** kann durch eine erneute Kündigung des Vermieters beendet werden. Beruht die Fortsetzung nicht auf Urteil son-

dern auf einer Einigung der Parteien, so ist § 556a BGB uneingeschränkt anzuwenden. Beruht die Fortsetzung auf **Urteil** (Absatz 2), so kommt dem Mieter besonderer Schutz zu. Sind die Umstände im wesentlichen seit dem Urteil gleich geblieben, so kann der Mieter unbefristete Fortsetzung verlangen, ohne daß es einer erneuten Interessenabwägung bedarf. Dieses Verlangen ist auch an keine Form und Frist gebunden und wird regelmäßig zumindest im Klageabweisungsantrag des Mieters gesehen werden müssen.

Nur bei wesentlicher Änderung der Umstände seit Erlaß des Urteils erfolgt eine erneute Interessenabwägung. Von dieser Abwägung ist es abhängig, ob und zu welchen Bedingungen das Mietverhältnis dann befristet oder unbefristet unter erneuter Anwendung des § 556a BGB fortgesetzt werden muß oder ob es durch die Kündigung aufgelöst ist. Bei wesentlichen Änderungen der Umstände wird § 556a BGB wieder in vollem Umfang angewandt, sodaß auch hier bei der Geltendmachung des Widerspruchs wieder Form und Frist eingehalten sein müssen und ein Hinweis gemäß § 556a Abs. 4 BGB erteilt werden muß.

3. Die Vorschriften über die Sozialklausel sind insgesamt **nicht** vertraglich zu Ungunsten des Mieters **abdingbar** (§ 556a Abs. 7 BGB).

[Ansprüche bei verspäteter Rückgabe]

557 (1) Gibt der Mieter die gemietete Sache nach der Beendigung des Mietverhältnisses nicht zurück, so kann der Vermieter für die Dauer der Vorenthaltung als Entschädigung den vereinbarten Mietzins verlangen; bei einem Mietverhältnis über Räume kann er anstelle dessen als Entschädigung den Mietzins verlangen, der für vergleichbare Räume ortsüblich ist. Die Geltendmachung eines weiteren Schadens ist nicht ausgeschlossen.

(2) Der Vermieter von Wohnraum kann jedoch einen weiteren Schaden nur geltend machen, wenn die Rückgabe infolge von Umständen unterblieben ist, die der Mieter zu vertreten hat; der Schaden ist nur insoweit zu ersetzen, als den Umständen nach die Billigkeit eine Schadloshaltung erfordert. Dies gilt nicht, wenn der Mieter gekündigt hat.

(3) Wird dem Mieter von Wohnraum nach § 721 oder § 794a der Zivilprozeßordnung eine Räumungsfrist gewährt, so ist er für die Zeit von der Beendigung des Mietverhältnisses bis zum Ablauf der Räumungsfrist zum Ersatz eines weiteren Schadens nicht verpflichtet.

(4) Eine Vereinbarung, die zum Nachteil des Mieters von den Absätzen 2 oder 3 abweicht, ist unwirksam.

1. Zwischen den Parteien muß ein wirksames **Mietverhältnis** bestanden haben und zwischenzeitlich durch Kündigung und Ablauf der Kündigungsfrist oder durch Ablauf der Befristung beendet sein. Sonst kann keine Entschädigung nach dieser Vorschrift verlangt werden. Der Hauptvermieter kann deshalb vom Untermieter regelmäßig keine Entschädigung verlangen, da zwischen beiden kein Mietvertrag besteht (§ 549 BGB). Wegen der Ausnahmen nach Kündigung des Hauptmietverhältnisses vgl. Anm. 5 zu § 556 BGB. Räumt nur der Mieter, nicht aber der Untermieter die Wohnung, so bleibt der Mieter zur Zahlung der Nutzungsentschädigung an den Vermieter verpflichtet, soweit dieser keine entsprechende Nutzungsvergütung vom Untermieter erhält. Wird die Beendigung des Mietverhältnisses aufgehoben durch stillschweigende Verlängerung nach § 568 BGB, durch vertragliche Einigung der Parteien oder durch richterliche Fortsetzung gemäß §§ 556a bis 556c BGB, so ist § 557 nicht anwendbar. Für die Zeit, in der dem Mieter Räumungsschutz (§§ 721, 794a ZPO) oder Vollstreckungsschutz (§ 765a ZPO) gewährt wird, ist § 557 in eingeschränkter Form (Absatz 3) anwendbar. Dies gilt auch dann, wenn der Vermieter von sich aus eine Räumungsfrist gewährt hat.

2. Die **Rückgabepflicht** und ihr Inhalt im Einzelfall ist nach § 556 Abs. 1 BGB zu bestimmen. Entscheidend ist nicht, ob der Mieter die Sache selbst weiter nutzt, sondern daß es dem Vermieter nicht ermöglicht wird, die Wohnung selbst oder durch Weitervermietung zu nutzen. Dies ist z. B. der Fall, wenn der Mieter die Schlüssel nicht zurückgibt oder Möbel in wesentlichem Umfang zurückläßt. Wenn der Mieter vertraglich vereinbarte Schönheitsreparaturen nicht durchführen hat lassen oder Einrichtungen nicht entfernt hat, ist nicht § 557 anzuwenden. Vielmehr kann der Vermieter den dadurch entstandenen Schaden als Verzugsschaden (§ 286 BGB) geltend machen, ohne daß er durch die Regelungen in Absatz 2 und Absatz 3 eingeschränkt ist. Wird der Mieter von der Gemeinde (Ortspolizeibehörde) zur Vermeidung seiner Obdachlosigkeit eingewiesen, so kann der Vermieter nur von der Gemeinde eine Nutzungsentschädigung in Höhe der örtlichen Vergleichsmiete und die Erfüllung der anderen Zahlungspflichten des Mieters verlangen.

Seine Rückgabepflicht hat der Mieter auch dann nicht verletzt, wenn der Vermieter die Wohnung nicht zurücknimmt, weil er die Kündigung des Mieters zu Unrecht für nicht wirksam gehalten hat. Nutzt der Mieter die Wohnung weiter, ist er zur Zahlung der bisherigen Miete weiterverpflichtet.

3. Die **Nutzungsentschädigung** kann nur für die tatsächliche Dauer der Vorenthaltung verlangt werden. Sie beträgt mindestens soviel wie die vereinbarte Miete zur Zeit der Beendigung des Mietverhältnisses. Eine Minderung (§ 537 BGB) nach diesem Zeitpunkt ist nicht mehr

möglich. Auch Nebenkosten sind in derselben Weise wie während der Laufzeit des Mietverhältnisses zu bezahlen. Statt der vereinbarten Miete kann der Vermieter auch die örtliche Vergleichsmiete wählen, ohne daß er die Fristen und Formen des MHG für Mieterhöhungen im laufenden Vertragsverhältnis beachten muß. Ausreichend ist eine einseitige Erklärung des Vermieters, die sofort mit Zugang beim Mieter wirksam wird (aber nicht rückwirkend). Die Höhe der örtlichen Vergleichsmiete richtet sich nach § 2 Abs. 2 Nr. 2 MHG. Der Vermieter muß die Höhe der örtlichen Vergleichsmiete gegebenenfalls im Rahmen einer Zahlungsklage gegen den Mieter beweisen. Bei öffentlich gefördertem, preisgebundenem Wohnungsbau müssen die Bestimmungen für die Kostenmiete (§§ 8, 10 Wohnungsbindungsgesetz) beachtet sein.

Der Anspruch auf Nutzungsentschädigung verjährt wie die Miete nach §§ 197, 201 BGB in 4 Jahren, wobei die Verjährungsfrist jeweils zum Jahresende zu laufen beginnt. Bei gewerblicher Vermietung (Vermietungsgesellschaften) beträgt die Verjährungsfrist 2 Jahre (§ 196 Abs. 1 Nr. 6 BGB).

4. **Schadensersatz** kann der Vermieter neben der Nutzungsentschädigung nur nach Maßgabe der Absätze 2 und 3 verlangen. In Betracht kommen vor allem Verzugsschäden. Der Mieter kommt bei Beendigung des Vertragsverhältnisses ohne Mahnung (§ 284 Abs. 2 BGB) in Verzug. Wird vom Vermieter eine Räumungsfrist gewährt, fehlt es insoweit am Verschulden des Mieters, so daß für diese Zeit ein Schadensersatzanspruch des Vermieters ausgeschlossen ist. Die Sonderregelungen für den Wohnraum gelten umfassend, auch für Mietverhältnisse nach § 564b Abs. 4 und Abs. 7 BGB. Ein Verschulden des Mieters fehlt z. B. dann, wenn Härtegründe nach § 556a Abs. 1 bestehen (Beispielsfälle vgl. Anm. 3 zu § 556a BGB). Es ist nicht erforderlich, daß der Mieter Widerspruch erhoben und eine Fortsetzung des Mietverhältnisses im gerichtlichen Verfahren verlangt hat. Darüber hinaus wird der Schadensersatz des Vermieters unter Billigkeitserwägungen eingeschränkt. Hier sind alle Umstände des Einzelfalls zu berücksichtigen. Hat jedoch der Mieter gekündigt, so wird der Schadensersatzanspruch des Vermieters nicht durch Billigkeitsabwägungen beschränkt. Ein Verschulden des Mieters an der Nichträumung muß jedoch auch in diesen Fällen vorliegen. Bei einverständlicher Aufhebung des Mietverhältnisses dagegen ist Absatz 2 Satz 1 voll anwendbar.

Als Schadensersatz kann beim Vorliegen der genannten Voraussetzungen z. B. Mietausfall geltend gemacht werden, so wenn zur Zeit der vertragsgemäßen Beendigung eine Weitervermietung möglich gewesen wäre, nicht aber – sofort – nach der späteren, tatsächlichen Räumung. Der Vermieter muß sich um eine umgehende Vermietung jedoch bemühen. Grundsätzlich kann der Vermieter zwar auch geltendmachen, daß eine Neuvermietung zu einer höheren als der örtlichen Vergleichsmiete (z. B. bei zulässiger Vermietung als Gewerberaum) möglich gewesen wäre. Hat eine Billigkeitsprüfung nach Absatz 2 zu erfolgen, wird dieser Anspruch jedoch in der Regel ausgeschlossen sein. Soweit der Vermieter einem neuen Mieter gegenüber wegen der Nichtüberlassung der Wohnung zu Schadensersatz (§ 541 BGB) verpflichtet ist, kann er auch insoweit Schadensersatz vom Mieter verlangen. Wegen unterlassener Schönheitsreparaturen oder unterlassener Entfernung von Einrichtungen kann der Vermieter in derselben Weise wie bei fristgerechter Räumung Schadensersatz verlangen.

5. Ist dem Mieter **Räumungsschutz** (§§ 721, 794a ZPO) durch gerichtlichen Beschluß gewährt worden, so sind Schadensersatzansprüche wegen der hierdurch ausgelösten Verzögerung ausgeschlossen (Absatz 3). Dies gilt auch für die Zeit nach Ablauf der Kündigungsfrist bis zum Erlaß des gerichtlichen Beschlusses. Bei Räumungsschutz nach § 765a ZPO, der insbesondere in den Fällen des Zeitmietvertrages nach § 564c Abs. 2 BGB in Betracht kommt, gilt der Ausschluß nicht. Die zum Vollstreckungsschutz führenden Gründe werden aber regelmäßig ein Verschulden des Mieters ausschließen, so daß aus diesem Grund ein Schadensersatzanspruch ausgeschlossen ist. Nicht ausgeschlossen sind jedoch alle Schadensersatzansprüche, die nicht auf Verzögerung der Räumung sondern z. B. auf der Beschädigung der Wohnung beruhen.

[Im voraus entrichteter Mietzins]

557 a (1) Ist der Mietzins für eine Zeit nach der Beendigung des Mietverhältnisses im voraus entrichtet, so hat ihn der Vermieter nach Maßgabe des § 347 oder, wenn die Beendigung wegen eines Umstandes erfolgt, den er nicht zu vertreten hat, nach den Vorschriften über die Herausgabe einer ungerechtfertigten Bereicherung zurückzuerstatten.

(2) Bei einem Mietverhältnis über Wohnraum ist eine zum Nachteil des Mieters abweichende Vereinbarung unwirksam.

---

1. Eine **Mietvorauszahlung** liegt vor, wenn die Miete und die Nebenkosten im voraus bezahlt und auf mehrere Monate in der Zukunft verrechnet werden sollen. Sie liegt aber auch bereits dann vor, wenn, wie allgemein üblich, die Miete und Nebenkosten nur für den jeweiligen Monat im voraus zu zahlen sind. Sogenannte Mieterdarlehen oder

abwohnbare Baukostenzuschüsse, die vertragsgemäß mit der Miete in irgendeiner Weise zu verrechnen sind, fallen ebenfalls unter § 557a. Die Rückerstattung verlorener Baukostenzuschüsse ist sondergesetzlich geregelt (Gesetz zur Änderung des Zweiten Wohnungsbaugesetzes vom 21. 7. 1961 Artikel VI § 1–7, i. d. F. vom 24. 8. 1965 BGBl. I S. 969). Es muß der Teil des verlorenen Baukostenzuschusses zurückgezahlt werden, der nicht durch die Dauer des Mietverhältnisses als getilgt anzusehen ist. Dabei gilt ein Baukostenzuschuß in Höhe einer Jahresmiete als in 4 Jahren abgewohnt.

Die Beendigung des Mietverhältnisses tritt mit Ablauf der Kündigungsfrist (§ 565 BGB) oder mit Erreichen der vertraglichen Befristung (§ 564 Abs. 1 BGB) ein.

2. Hat der Vermieter die **Beendigung** des Mietverhältnisses **nicht zu vertreten,** ist seine Rückzahlungspflicht eingeschränkt. Zu vertreten hat sie der Vermieter, wenn der Mieter wegen Vertragsverletzungen des Vermieters gekündigt hat, wobei es nicht darauf ankommt, daß der Mieter fristlos gekündigt hat. Nicht zu vertreten hat der Vermieter die Beendigung durch Zeitablauf oder wenn die Beendigung auf einem Verhalten des Mieters beruht. Entscheidend ist, daß der Vermieter den Kündigungsgrund nicht zu vertreten hat.

Hat der Vermieter die Beendigung nicht zu vertreten, so richtet sich seine Rückgabepflicht nach **Bereicherungsrecht (§ 812ff BGB).** Der Vermieter muß nach Beendigung des Mietverhältnisses die Vorauszahlung zurückerstatten, soweit diese wirtschaftlich betrachtet noch im Vermögen des Vermieters vorhanden ist (§ 818 Abs. 3 BGB). Inwieweit der Vermieter durch den vorzeitigen Auszug als bereichert anzusehen ist, ist in Rechtsprechung und Literatur im einzelnen stark umstritten. Im Einzelfall wird eine Feststellung nach der konkreten Vermögenslage des Vermieters erfolgen müssen.

3. Hat der Vermieter den **Beendigungsgrund zu vertreten,** so richtet sich die Rückgabepflicht nach **Rücktrittsrecht (§ 347 BGB).** Der Vermieter muß sofort bei Beendigung des Mietverhältnisses den gesamten noch nicht abgewohnten Teil der Vorauszahlung zurückerstatten. Die überlassene Vorauszahlung muß von Anfang an verzinst werden (mindestens 4% gemäß § 246 BGB).

[Verjährung der Ersatzansprüche des Vermieters]

558 (1) **Die Ersatzansprüche des Vermieters wegen Veränderungen oder Verschlechterungen der vermieteten Sache sowie die Ansprüche des Mieters auf Ersatz von Verwendungen oder auf Gestattung der Wegnahme einer Einrichtung verjähren in sechs Monaten.**

> (2) Die Verjährung der Ersatzansprüche des Vermieters beginnt mit dem Zeitpunkt, in welchem er die Sache zurückerhält, die Verjährung der Ansprüche des Mieters beginnt mit der Beendigung des Mietverhältnisses.
>
> (3) Mit der Verjährung des Anspruchs des Vermieters auf Rückgabe der Sache verjähren auch die Ersatzansprüche des Vermieters.

1. Die **Ersatzansprüche des Vermieters** können sich auch auf die Verletzung vertraglich übernommener Verpflichtungen zur Durchführung von Schönheitsreparaturen oder anderer Reparaturen ergeben. Die kurze Verjährungsfrist soll eine möglichst rasche Auseinandersetzung der Vertragsparteien ermöglichen. Sie umfaßt deshalb alle Schadensersatzansprüche des Vermieters im Zusammenhang mit der Vermietung (z. B. auch Mietausfall), auch wenn sie nicht auf mietrechtlichen Vorschriften beruhen (z. B. unerlaubte Handlung § 823 BGB – vgl. BGH NJW 1985 S. 798). Erfaßt werden auch nach Vertragsbeendigung aber vor Rückgabe der Mietsache begründete Ansprüche z. B. wegen Beschädigung der Wohnung, Wiederherstellung des früheren Zustandes nach Wegnahme einer Einrichtung (§§ 547a, 258 BGB). Die Schäden müssen nicht in der vermieteten Wohnung sondern nur im Zusammenhang mit der Nutzung der gemieteten Wohnung entstanden sein.

Von der kurzen Verjährung nicht erfaßt wird der Anspruch auf Mietzahlung einschließlich Nebenkosten (§§ 197, 201 BGB – 4 Jahre, beginnend mit Ablauf des jeweiligen Kalenderjahres). Für die Nutzungsentschädigung (§ 557 BGB) gilt Entsprechendes.

2. Die **Ansprüche des Mieters** aus dem Mietvertrag auf Verwendungen bzw. Wegnahme der Einrichtungen ergeben sich aus §§ 538 Abs. 2, 547, 547a BGB. Die Ansprüche müssen vor Vertragsbeendigung entstanden sein. Diese Ansprüche unterliegen auch dann der kurzen Verjährung, wenn sie nicht auf mietrechtlichen Vorschriften beruhen (z. B. Geschäftsführung ohne Auftrag §§ 677ff. BGB oder Bereicherung §§ 812ff. BGB). Nicht von der kurzen Verjährungsfrist erfaßt werden die Ansprüche des Mieters auf Schadensersatz nach §§ 538 Abs. 1, 541 BGB und Ansprüche auf Rückzahlung von Mietvorauszahlungen (§ 557a BGB), auf Rückzahlung des Mietanteils, der unter Verstoß gegen § 5 WiStG das Maß der örtlichen Vergleichsmiete überschritten hat (vgl. Anm. 1 zu § 5 WiStG) oder der Anspruch auf Rückzahlung der Kaution. In diesen Fällen gilt jeweils die 30-jährige Verjährungsfrist nach § 195 BGB.

3. Im Bereich der Kostenmiete gilt für die Rückzahlung des die Kostenmiete übersteigenden Betrages eine 1-jährige Verjährungszeit ab Beendigung des Mietverhältnisses für die letzten 4 Jahre (§ 8 Abs. 2

1 BGB § 559 Vermieterpfandrecht

Wohnungsbindungsgesetz, § 87a Abs. 3 II. Wohnungsbaugesetz; § 16 ModEnG – gilt für öffentlich geförderte Modernisierungen im preisgebundenen und nicht preisgebundenen Wohnungsbau).

4. Bei der Geltendmachung nicht verjährter Ansprüche einer Partei ist zu beachten, daß die Gegenpartei u. U. mit bereits verjährten Ansprüchen aufrechnen kann (§ 390 BGB).

5. Der **Beginn der Verjährungsfrist** ist für die Ansprüche des Vermieters und Mieters unterschiedlich geregelt. Für die Ansprüche des Vermieters beginnt sie erst, wenn dieser in der Lage ist, die Wohnung nach Rückgabe auf eventuelle Schäden zu untersuchen. Wenn das Mietverhältnis nicht fortgesetzt wird, kommt es nicht darauf an, ob die Rückgabe vor, bei oder nach der Beendigung des Vertrages erfolgt. Lehnt der Vermieter die Rücknahme der Wohnung ab, etwa weil er die Kündigung des Mieters für nicht wirksam hält, beginnt die Verjährungsfrist dennoch mit dem Angebot der Rückgabe.

Die Verjährungsfrist für Ansprüche des Mieters beginnt mit dem rechtlichen Ende des Mietvertrags, also mit Ablauf der Kündigungsfrist (§ 565 BGB) oder mit Eintritt der vertraglich vereinbarten Befristung (§ 564 BGB). Bei Fortsetzung des Mietverhältnisses durch stillschweigenden Gebrauch (§ 568 BGB) oder nach der Sozialklausel (§§ 556a–556c BGB) beginnt die Verjährungsfrist nicht.

Die Berechnung der Verjährungsfrist erfolgt nach §§ 187, 188, 193 BGB.

Die Verjährung der Ersatzansprüche (vertragliche und deliktische) ist gehemmt (§ 205 BGB), solange Vermieter und Mieter über den Schadensfall verhandeln (§ 852 Abs. 2 BGB – BGH NJW 1985 S. 798).

6. Die Verjährungsfristen können durch vertragliche Vereinbarungen im voraus verkürzt aber nicht verlängert werden (§ 225 BGB).

[Vermieterpfandrecht]

559 Der Vermieter eines Grunstücks hat für seine Forderungen aus dem Mietverhältnis ein Pfandrecht an den eingebrachten Sachen des Mieters. Für künftige Entschädigungsforderungen und für den Mietzins für eine spätere Zeit als das laufende und das folgende Mietjahr kann das Pfandrecht nicht geltend gemacht werden. Es erstreckt sich nicht auf die der Pfändung nicht unterworfenen Sachen.

---

1. Das **Pfandrecht** steht auch dem Vermieter von Wohnraum (§ 580 BGB) zu und sichert neben einer im Einzelfall möglicherweise vertraglich vereinbarten Kaution (§ 550b BGB) die Ansprüche des Vermieters. Die Schwierigkeiten des Vermieters, zu erkennen, was im

Eigentum des Mieters steht und der oft unzureichende Erlös beim Verkauf gebrauchter Sachen haben zur rückläufigen praktischen Bedeutung des Vermieterpfandrechtes geführt. Auf das Vermieterpfandrecht als gesetzliches Pfandrecht (§ 1257 BGB) sind insbesondere die Vorschriften über die Pfandverwertung (§§ 1222, 1227–1250, 1252, 1255, 1256 BGB) anzuwenden. Nach §§ 1228, 1233 BGB ist der Vermieter berechtigt, die ihm haftenden Sachen zu verkaufen, regelmäßig im Wege der Versteigerung. Gibt der Mieter sie nicht freiwillig heraus, so kann der Vermieter seinen Herausgabeanspruch gerichtlich durchsetzen. Das Pfandrecht des Vermieters geht auch dem Wegnahmerecht des Mieters nach § 547a BGB vor, so daß der Mieter eine Einrichtung nicht wegnehmen darf, wenn der Vermieter sich auf sein Pfandrecht insoweit beruft.

2. Zu den **eingebrachten Sachen** gehört alles, was mit dem Willen des Mieters dauerhaft in dessen Wohnung gebracht wurde. Durch nur vorübergehende Unterstellung wird kein Pfandrecht begründet. Ein Pkw ist nur dann eingebracht, wenn er regelmäßig auf den mitvermieteten Einstellplatz oder in der mitvermieteten Garage abgestellt wird. Das Pfandrecht ensteht nicht, wenn die Sache erst nach Ablauf des Mietvertrags eingebracht worden ist und das Mietverhältnis nicht fortgesetzt wird gemäß §§ 556a–556c BGB oder § 568 BGB. Sachen, die während der Räumungsfrist (§§ 721, 794a ZPO) eingebracht worden sind, unterliegen dem Pfandrecht nicht. Auch Wertpapiere können dem Pfandrecht unterliegen so z.B. die Inhaberpapiere oder Orderpapiere, Bargeld oder Schecks, nicht aber auf den Namen lautende Schuldurkunden (Sparbuch, Lebensversicherungspolice). Sachen, die ohne Vermögenswert und nur für den Mieter von Interesse sind (z.B. Briefe, Familienbilder) unterliegen nicht dem Pfandrecht.

3. Nur die im **Eigentum** des Mieters stehenden Sachen unterliegen dem Pfandrecht. Auch wenn der Vermieter den Mieter gutgläubig für den Eigentümer hält, entsteht kein Pfandrecht. Wenn die Sachen im Eigentum eines Untermieters oder von Familienangehörigen des Mieters stehen, besteht ebenfalls kein Pfandrecht. Bezüglich der Eigentumsverhältnisse zwischen den Ehegatten muß jedoch der Mieter beweisen, daß der andere Ehegatte Eigentümer ist (§ 1362 BGB). Sind beide Ehegatten Mieter, kommt es hierauf nicht an. Ist der Mieter nur Miteigentümer an der Sache, so dürfte ein Pfandrecht an dem Miteigentumsanteil nach § 1258 Abs. 1 BGB entstehen. Bei Sachen, die der Mieter unter Eigentumsvorbehalt erhalten hat, besteht ein voll wirksames Pfandrecht erst, wenn der Mieter Eigentümer geworden ist, also die Sache bezahlt hat. Zuvor hat der Vermieter nur ein Pfandrecht am Anwartschaftsrecht des Mieters, d.h. er kann die Sache nur für sich verwerten, wenn er (oder der Mieter) zuvor den Restkaufpreis bezahlt. Nimmt der Verkäufer die Sache zurück, geht das Vermieterpfandrecht unter.

1 BGB § 560 Erlöschen des Pfandrechts

Veräußert der Mieter Gegenstände, die dem Vermieterpfandrecht unterliegen, ohne sie dem Erwerber zu übergeben (z. B. Sicherungsübereignung) so wird das Pfandrecht in vielen Fällen weiterbestehen (§ 936 BGB), da es vielfach grob fahrlässig ist, wenn ein Käufer in Kenntnis des Mietverhältnisses Sachen vom Mieter erwirbt, ohne sich beim Vermieter nach dem Pfandrecht zu erkundigen.

4. Sachen, die in der Zwangsvollstreckung unpfändbar sind (vgl. §§ 811, 812 ZPO) unterliegen auch dem Vermieterpfandrecht nicht. Hierzu gehören vor allem Gegenstände, die dem persönlichen Gebrauch oder dem Haushalt dienen (Kleider, Küchengeräte, Betten, Radio, Kühlschrank).

5. Die **Forderungen des Vermieters** müssen sich aus dem Mietverhältnis ergeben (z. B. Miete, Nebenkosten, Schadensersatzanspruch, Nutzungsentschädigung nach § 557 BGB, Verzugszinsen, Kosten des Räumungsprozesses – vgl. § 1210 Abs. 2 BGB –). Künftige Entschädigungsforderungen sind Forderungen, die erst nach Inanspruchnahme des Pfandrechts durch den Vermieter etwa durch Inbesitznahme entstehen (z. B. Schadensersatz wegen befürchteter, zukünftiger Beschädigungen oder Mietausfall). Für zukünftige Mietforderungen kann das Pfandrecht jedoch für einen Zeitraum von bis zu fast 2 Jahren geltend gemacht werden. Das Mietjahr ist von Beginn des Mietverhältnisses und nicht dem Kalenderjahr entsprechend zu bestimmen. Maßgebender Stichtag ist ebenfalls die Geltendmachung des Vermieterpfandrechts.

Neben dem Vermieterpfandrecht kann der Vermieter aber auch wie jeder andere Gläubiger die Zwangsvollstreckung gegen den Mieter betreiben und durch den Gerichtsvollzieher ein Pfändungspfandrecht an den Sachen des Mieters erwirken. Dieses Pfändungspfandrecht ist dann allein nach den gesetzlichen Vorschriften der ZPO zu beurteilen. Der Vermieter kann jederzeit wählen, welches Pfandrecht er verwerten will.

6. Abweichende vertragliche Regelungen sind grundsätzlich zulässig; Satz 3 ist jedoch zwingend.

[Erlöschen des Pfandrechts]

560 Das Pfandrecht des Vermieters erlischt mit der Entfernung der Sachen von dem Grundstück, es sei denn, daß die Entfernung ohne Wissen oder unter Widerspruch des Vermieters erfolgt. Der Vermieter kann der Entfernung nicht widersprechen, wenn sie im regelmäßigen Betriebe des Geschäfts des Mieters oder den gewöhnlichen Le-

> bensverhältnissen entsprechend erfolgt oder wenn die zurückbleibenden Sachen zur Sicherung des Vermieters offenbar ausreichen.

Wird die Sache vom Gerichtsvollzieher gepfändet und mitgenommen, so kann der Vermieter auf Grund seines Vermieterpfandrechtes vorzugsweise Befriedigung (§ 805 ZPO) verlangen.

Ohne Wissen des Vermieters wird entfernt, wenn dieser keine Kenntnis von der Entfernung der Sache erhält. Ein heimliches Vorgehen ist nicht erforderlich. Hat der Vermieter kein Widerspruchsrecht nach Satz 2, so erlischt das Pfandrecht auch bei unbemerkter Entfernung der Sache. Da die Benutzung eines Kfz zu den gewöhnlichen Lebensverhältnissen gehört, darf der Vermieter dem Wegfahren mit dem Pkw regelmäßig nicht widersprechen. Wird der Pkw nach § 559 BGB wieder zurückgebracht, entsteht das Pfandrecht neu bis zur Beendigung des Mietverhältnisses (vgl. Anm. 2 zu § 559 BGB). Bei anderen Gegenständen kann der Vermieter z. B. ein Wegbringen zur Reinigung oder Reparatur oder der Mitnahme üblicher Reiseutensilien regelmäßig nicht widersprechen.

> **[Selbsthilferecht]**
> **561** (1) **Der Vermieter darf die Entfernung der seinem Pfandrecht unterliegenden Sachen, soweit er ihr zu widersprechen berechtigt ist, auch ohne Anrufen des Gerichts verhindern und, wenn der Mieter auszieht, die Sachen in seinen Besitz nehmen.**
>
> (2) **Sind die Sachen ohne Wissen oder unter Widerspruch des Vermieters entfernt worden, so kann er die Herausgabe zum Zwecke der Zurückschaffung in das Grundstück und, wenn der Mieter ausgezogen ist, die Überlassung des Besitzes verlangen. Das Pfandrecht erlischt mit dem Ablauf eines Monats, nachdem der Vermieter von der Entfernung der Sachen Kenntnis erlangt hat, wenn nicht der Vermieter diesen Anspruch vorher gerichtlich geltend gemacht hat.**

Das Selbsthilferecht des Vermieters geht über das allgemeine Selbsthilferecht nach §§ 229, 230 BGB hinaus. Der Vermieter darf es jedoch nur insoweit ausüben, soweit er zum Widerspruch nach § 560 BGB berechtigt ist, also nicht, wenn die verbleibenden Sachen als Sicherheit ausreichen oder die Entfernung den gewöhnlichen Lebensverhältnissen entspricht, aber auch dann nicht, wenn es sich um unpfändbare Gegenstände handelt.

Der Mieter muß mit der Entfernung der Sache bereits begonnen haben oder sie muß unmittelbar bevorstehen. Das Selbsthilferecht kann nur ausgeübt werden, solang die Sache noch im Machtbereich des Vermieters ist, also in der Regel auf seinem Grundstück. Der Vermieter kann der Entfernung widersprechen und gegebenenfalls auch Gewalt gegen den Mieter anwenden. Der Vermieter kann die Entfernung aber auch durch einstweilige Verfügung gerichtlich untersagen lassen. Der Mieter, der die Sache trotz bestehenden Pfandrechts des Vermieters wegnimmt, macht sich unter Umständen nach § 289 StGB strafbar (BayObLG NJW 1981 S. 1745). Hat der Vermieter die Entfernung nicht verhindert, muß er zur Erhaltung seines Pfandrechts innerhalb der in Absatz 2 bestimmten Frist Klage auf Herausgabe der Sache erheben. Hat ein Dritter die Sache erworben, kann dieser sich auf lastenfreien Erwerb berufen (§ 936 BGB), sofern er das Vermieterpfandrecht ohne grobe Fahrlässigkeit nicht gekannt hat.

[Sicherheitsleistung]

562 Der Mieter kann die Geltendmachung des Pfandrechts des Vermieters durch Sicherheitsleistung abwenden; er kann jede einzelne Sache dadurch von dem Pfandrechte befreien, daß er in Höhe ihres Wertes Sicherheit leistet.

Bietet der Mieter Sicherheit an, so verliert der Vermieter sein Widerspruchsrecht (§ 560 Satz 2 BGB) und das Selbsthilferecht (§ 561 BGB). Die Höhe der Sicherheit muß der Höhe der vom Vermieter geltend gemachten Forderung entsprechen. Ergänzend gelten die allgemeinen Bestimmungen über die Sicherheitsleistung (§§ 232 – 240 BGB).

[Pfändungspfandrecht]

563 Wird eine dem Pfandrechte des Vermieters unterliegende Sache für einen anderen Gläubiger gepfändet, so kann diesem gegenüber das Pfandrecht nicht wegen des Mietzinses für eine frühere Zeit als das letzte Jahr vor der Pfändung geltend gemacht werden.

Die Pfändung wegen Forderungen anderer Gläubiger kann der Vermieter nicht verhindern, sofern er diese Sache nicht in Besitz genommen hat nach § 561 Abs. 1 BGB (§ 809 ZPO). Auf Grund des Vermieterpfandrechts kann er jedoch vorzugsweise Befriedigung nach § 805 ZPO verlangen. Dieses Recht besteht für alle vom Vermieterpfandrecht gesicherten Forderungen. Für Mietrückstände wird es eingeschränkt auf Rückstände aus der Zeit bis zu einem Jahr vor der Pfändung. Für andere Forderungen bestehen keine Einschränkungen. Insbesondere ist die Geltendmachung wegen künftiger Mietforderungen im Rahmen des § 559 Satz 2 BGB uneingeschränkt möglich. Die Klage nach § 805 ZPO muß vor dem Ende der Zwangsvollstreckung erhoben werden.

[Ende des Mietverhältnisses]

564 (1) **Das Mietverhältnis endigt mit dem Ablaufe der Zeit, für die es eingegangen ist.**

(2) **Ist die Mietzeit nicht bestimmt, so kann jeder Teil das Mietverhältnis nach den Vorschriften des § 565 kündigen.**

1. Die Beendigung eines Mietverhältnisses allein durch **Zeitablauf** kommt bei Wohnraummietverhältnissen (für die Fälle der gewerblichen Weitervermietung vgl. Anm. 5 zu §§ 535/536 BGB) nur als Ausnahme bei Mietverträgen mit Vereinbarungen nach § 564c BGB in Betracht. In der Regel beendet eine Kündigung oder eine Absprache zwischen Mieter und Vermieter **(Mietaufhebungsvertrag)** das Mietverhältnis. Ein Mietaufhebungsvertrag liegt vor, wenn zwischen Mieter und Vermieter Einigkeit über den Zeitpunkt und alle anderen Bedingungen der Auflösung des Mietverhältnisses besteht. Schweigen der einen Vertragspartei zu entsprechenden Ankündigungen der anderen reicht allein nicht aus. Es bedarf aber auch keiner ausdrücklichen, schriftlichen Vereinbarung. Eine stillschweigende und wirksame Vereinbarung kann dann angenommen werden, wenn sich aus den Umständen insgesamt eindeutig ein entsprechendes Einverständnis der einen Vertragsseite mit den von der anderen Vertragsseite angekündigten Schritten entnehmen läßt.

Ein Mietverhältnis kann auch durch öffentlich-rechtliche Maßnahmen aufgehoben werden (§§ 27 ff Städtebauförderungsgesetz, §§ 61, 86 Bundesbaugesetz).

Inhalt und **Form** der Kündigung sind gesetzlich vorgeschrieben. Die Schriftform ergibt sich aus § 564a BGB, die Mitteilung des Kündigungsgrundes ist, soweit § 564b Abs. 3 BGB gilt, notwendig. Erforderlich ist in jedem Fall, daß der Wille, das Mietverhältnis endgültig zu beenden, eindeutig und unmißverständlich zum Ausdruck gebracht wird. Zweckmäßig ist es, den Termin, zu dem die Kündigung wirksam werden soll, mitzuteilen. Fehlt eine solche Angabe oder ist die Kündigungsfrist (§ 565 BGB) zu knapp bemessen, so wird die Kündigung zum nächsten zulässigen Termin wirksam. Eine Kündigung kann auch bereits vor Überlassung der Wohnung ausgesprochen werden, wobei die Kündigungsfristen allerdings ebenfalls eingehalten werden müssen. Ob und welche Bedingungen in einer Kündigung enthalten sein dürfen, ist streitig. Kündigungen, die den anderen Vertragsteil nicht im unklaren über das Gewollte lassen, also insbesondere Bedingungen, deren Erfüllung vom Willen des Kündigungsempfängers abhängig ist, dürften wirksam sein (vgl. BGH, WPM 1973 S. 694).

2. Auch durch einen **Bevollmächtigten** kann die Kündigung wirksam erklärt werden. Der Empfänger kann die Erklärung jedoch zurückweisen (§ 174 BGB), wenn der Bevollmächtigte keine Vollmacht vorlegt und auch der Vollmachtgeber den Gekündigten von der Bevollmächtigung nicht unterrichtet hat. Die Zurückweisung muß unverzüglich unter Berufung auf diesen Grund erfolgen. Sie führt zu Unwirksamkeit der Kündigung.

Sind **mehrere Personen** (z. B. Ehegatten) als Vermieter oder Mieter beteiligt, so muß die Kündigung durch alle ausgesprochen werden bzw. an alle gerichtet sein. Wegen der einheitlichen Natur des Mietverhältnisses ist eine teilweise Beendigung gegenüber nur einem Mieter oder Vermieter nicht möglich. Vertretung ist auf beiden Vertragsseiten zulässig. In der Kündigung muß deutlich zum Ausdruck kommen, ob im eigenen Namen oder in fremdem Namen gekündigt wird. Die vielfach verwendete Formularvertragsklausel, daß es für Erklärungen des Vermieters ausreicht, wenn sie ,,gegenüber einem der Mieter abgegeben werden", wird in der Rechtsprechung bei Kündigungen weitgehend als nicht ausreichende und damit unwirksame Bevollmächtigung angesehen.

3. **Der Zugang** der Kündigung als einseitig empfangsbedürftige Willenserklärung ist Voraussetzung ihrer Wirksamkeit (§ 130 BGB). Für die Rechtzeitigkeit der Kündigung kommt es nicht auf ihre Absendung, sondern auf ihren Zugang an. Zugang liegt dann vor, wenn die Kündigung derart in den Bereich des Gekündigten gelangt ist, daß dieser bei normalen Verhältnissen von ihr Kenntnis nehmen konnte. Die tatsächliche Kenntnisnahme ist nicht entscheidend. Die Kündigung kann dem Empfänger auch persönlich ausgehändigt oder in jeder anderen Form überbracht werden. Auch wenn vereinbart ist, daß die Kündigung auf besonderem Wege zugehen soll (z. B. eingeschriebener Brief), ist eine Kündigung, die auf andere Weise zugegangen ist, wirk-

sam. Beim Einwurf in den Briefkasten an der tatsächlich vom Zustellungsempfänger bewohnten Wohnung ist die Kündigung dann zugegangen, wenn nach den üblichen Verhältnissen mit der Leerung des Briefkastens gerechnet werden kann. Etwas anderes kann gelten, wenn der Kündigende weiß, daß der Empfänger z. B. auf einer längeren Reise ist. Ist der Mieter längere Zeit auf Reise, so muß er in der Regel Nachsendung bei der Post beantragen, um Rechtsnachteile zu vermeiden. Der Zugang der nachgesandten Briefe tritt erst ein, wenn der Empfänger z. B. am Urlaubsort die Möglichkeit zu ihrer Kenntnisnahme hat. Bei Übersendung mit eingeschriebenem Brief gilt dieser erst dann als zugegangen, wenn er an der Wohnung des Empfängers ausgehändigt oder beim Postamt abgeholt wird. Der Benachrichtigungszettel im Briefkasten begründet keine Zugangswirkung. Verhindert der Empfänger aber treuwidrig, daß ihm die Kündigung zugeht (z. B. durch Nichtabholen des Einschreibebriefs bei der Post), so kann die Kündigung dennoch als wirksam angesehen werden, wenn der Empfänger damit rechnen mußte, daß eine rechtliche bedeutsame Mitteilung zugestellt werden sollte. Auch wenn der Mieter seinen Wohnsitz ohne Benachrichtigung des Vermieters verlassen hat, wird er unter Berücksichtigung der Umstände des Einzelfalls nach Treu und Glauben sich in der Regel nicht auf den fehlenden Zugang berufen können.

Im Streitfall muß der Kündigende den Zugang beweisen. Am sichersten ist die Zustellung durch einen Gerichtsvollzieher nach § 132 Abs. 1 BGB. Wird durch eingeschriebenen Brief (mit Rückschein) gekündigt, so kann mit den Postunterlagen nur nachgewiesen werden, daß ein Schreiben, nicht aber welchen Inhalts, übermittelt wurde. Im Regelfall dürfte dies jedoch praktisch ausreichen.

4. Das **Kündigungsrecht** kann für eine gewisse Zeit auch **vertraglich ausgeschlossen** sein. Sofern dies im Mietvertrag nicht eindeutig zum Ausdruck gebracht wurde, kann eine Beschränkung des Rechts zur ordentlichen Kündigung insbesondere in der Vereinbarung eines abwohnbaren Finanzierungsbeitrages liegen. Bei Baukostenzuschüssen (vgl. Anm. 1 zu § 557a BGB) nimmt das die Rechtsprechung im Zweifel für den Zeitraum an, in dem der Baukostenzuschuß nicht abgewohnt ist.

5. Das BGB kennt die ordentliche Kündigung unter Einhaltung der Kündigungsfrist (§ 565 BGB) und die außerordentliche Kündigung in besonderen Fällen, die teilweise ebenfalls befristet, teilweise fristlos ausgesprochen werden kann. Zum Nachteil des Mieters können über die gesetzlichen Bestimmungen hinaus keine zusätzlichen Kündigungsgründe vertraglich vereinbart werden.

Die **befristete außerordentliche Kündigung** ist nach folgenden Vorschriften möglich: §§ 549 Abs. 1, 567, 569, 569a Abs. 5, 6, 569b, 570, 1056 – bei Ende des Nießbrauchs –, 2135 BGB – Kündigungsrecht des Nacherben, § 9 MHG – Kündigungsrecht bei Mieterhöhung –, § 30 Abs. 2 Erbbaurechtsverordnung – bei Erlöschen des Erbbaurechts –, § 57a Zwangsversteigerungsgesetz, § 37 Abs. 3 Wohnungseigentumsgesetz, §§ 19, 21 Abs. 4 Konkursordnung, § 51 Vergleichsordnung – Kündigungsrecht bei Zwangsversteigerung, Zwangsvollstreckung und Konkurs.

Die Kündigung in diesen Fällen ist auch bei vertraglichem Kündigungsausschluß oder vereinbarter Mietzeit und in allen Fällen ohne Einhaltung einer mehr als 3-monatigen Kündigungsfrist (§ 565 Abs. 5, Abs. 2 BGB) möglich. Auch bei Kündigung nach diesen Vorschriften sind §§ 564a, 564b BGB zu beachten. Die Kündigungen müssen deshalb schriftlich und unter Darlegung eines berechtigten Interesses an der Kündigung erfolgen. Ein Schutz des Mieters durch die Sozialklausel (§ 556a BGB) besteht nach herrschender Meinung in diesen Fällen jedoch nicht (Ausnahme: § 569a Abs. 5 Satz 2 BGB).

6. Die **fristlose außerordentliche Kündigung** ist nach folgenden Vorschriften möglich: §§ 542, 544, 553, 554, 554a BGB. In diesen Fällen ist zwar § 564a (Schriftform), nicht aber § 564b zu beachten, d. h. die Kündigungsgründe müssen im Kündigungsschreiben nicht angegeben werden (RE OLG Karlsruhe NJW 1982 S. 2004). Vor diesem Rechtsentscheid waren die Gerichte und die Literatur weitgehend der Auffassung, daß auch eine fristlose, außerordentliche Kündigung unter Angabe der Kündigungsgründe im Kündigungsschreiben erfolgen müßte.

Der Vermieter ist berechtigt, neben oder auch zeitlich nach einer fristlosen Kündigung eine ordentliche Kündigung auszusprechen und dabei zum Ausdruck zu bringen, daß die ordentliche Kündigung nur für den Fall, daß die fristlose Kündigung nicht wirksam ist, gelten soll.

7. Die **Wirkung der Kündigung,** d. h. die Auflösung des Mietverhältnisses, kann nach Zugang der Kündigung nicht mehr einseitig durch Widerruf des Kündigenden aufgehoben werden. Die Fortsetzung des ursprünglichen Vertrages im beiderseitigen Einvernehmn ist möglich. Die einseitige Fortsetzung des Mietverhältnisses nach § 568 BGB macht aber im Ergebnis die Kündigung ebenfalls nachträglich wirkungslos. Die Kündigung erfaßt das gesamte Mietverhältnis. Eine Teilkündigung einheitlich vermieteter Teile (z. B. Garage, Garten, Mobiliar) ist unwirksam. Sind die Voraussetzungen einer außerordentlichen Kündigung nicht erfüllt, kann diese in eine ordentliche Kündigung umzudeuten sein (§ 140 BGB), wenn eindeutig zum Ausdruck kommt, daß der Kündigende das Mietverhältnis unter allen Umständen beenden will.

[Schriftform der Kündigung]

564 a (1) **Die Kündigung eines Mietverhältnisses über Wohnraum bedarf der schriftlichen Form. In dem Kündigungsschreiben sollen die Gründe der Kündigung angegeben werden.**

(2) **Der Vermieter von Wohnraum soll den Mieter auf die Möglichkeit des Widerspruchs nach § 556a sowie auf die Form und die Frist des Widerspruchs rechtzeitig hinweisen.**

(3) **Diese Vorschriften gelten nicht für Wohnraum, der zu nur vorübergehendem Gebrauch vermietet ist, und für Mietverhältnisse der in § 565 Abs. 3 genannten Art.**

1. Die **Schriftform** wird für die ordentliche und die außerordentliche, für die befristete und die fristlose Kündigung vorgeschrieben; sie gilt auch für Untermietverhältnisse, soweit sie nicht unter Absatz 3 fallen. Die Kündigungserklärung muß danach vom Kündigenden eigenhändig unterschrieben sein (§ 126 BGB). Eine Formerleichterung für eine mechanische oder faksimilierte Unterschrift, wie sie § 9 MHG vorsieht, gibt es für den Bereich der Kündigung nicht. Wird von einem Bevollmächtigten gekündigt, ist das Zurückweisungsrecht nach § 174 BGB (vgl. Anm. 2 zu § 564 BGB) nur ausgeschlossen, wenn die Vollmacht als Originalurkunde bei der Kündigungserklärung vorgelegt wird. Mit dem Angebot Einsicht zu nehmen oder der Überlassung einer Kopie muß sich der Gekündigte nicht zufrieden geben.

Die Kündigung ist in vollem Umfang unwirksam, wenn die Anforderungen der Schriftform nicht erfüllt sind. Die Kündigung muß dann unter erneuter Einhaltung der Fristen wiederholt werden. Der Gekündigte kann mit der Nichteinhaltung der Form jedoch auch einverstanden sein, so daß formlos ein Mietaufhebungsvertrag zustande kommt (vgl. Anm. 1 zu § 564 BGB). Unter welchen Umständen eine **Kündigung,** die **im Prozeß** erklärt wird, wirksam ist, ist im einzelnen sehr umstritten und war bereits Gegenstand mehrerer Rechtsentscheide (vgl. Palandt-Putzo, Anm. 2 zu § 564a, RE BayObLG NJW 1981 S. 2197).

2. Die **Angabe von Gründen** ist nach § 564a nicht zwingend vorgeschrieben. Der Zwang zur Angabe der Gründe ergibt sich nur aus § 564b Abs. 3 für den Anwendungsbereich dieser Vorschrift. Soweit § 564b BGB nicht gilt, ist eine schriftlich erklärte Kündigung auch dann wirksam, wenn sie die Kündigungsgründe nicht angibt (vgl. Anm. 6 zu § 564 BGB). Das Fehlen der Begründung ist dann aber im Falle des Kündigungswiderspruchs (§ 556a Abs. 1 Satz 3 BGB) für den Vermieter nachteilig.

1 BGB § 564b   Berechtigtes Interesse an der Kündigung

Die Begründung – soweit erforderlich – muß so ausführlich sein, daß der Gekündigte auf ihrer Basis beurteilen kann, ob die Kündigung gerechtfertigt ist. Eine pauschale Begründung (z. B. häufiger Lärm) genügt diesen Anforderungen nicht. In den Fällen der fristlosen Kündigung ist eine Begründung auch unter dem Gesichtspunkt der Sozialklausel nicht erforderlich, da der Mieter hier kein Widerspruchsrecht hat (§ 556a Abs. 4 BGB). Allein ausreichend ist hier, daß im Zeitpunkt der Kündigungserklärung tatsächlich ein die fristlose Kündigung rechtfertigender Sachverhalt vorgelegen hat.

3. Unterbleibt die **Belehrung zum Kündigungswiderspruch** (Absatz 2), führt dies nicht zur Unwirksamkeit der Kündigung, sondern nur zur Verlängerung der Widerspruchsfrist (§ 556a Abs. 6 BGB). Bei der außerordentlichen fristlosen Kündigung besteht kein Widerspruchsrecht und damit auch keine Hinweispflicht.

Ausreichend ist die wörtliche Wiedergabe des § 556a BGB, aber auch ein knapper Hinweis auf die Bestimmung des § 556a BGB mit eigenen Worten. Zur Form und Frist des Widerspruchs muß der Mieter lediglich darauf hingewiesen werden, daß er den Widerspruch 2 Monate vor Ablauf der Kündigungsfrist schriftlich gegenüber dem Vermieter erklären kann. Die in Absatz 2 vorgeschriebene Belehrung muß nicht im Kündigungsschreiben enthalten sein und unterliegt auch nicht der Schriftform. Eine mündliche Belehrung wird der Vermieter jedoch im Streitfall nur schwer nachweisen können. Rechtzeitig ist ein entsprechender Hinweis, wenn dem Mieter noch genügend Zeit verbleibt, die Frist des § 556a Abs. 6 BGB unter Einschluß einer gewissen Überlegungs- und Erkundigungszeit zu wahren.

4. Wegen des Begriffs des vorübergehenden Gebrauchs (Absatz 3) wird auf Anm. 11 zu § 564b Abs. 7 BGB verwiesen.

Die von § 564a vorgeschriebene Schriftform kann nicht durch vertragliche Vereinbarungen abweichend geregelt werden. Eine Verschärfung der Formanforderungen ist nicht zulässig. Gegen die vertragliche Einbeziehung von Vertragsverhältnissen nach Absatz 3 in den Schutzbereich des § 564a bestehen hingegen keine Einwände.

[Berechtigtes Interesse des Vermieters an der Kündigung]

564 b (1) **Ein Mietverhältnis über Wohnraum kann der Vermieter vorbehaltlich der Regelung in Absatz 4 nur kündigen, wenn er ein berechtigtes Interesse an der Beendigung des Mietverhältnisses hat.**

(2) **Als ein berechtigtes Interesse des Vermieters an der Beendigung des Mietverhältnisses ist es insbesondere anzusehen, wenn**

1. der Mieter seine vertraglichen Verpflichtungen schuldhaft nicht unerheblich verletzt hat;
2. der Vermieter die Räume als Wohnung für sich, die zu seinem Hausstand gehörenden Personen oder seine Familienangehörigen benötigt. Ist an den vermieteten Wohnräumen nach der Überlassung an den Mieter Wohnungseigentum begründet und das Wohnungseigentum veräußert worden, so kann sich der Erwerber auf berechtigte Interessen im Sinne des Satzes 1 nicht vor Ablauf von drei Jahren seit der Veräußerung an ihn berufen;
3. der Vermieter durch die Fortsetzung des Mietverhältnisses an einer angemessenen wirtschaftlichen Verwertung des Grundstücks gehindert und dadurch erhebliche Nachteile erleiden würde. Die Möglichkeit, im Falle einer anderweitigen Vermietung als Wohnraum eine höhere Miete zu erzielen, bleibt dabei außer Betracht. Der Vermieter kann sich auch nicht darauf berufen, daß er die Mieträume im Zusammenhang mit einer beabsichtigten oder nach Überlassung an den Mieter erfolgten Begründung von Wohnungseigentum veräußern will.

(3) Als berechtigte Interessen des Vermieters werden nur die Gründe berücksichtigt, die in dem Kündigungsschreiben angegeben sind, soweit sie nicht nachträglich entstanden sind.

(4) Bei einem Mietverhältnis über eine Wohnung in einem vom Vermieter selbst bewohnten Wohngebäude mit nicht mehr als zwei Wohnungen kann der Vermieter das Mietverhältnis kündigen, auch wenn die Voraussetzungen des Absatzes 1 nicht vorliegen. Die Kündigungsfrist verlängert sich in diesem Fall um drei Monate. Dies gilt entsprechend für Mietverhältnisse über Wohnraum innerhalb der vom Vermieter selbst bewohnten Wohnung, sofern der Wohnraum nicht nach Absatz 7 von der Anwendung dieser Vorschriften ausgenommen ist. In dem Kündigungsschreiben ist anzugeben, daß die Kündigung nicht auf die Voraussetzungen des Absatzes 1 gestützt wird.

(5) Weitergehende Schutzrechte des Mieters bleiben unberührt.

(6) Eine zum Nachteil des Mieters abweichende Vereinbarung ist unwirksam.

1 BGB § 564b Berechtigtes Interesse an der Kündigung

> (7) Diese Vorschriften gelten nicht für Mietverhältnisse:
> 1. über Wohnraum, der zu nur vorübergehendem Gebrauch vermietet ist,
> 2. über Wohnraum, der Teil der vom Vermieter selbst bewohnten Wohnung ist und den der Vermieter ganz oder überwiegend mit Einrichtungsgegenständen auszustatten hat, sofern der Wohnraum nicht zum dauernden Gebrauch für eine Familie überlassen ist,
> 3. über Wohnraum, der Teil eines Studenten- oder Jugendwohnheims ist.

Übersicht

	Seite
I. Anwendungsbereich allgemein	
1. Anwendungsbereich	80
II. Das berechtigte Interesse des Vermieters	
2. berechtigtes Interesse (Absatz 2)	81
3. Erhebliche Pflichtverletzung des Mieters (Absatz 2 Nr. 1)	82
(Zahlungsverzug, vertragswidriger Gebrauch, unerlaubte Untervermietung, Belästigungen)	
4. Eigenbedarf des Vermieters (Absatz 2 Nr. 2)	84
(Bedarf, Kreis der betroffenen Angehörigen)	
5. Wartefrist bei Veräußerung umgewandelter Eigentumswohnungen	85
6. Angemessene wirtschaftliche Verwertung (Absatz 2 Nr. 3)	86
7. Sonstige berechtigte Interessen	87
III. Angabe der Kündigungsgründe im Kündigungsschreiben	
8. Angabe der Kündigungsgründe (Absatz 3)	88
9. Schadensersatz des Mieters bei vorgetäuschtem Kündigungsgrund	88
IV. Sonderbestimmungen insbesondere für Zweifamilienhäuser	
10. Wohnung in Zweifamilienhäusern	89
V. Ausnahmebestimmungen	
11. Vorübergehender Gebrauch	91
(möblierter Wohnraum, Studenten- und Jugendwohnheim)	

I. Anwendungsbereich allgemein

1. Bei der Bestimmung des **Anwendungsbereichs** ist zu berücksichtigen, daß § 564b die zentrale Vorschrift für den seit 1971 bestehenden Kündigungsschutz (Bestandsschutz) ist. Eine ordentliche Kündigung

des Vermieters ist nur noch in den Fällen eines berechtigten Interesses nach Absatz 2 zulässig. Insbesondere die Kündigung zum Zweck der Mieterhöhung ist ausgeschlossen (§ 1 MHG). Sind die Voraussetzungen des § 564b erfüllt und die Kündigung wirksam, können dem Mieter weitere Schutzrechte nach § 556a BGB (Sozialklausel) zustehen. Wegen des Kündigungsschutzes des Untermieters im Falle der Kündigung des Hauptmietverhältnisses wird auf Anm. 5 zu § 556 BGB Bezug genommen. Wenn Wohnraum z. B. von einem Arbeitgeber gemietet wird, um ihn den Arbeitnehmern als Wohnung zu überlassen, ist auf den Mietvertrag zwischen Vermieter und Arbeitgeber die Wohnraumschutzvorschrift des § 564b nicht anwendbar (vgl. Anm. 5 zu §§ 535, 536 BGB). Für Heime aller Art gilt der Kündigungsschutz, wenn die Raumnutzung (und nicht etwaige Pflege- oder Betreuungsleistungen) den Schwerpunkt der vertraglich vereinbarten Leistung ausmachen (vgl. Anm. 6 zu §§ 535, 536 BGB). § 564b ist ferner auch bei Fortsetzungsverlangen des Mieters bei befristeten Mietverträgen nach § 564c Abs. 1 BGB und beim Mietvertrag mit Verlängerungsklausel oder aufschiebender Bedingung (§ 565a BGB) anzuwenden.

§ 564b ist nicht nur auf die ordentliche, befristete Kündigung (§ 565 BGB) anzuwenden, sondern auch auf die außerordentliche befristete Kündigung (vgl. Anm. 5 zu § 564 BGB). Nur so ist der vom Gesetzgeber gewollte lückenlose Schutz des vertragstreuen Mieters gegenüber dem Vermieter gewährleistet. Die außerordentliche, befristete Kündigung ermöglicht lediglich eine vorzeitige Kündigung. Bei der Prüfung ihrer Berechtigung nach Absatz 2 können die das außerordentliche Kündigungsrecht begründenden Umstände auch bei der Einzelfallabwägung berücksichtigt werden und das berechtigte Interesse im Sinne dieser Vorschrift mitbegründen. Nicht anwendbar hingegen ist § 564b, wenn der Vermieter zur außerordentlichen, fristlosen Kündigung berechtigt ist (RE OLG Karlsruhe NJW 1982 S. 2004).

§ 564b ist auch für solche Mietverhältnisse maßgebend, die vor seinem Inkrafttreten abgeschlossen worden sind.

II. Das berechtigte Interesse des Vermieters

2. Ein **berechtigtes Interesse** (Absatz 2) erfordert vernünftige, billigenswerte Gründe des Vermieters an der Beendigung des Mietverhältnisses. Das Gesetz zählt die möglichen Kündigungsgründe nicht abschließend sondern nur beispielhaft auf („insbesondere"). Die nicht im Gesetz genannten Gründe müssen jedoch von einem den genannten Gründen vergleichbaren Gewicht sein. Eine Abwägung der Interessen des Vermieters und Mieters im konkreten Einzelfall findet im Rahmen des § 564b jedoch nicht statt. Dies ist erst nach Kündigungswiderspruch im Rahmen der Sozialklausel (§ 556a BGB) und bei der Ge-

währung von Räumungsschutz (§ 721 ZPO) der Fall. Die Auslegung des ,,berechtigten Interesses" wird daran zu orientieren sein, ob ein vernünftig denkender und seiner Sozialpflichtigkeit bewußter Vermieter die verfolgten Interessen generell als so erheblich ansehen kann, daß er zur Wahrung dieser Interessen die Vertragsbeendigung herbeiführen würde. Art. 14 GG gewährleistet dem Vermieter grundsätzlich die Benutzung seiner Wohnung für die eigenverantwortliche Gestaltung seines Lebens (BVerfG ZMR 1985 S. 154).

3. Wegen **erheblicher Pflichtverletzung** (Absatz 2 Nr. 1) kann der Vermieter immer dann kündigen, wenn er zur fristlosen Kündigung berechtigt wäre. Aber auch Pflichtverletzungen von geringerem Gewicht oder eine Vielzahl kleiner Pflichtverletzungen, die je für sich allein eine Kündigung nicht rechtfertigen könnten, können ausreichen. Von Bedeutung ist, ob es sich um typische, sich wiederholende oder um einmalige Verfehlungen handelt. Bei letzteren wird die Kündigung nur gerechtfertigt sein, wenn sie von solcher Schwere sind, daß sie das Vertrauensverhältnis zwischen den Parteien nachhaltig stören können. Nimmt der Vermieter ein Verhalten längere Zeit hin, kann dies ein Indiz dafür sein, daß dieser Pflichtverletzung kein so großes Gewicht beizumessen ist. Bei längerem Zögern des Vermieters kann dieser sein Recht zur Kündigung aus diesem Grund verwirken. Von Bedeutung kann auch sein, daß der Vermieter Vertragsverletzungen geringeren Gewichts auch durch Abmahnung und Unterlassungsklage (§ 550 BGB) begegnen kann (z. B. bei unerlaubter Nutzung nicht vermieteter Gebäudeteile, unberechtigter Anbringung von Antennen) oder seinen Erfüllungsanspruch gerichtlich geltend machen kann (Erfüllung von Nebenpflichten, Streit um Minderungsanspruch – § 537 BGB –, Unterlassung vereinbarter Schönheitsreparaturen während der Vertragszeit). Dem Mieter werden auch Handlungen seiner Familienangehörigen und Gäste oder des Untermieters (§ 549 Abs. 3 BGB) zugerechnet. Ob eine Vertragsverletzung so erheblich war, daß sie eine Kündigung rechtfertigt, ist unter Berücksichtigung aller besonderen Umstände des Einzelfalls zu beurteilen.

Die Vertragsverletzung muß **schuldhaft** erfolgt sein. Auch die nur leicht fahrlässig begangene Vertragsverletzung reicht hierfür aus. Der Mieter handelt aber nicht schuldhaft, wenn er auf Grund rechtlicher Beratung sein Verhalten für rechtmäßig hielt (z. B. von einem Minderungsrecht gemäß § 537 BGB ausgeht), das Gericht später aber eine Vertragsverletzung des Mieters annimmt (z. B. die Wohnung für nicht fehlerhaft hält).

Beispielhaft sollen als Pflichtverletzungen näher betrachtet werden:

Zahlungsverzug ist nicht nur nach § 554 BGB ein Kündigungsgrund. Steht mehr als eine Monatsmiete oder Nebenkosten in entsprechender Höhe länger als 1 Monat aus, kommt eine Kündigung nach § 564b in Betracht. Ob die Pflichtverletzung in diesen Fällen erheblich ist, ist unter Berücksichtigung aller Umstände des Einzelfalles zu entscheiden. Von Bedeutung kann hierbei insbesondere die Zahlungsgepflogenheit des Mieters in der Vergangenheit sein. Nicht ausreichend ist es, wenn der Zahlungsverzug nur auf Fehler im Überweisungsverkehr oder auf kurzfristigen, unverschuldetem Geldmangel des Mieters beruht. Dies gilt insbesondere, wenn er Kaution (§ 550 b BGB) geleistet hat. Ob bei nachträglicher Zahlung § 554 Abs. 2 BGB entsprechend anwendbar ist, ist umstritten, dürfte jedoch anzunehmen sein.

Vertragswidriger Gebrauch ist nicht nur nach § 553 BGB ein Grund zur fristlosen Kündigung. Zu denken ist hier sowohl an die Überschreitung des Gebrauchsrechts durch den Mieter als auch an die Verletzung der ihm obliegenden Erhaltungs- und Obliegenheitspflichten (vgl. Anm. 10 zu §§ 535, 536 BGB). Bei nicht besonders schwerwiegenden Vertragsverstößen ist der Vermieter allein auf die Unterlassungsklage (§ 550 BGB) angewiesen. Ein Sonderfall des vertragswidrigen Gebrauchs ist die **unerlaubte Untervermietung** (§ 549 BGB). Sofern der Mieter aber einen Anspruch auf die Untermieterlaubnis nach § 549 Abs. 2 BGB hat, kann die Untervermietung allein die Kündigung nicht rechtfertigen. Räumt der Mieter Dritten unentgeltlichen Gebrauch an der Mietsache über das vertraglich zulässige Maß (vgl. Anm. 1 zu § 549 BGB) hinaus ein, so kann z. B. im Fall der Überbelegung oder Belästigung anderer Hausbewohner die Kündigung gerechtfertigt sein. Werden Personen des anderen Geschlechts aufgenommen, rechtfertigen moralische Gründe allein die Kündigung nicht. In Sondersituationen kann allerdings auch etwas anderes gelten.

Werden als Wohnungen vermietete Räume vom Mieter **geschäftlich genutzt,** kann dies auch zu einer Kündigung berechtigen, insbesondere, wenn dies mit einer starken Abnutzung der Wohnung verbunden ist, oder wenn die Wohnung im Bereich eines Zweckentfremdungsverbotes liegt. Ein örtlich begrenztes Zweckentfremdungsverbot kann durch Verordnung der Landesregierung auf Grund des Artikel 6 des Mietrechtsverbesserungsgesetzes vom 4. 11. 1971 (BGBl. I S. 1745) festgelegt werden. Wenn der Mieter den Vermieter bei Abschluß des Vertrages über seine Absicht zur gewerblichen Nutzung getäuscht hat, kann der Vermieter den Mietvertrag auch rückwirkend anfechten gemäß § 123 BGB.

Auch **Belästigungen** können die Kündigung rechtfertigen. Hier handelt es sich um die Verletzung solcher Vertragspflichten, die sich aus dem Mietvertrag oft nur durch Auslegung ergeben, die aber für die Erhaltung des Hausfriedens unverzichtbar sind. In extremen Fällen kommt hier sogar eine fristlose Kündigung gemäß § 554a BGB in Betracht. Als Beispiele für eine Kündigung rechtfertigende Belästigungen seien genannt: Beleidigungen oder andere Straftaten gegen den Vermieter oder andere Hausbewohner oder deren Familienangehörige und Besucher, Beeinträchtigungen durch Schmutz, Lärm und Geruch.

Regelmäßig wird hier erst eine ganze Reihe von Vertragsverletzungen als so erheblich angesehen werden können, daß sie die Kündigung rechtfertigen. Sachlich verlaufende Auseinandersetzungen über Umfang und Inhalt der Vertragspflichten (Mieterhöhung, Nebenkostenabrechnung, Hausordnung) rechtfertigen die Kündigung nicht.

4. **Eigenbedarf** (Absatz 2 Nr. 2) ist der in der Praxis häufigste Grund für eine ordentliche Kündigung. Der Vermieter **benötigt** die Wohnräume immer dann, wenn er vernünftige, billigenswerte Gründe an der Erlangung der Räume hat (RE BayObLG NJW 1981 S. 58). Ausreichend ist jeder ernsthafte und vernünftige Bedarf, wobei auch subjektiven Wünschen und Vorstellungen Rechnung getragen werden kann (RE OLG Karlsruhe NJW 1982 S. 889). Allein der Wunsch, im Eigentum zu wohnen, reicht jedoch nicht aus (RE KG NJW 1981 S. 1048). Der Vermieter muß ein objektives Interesse an der Erlangung der Wohnung haben (z. B. günstigere Lage zum Arbeitsplatz, krankheitsbedingte oder altersbedingte Änderung der Wohnbedürfnisse, erhöhter Wohnbedarf aus familiären Gründen). Ein Wohnbedarf des Vermieters liegt regelmäßig auch dann vor, wenn die von ihm selbst gemietete Wohnung gekündigt worden ist, wobei grundsätzlich nicht verlangt werden kann, daß der Vermieter sich als Mieter gegen die ihm gegenüber ausgesprochene Kündigung zur Wehr setzt (RE BayObLG MDR 1981 S. 1020). Kündigt der Vermieter seine Wohnung grundlos selbst, begründet dies allein jedoch keinen Eigenbedarf. Eine wesentlich höhere Mietzahlung in der vom Vermieter selbst bewohnten Mietwohnung kann einen Eigenbedarf begründen. Der Wohnbedarf muß nach Abschluß des Mietvertrages entstanden sein und bis zur tatsächlichen Räumung vorliegen. Bei nachträglichem Wegfall des Eigenbedarfs kann Räumung nicht mehr verlangt werden. Der Vermieter muß den Mieter bis zum Ende der Kündigungsfrist über die veränderten Umstände unterrichten, sonst macht er sich Schadensersatzpflichtig (vgl. Anm. 9).

Hausstands- und Familienangehörige müssen in einem so engen Verhältnis zum Vermieter stehen, daß deren Unterbringung zum eigenen Bedarf des Vermieters gerechnet werden kann. Zu den Hausstandsangehörigen gehören alle, die dauerhaft bereits seit längerer Zeit in Hausgemeinschaft mit dem Vermieter leben (z. B. Ehefrau, Kinder, Hausgehilfen, Pflegepersonen). Auch die nahe bevorstehende Aufnahme einer bestimmten Hilfsperson wegen absehbarer Pflegebedürftigkeit begründet Eigenbedarf (RE BayObLG NJW 1982 S. 1159). Der Kreis der Familienangehörigen geht nicht so weit wie in § 8 Abs. 2 II. Wohnungsbaugesetz. Zur Abgrenzung ist hier im einzelnen noch vieles streitig. Es wird weniger auf den formalen Verwandtschaftsgrad abzustellen sein als vielmehr auf die tatsächliche Pflege familiärer Beziehungen und ein bestehendes enges Familienverhältnis. Eine Orientierung hierbei kann der Umstand bieten, ob eine rechtliche oder moralische Verpflichtung des Vermieters zur Unterhaltsgewährung diesen Personen gegenüber besteht. Je weiter der Verwandtschaftsgrad ist, desto höhere Anforderungen werden an die persönlichen Umstände gestellt werden müssen. Bei sehr enger Verwandtschaft (z. B. Geschwister) kommt es auf weitere Umstände nicht mehr an (RE BayObLG ZMR 1984 S. 89). Ob die Wohnung entgeltlich oder unentgeltlich überlassen werden soll, ist unerheblich.

Besteht Eigenbedarf, liegt es allein beim Vermieter, welchem von mehreren Mietern er kündigt. Die persönlichen Umstände des Mieters sind erst beim Kündigungswiderspruch (§ 556a BGB) zu berücksichtigen. Die Wohnung muß für den Bedarf des Vermieters jedoch geeignet sein, was auf Grund aller Umstände, nicht nur der vom Vermieter geltend gemachten Tatsachen, festzustellen ist (RE OLG Karlsruhe NJW 1983 S. 579).

5. Die **Umwandlung** einer vermieteten Wohnung in Wohnungseigentum löst für den Erwerber einer solchen Wohnung eine 3-jährige **Wartefrist** aus. Für preisgebundene Altbauwohnungen (bezugsfertig vor 31. 12. 1949) in Berlin gilt eine abweichende Sonderregelung, die bis 31. 12. 1984 eine Eigenbedarfskündigung des Erwerbers ganz ausschließt und danach nur in eingeschränktem Maß zuläßt (§ 32 Abs. 2 Wohnungsbindungsgesetz, § 11 des 12. Bundesmietengesetzes). Für den öffentlich geförderten, preisgebundenen Wohnungsbau im gesamten Bundesgebiet ist eine Eigenbedarfskündigung nach § 6 Absatz 7 Wohnungsbindungsgesetz solange ausgeschlossen, wie die vermietete und danach umgewandelte Wohnung als öffentlich gefördert gilt (§§ 15, 16 Wohnungsbindungsgesetz). Die Wartefrist nach § 564b Abs. 2 Nr. 2 und die Nachwirkungsfrist (§ 16 Abs. 1 Wohnungsbindungsgesetz) sind nicht zusammen zu rechnen. Die jeweils längere ist allein maßgebend.

Die Wartefrist schützt nur den Mieter, zu dessen Mietzeit die Umwandlung erfolgt ist. Hat der Mieter eine bereits in Wohnungseigentum umgewandelte Wohnung gemietet, muß der Vermieter mit seiner Eigenbedarfskündigung keine Wartezeit einhalten, gleichgültig ob er die Wohnung vor oder nach Abschluß des Mietvertrages erworben hat (RE BayObLG MDR 1981, S. 1020). Ob der Mieter tatsächlich wußte, daß es sich bei der Wohnung um eine Eigentumswohnung handelt, ist ohne Bedeutung für die Wartefrist. Maßgebender Zeitpunkt für die Umwandlung der Wohnung und den Erwerb ist jeweils die Eintragung im Grundbuch. Teilt eine Eigentümergemeinschaft ein Mietshaus in Wohnungseigentum auf und überträgt dann einzelne Eigentumswohnungen auf einzelne Miteigentümer, so ist dieser Eigentumserwerb eine Veräußerung, die die 3-Jahresfrist in Gang setzt (RE BayObLG NJW 1982 S. 451). Maßgebend ist also nicht der Erwerb

1 BGB § 564 b Berechtigtes Interesse an der Kündigung

des Bruchteilseigentums, sondern der Erwerb des alleinigen Eigentums an der Eigentumswohnung.

Eine ausdehnende Auslegung der Wartefristregelung auf Sachverhalte, in denen eine andere als die im Gesetz genannte zeitliche Reihenfolge vorliegt, wird in der Rechtsprechung überwiegend abgelehnt.

Die Eigenbedarfskündigung darf erst nach Ablauf der Wartefrist ausgesprochen werden und dem Mieter zugehen, nicht bereits vorher, etwa nach dem Erwerb mit Wirkung zum Ablauf der Wartefrist unter Anschluß der Kündigungsfrist (RE OLG Hamm NJW 1981 S. 584). Der Eigenbedarf muß zum Zeitpunkt der Kündigungserklärung vorliegen. Er kann auch durch den Kauf der Eigentumswohnung erst entstanden sein. Eine Eigenbedarfskündigung ist grundsätzlich auch dann möglich, wenn der Erwerber die Wohnung gekauft hat, um darin selbst zu wohnen, sofern er einen Bedarf im Sinne dieser Vorschrift hat. Dies ist kein Fall des die Kündigung ausschließenden „verschuldeten Eigenbedarfs" (RE BayObLG MDR 1981 S. 1020).

Wird die Wohnung mehrfach veräußert, läuft die Wartefrist nur einmal, beginnend mit dem Eigentumserwerb des ersten Erwerbers (RE BayObLG NJW 1982 S. 451). Nach Ablauf der Wartefrist gelten die sich in diesem Zeitpunkt aus § 565 BGB ergebenden Kündigungsfristen.

6. Die **angemessene wirtschaftliche Verwertung** (Absatz 2 Nr. 3) muß rechtmäßig sein. Soweit erforderlich muß eine Zweckentfremdungsgenehmigung bereits im Zeitpunkt der Kündigungserklärung vorliegen und in der Kündigungsbegründung erwähnt werden (RE OLG Hamburg NJW 1981 S. 2308). Der Vermieter muß konkrete Verwertungsabsichten haben. Ob die Verwertung angemessen ist, richtet sich nach den konkreten wirtschaftlichen und persönlichen Verhältnissen des Vermieters. Hierbei muß aber auch die Sozialpflichtigkeit des Eigentums berücksichtigt werden. Der drohende Wegfall einer Grunderwerbsteuerbefreiung (für Erwerb vor 1. 1. 1983) wegen unterbliebener Eigennutzung kann erheblicher wirtschaftlicher Nachteil sein (RE BayObLG NJW 1984 S. 1560). In Verkaufsfällen ist entscheidend, wozu der Erlös verwendet werden soll. Von Bedeutung ist auch, ob der Vermieter noch andere entbehrliche Vermögensobjekte hat, die er veräußern könnte. Die Vorschrift enthält einen erheblichen Bewertungsspielraum und erfordert eine umfassende Würdigung aller Umstände des Einzelfalls.

Als Anwendungsfälle ist zu denken an Sanierungsmaßnahmen, wenn der Abbruch und Wiederaufbau eines Wohngebäudes wirtschaftlich geboten ist. Der Wille zum Modernisieren allein reicht nicht aus. Denkbar ist auch der Fall, daß ein Einfamilienhaus zu einem wirtschaftlich angemessenen Preis nur unvermietet veräußert werden kann. Gleiches gilt bei einer Eigentumswohnung, die als Kapitalanlage nicht in Betracht kommt und deshalb bloß von Erwerbern, die selbst einziehen wollen, nachgefragt wird. Zu denken ist aber auch an eine wirtschaftlich gebotene Grundrißänderung (Zusammenlegung oder Aufteilung der Räume in marktgängige Wohnungen, vgl. RE BayObLG NJW 1984 S. 372 betreffend Einrichtung von Bad und WC) oder die vorgesehene Vermietung der Wohnung im Zusammenhang mit Gewerberäumen.

Erhebliche Nachteile erleidet der Vermieter, wenn eine wirtschaftlich rentable Nutzung verhindert wird, z. B. wenn nur geringe Einnahmen und im Verhältnis hierzu hohe Aufwendungen keine angemessene Rendite des gebundenen Kapitals ermöglichen. Spekulative Gewinnchancen bleiben außer Betracht. Die Nachteile müssen so erheblich sein, daß sie auch bei Berücksichtigung der Sozialpflichtigkeit als unerträglich erscheinen. Die Nachteile müssen noch nicht eingetreten aber mit hinreichender Sicherheit in naher Zukunft zu erwarten sein.

Wegen nicht angemessener Miete bleibt der Vermieter auf die Möglichkeit der Mieterhöhung nach dem MHG beschränkt. Deshalb ist eine beabsichtigte Vermietung an einen anderen zu einem höheren Mietzins allein kein Kündigungsgrund.

7. **Sonstige berechtigte Interessen** müssen nach Art und Schwere den im Gesetz genannten Beispielsfällen entsprechen. Dies kann z. B. der Fall sein, wenn heftiger Streit zwischen den Mietern besteht, dessen Ursache nicht mehr aufklärbar ist und der nur durch die Kündigung eines Mieters beendet werden kann. Ferner kann der Betriebsbedarf des Vermieters ausreichen, wenn er nach Ausscheiden des Mieters ein starkes Interesse daran hat, einen anderen Betriebsangehörigen in der Wohnung unterzubringen. Das Interesse eines Wohnungsträgers einer preisgebundenen, öffentlich geförderten Sozialwohnung, die einem nicht Berechtigten überlassen wurde, an der Kündigung kann ebenfalls ausreichen, zumindest dann, wenn die Aufsichtsbehörde die Kündigung verlangt und dem Vermieter wirtschaftliche Nachteile angedroht hat (RE OLG Hamm NJW 1982, S. 2563). Für den Fall der Unterbelegung vgl. auch Anm. 6 zu § 569a BGB.

Das Interesse an der Erfüllung öffentlicher Aufgaben kann ebenfalls eine Kündigung rechtfertigen, wenn zum Beispiel eine Gemeinde Vermieterin ist. Dies ist der Fall, wenn z. B. Raumbedarf für die Feuerwehr oder für die Arbeit der Vereine besteht und ein entsprechender Raum nicht anders zur Verfügung gestellt werden kann (RE BayObLG MDR 1981, S. 318). Ein allgemeines Planungsinteresse reicht jedoch nicht aus, so z. B., wenn der Abbruch eines Hauses vorgesehen wird, um etwa ein Parkhaus errichten zu können (RE OLG Frankfurt NJW 1981, S. 1277).

Als Sonderfall des öffentlichen Interesses wurde das Kündigungsrecht gemäß § 26 Städtebauförderungsgesetz im förmlich festgelegten Sanierungsgebiet geschaffen.

III. Angabe der Kündigungsgründe im Kündigungsschreiben

8. Die **Angabe der Kündigungsgründe** (Absatz 3) im Kündigungsschreiben ist für die ordentliche und außerordentliche, nicht fristlose Kündigung zwingend vorgeschrieben. Ob die Kündigung gerechtfertigt ist, muß sich aus den angegebenen Gründen ergeben. Deshalb sind sämtliche Kündigungsgründe anzugeben und so genau zu bezeichnen, daß ein konkreter Sachverhalt (Lebensvorgang) angesprochen wird und eine Unterscheidung zu anderen Vorgängen möglich ist. Tatsachen, die den Kündigungsgrund nur ausfüllen oder ergänzen, können auch noch später vorgebracht werden (RE BayObLG MDR 1981 S. 1020 und RE WM 1985 S. 50). Bei einer Eigenbedarfskündigung ist danach anzugeben, für wen die Wohnung vorgesehen ist und weshalb der Vermieter ein Interesse daran hat. Bei Kündigungen wegen Vertragsverletzungen sind diese nach Art und Zeitpunkt konkret zu bezeichnen, bei einer Kündigung wegen Verhinderung angemessener wirtschaftlicher Verwertung ist die geplante Verwertung und darüber hinaus die gesamte wirtschaftliche Situation, aus der sich die Angemessenheit ergeben muß, darzulegen. Auch bereits zuvor mitgeteilte Gründe müssen wiederholt werden.

Nur **nachträglich entstandene Gründe** können noch nachträglich geltend gemacht (nachgeschoben) werden. Die Kündigung muß aber bereits auf Grund der mitgeteilten Gründe gerechtfertigt gewesen sein. Eine Heilung einer zunächst unwirksamen Kündigung (z. B. wenn keine Gründe angegeben oder die angegebenen Gründe allein nicht ausreichend sind) wird überwiegend abgelehnt. Nachträglich entstandene Gründe haben hiernach nur dann eine praktische Bedeutung, wenn ein zunächst vorliegender und benannter Kündigungsgrund später weggefallen ist. Dann kann die Kündigung auf Grund der nachträglich eingetretenen Umstände aufrecht erhalten werden und weiterhin wirksam sein. Kündigungsgründe, die bereits Gegenstand einer früheren Kündigung und einer rechtskräftig abgewiesenen Räumungsklage waren, können bei einer neuen Kündigung nur noch unterstützend herangezogen werden.

Wird die Kündigung im Kündigungsschreiben nicht oder nicht ausreichend begründet, ist die Kündigung unwirksam.

9. **Schadensersatzansprüche des Mieters** können bei einer unbegründeten Kündigung in der Regel nicht geltend gemacht werden. Reichen die vom Vermieter geltend gemachten Gründe für ein berechtigtes Interesse gemäß Absatz 2 nicht aus, so kann der Mieter dies im

Räumungsprozeß geltend machen. Die Räumungsklage des Vermieters wird dann gegebenenfalls abgewiesen. Täuscht der Vermieter jedoch einen Kündigungsgrund vor und zieht der Mieter daraufhin aus, kann er vom Vermieter Schadensersatz verlangen, z. B. Umzugskosten, Makler- und Inseratkosten, möglicherweise Renovierungskosten in der alten oder neuen Wohnung, Wertverlust durch Zurücklassung von Einbauten (§ 547a BGB) oder wegen z. B. Unbrauchbarkeit der bisherigen Vorhänge. Hat die neue Wohnung denselben Mietwert, wird die Mietdifferenz gegenüber der bisherigen, preisgünstigen Wohnung für den Zeitraum zu zahlen sein, der unter Erhöhung der Vorschriften des MHG für eine Erhöhung der bisherigen Miete auf das Niveau der neuen Miete erforderlich gewesen wäre. Die vorgetäuschte Eigenbedarfskündigung kann auch den Tatbestand des Betrugs (§ 263 StGB) erfüllen. Auch wenn die Kündigung aus anderen Gründen (z. B. Form) unwirksam war und der Mieter dies erkannt hat, aber auf Grund mündlich dargelegter, vorgetäuschter Eigenbedarfsgründe freiwillig ausgezogen ist, kann der Mieter Schadensersatz verlangen. Dies gilt in derselben Weise, wenn Eigenbedarfsgründe erst nach der Kündigung und vor Auszug oder Ablauf der Kündigungsfrist entfallen sind (RE OLG Karlsruhe NJW 1982 S. 54, BayObLG NJW 1982 S. 2003). Der Vermieter muß dann den Mieter unverzüglich unterrichten und die Fortsetzung des Mietvertrages anbieten.

IV. Sonderbestimmungen insbesondere für Zweifamilienhäuser

10. Für **Wohnungen in Zweifamilienhäusern** (auch Einfamilienhaus mit Einliegerwohnung) ist der Kündigungsschutz wegen des engen persönlichen Kontakts der Bewohner eingeschränkt (Absatz 4). Hier ist eine Kündigung, auch ohne daß ein berechtigtes Interesse nach Absatz 2 vorliegt oder geltend gemacht wird, möglich. Jede der beiden Wohnungen muß eine selbständig nutzbare Wohneinheit darstellen, zumindest mit eigener Kochgelegenheit, Wasserversorgung und Toilette. Ein gesonderter Eingang ist nicht erforderlich. Ein Zimmer allein reicht nicht aus. Ob die Einrichtung einer dritten Wohnung möglich ist (Dachausbau) ist unerheblich. Bestehen neben den beiden Wohnungen noch selbständige Räume, die nicht als Wohnung bezeichnet werden können (Mansardenzimmer), so ist dies ebenfalls unerheblich. Die Wohnungen müssen in einem reinen Wohngebäude liegen. Befinden sich neben den beiden Wohnungen noch Gewerberäume im Haus, besteht das Sonderkündigungsrecht nicht (RE OLG Frankfurt NJW 1982 S. 188). Der Vermieter (bei mehreren Vermietern einer von ihnen) muß im selben Haus, nicht etwa in einem benachbarten Reihenhaus, wohnen. Er kann die zweite Wohnung auch erst später als der

Mieter bezogen haben (RE OLG Koblenz ZMR 1981 S. 371). Es kann sich dabei auch um eine Zweitwohnung des Vermieters handeln. Zwei Wohnungen müssen sich bei Abschluß des Mietvertrages in dem Haus befunden haben, so daß spätere bauliche Änderungen (z. B. Zusammenlegung von 2 Wohnungen in einem Haus mit ursprünglich 3 Wohnungen) das Sonderkündigungsrecht nur gegenüber einem Mieter rechtfertigen, der nach Durchführung der Baumaßnahmen einen Mietvertrag geschlossen hat (RE OLG Hamburg NJW 1983 S. 182). Hat der Mieter in einem Haus mit 3 Wohnungen jedoch im Lauf der Mietzeit eine zweite Wohnung hinzugemietet und beide Wohnungen zur einheitlichen Nutzung verbunden, so besteht das Sonderkündigungsrecht ebenfalls (RE OLG Karlsruhe NJW 1984 S. 2953).

Wohnraum innerhalb der vom Vermieter bewohnten Wohnung, d. h. Wohnraum, der nicht als selbständige Wohnung bezeichnet werden kann, ist ebenfalls vom allgemeinen Kündigungsschutz ausgenommen (Absatz 4 Satz 3). Die Wohnung muß nicht in einem Zweifamilienhaus liegen, sondern kann sich auch in einem Mehrfamilienhaus befinden (RE KG NJW 1981 S. 2470). Sofern es sich um ein möbliertes Mietverhältnis handelt oder der Wohnraum zum vorübergehenden Gebrauch vermietet ist, geht die Regelung nach Absatz 7 vor. Ein Einzelraum im Dachgeschoß oder Untergeschoß fällt nicht unter Absatz 4 Satz 3, wenn er einen selbständigen Zugang hat. Er ist jedoch als Teil der Vermieterwohnung anzusehen, wenn gemeinsame Küchen- oder Badbenutzung vereinbart ist. Der Vermieter muß den Rest der Wohnung, nicht nur ein Zimmer hiervon, selbst bewohnen.

Im **Kündigungsschreiben** muß zum Ausdruck gebracht werden, daß der Vermieter von seinem Sonderkündigungsrecht nach Absatz 4 Gebrauch macht und nicht wegen eines berechtigten Interesses gemäß Absatz 2 kündigt.

Der Vermieter hat ein **Wahlrecht,** ob er nach Absatz 4 mit verlängerter Frist oder nach Absatz 2 kündigen will. Die Kündigung kann auch in erster Linie auf Absatz 4 und hilfsweise auf Absatz 2 gestützt werden (RE OLG Hamburg NJW 1983 S. 182) oder auch umgekehrt. Dies muß im Kündigungsschreiben jedoch eindeutig zum Ausdruck gebracht werden. Ferner ist es möglich, daß der Vermieter nach einer Kündigung nach Absatz 2, wenn der Mieter der Kündigung widerspricht, noch innerhalb der laufenden Kündigungsfrist erneut kündigt, gestützt auf Absatz 4 (RE OLG Karlsruhe NJW 1982 S. 391). Die Ausübung des Wahlrechts ist jedoch bindend, wenn der Mieter die erste Kündigung hingenommen hat.

Erfolgt die Kündigung aus dem Sonderkündigungsrecht nach Absatz 4, sind der sich aus § 565 BGB ergebenden Kündigungsfrist 3 Monate hinzuzurechnen.

Das Sonderkündigungsrecht nach Absatz 4 beeinträchtigt den Schutz des Mieters durch die Sozialklausel (§ 556a BGB) und die

Möglichkeit des Räumungsschutzes (§ 721 ZPO) nicht. Wegen der nach § 556a BGB erforderlichen Interessenabwägung ist es notwendig, auch bei Kündigungen nach Absatz 4 in der Begründung zusätzlich anzugeben, weshalb ein Interesse an der Räumung besteht (vgl. Anm. 4 zu § 556a BGB).

V. Ausnahmebestimmungen

11. **Vorübergehender Gebrauch** (Absatz 7) liegt vor, wenn nach dem Vertragszweck nur ein zeitlich befristetes Wohnbedürfnis des Mieters befriedigt werden soll. Es kommt hierbei ausschließlich auf die Interessen des Mieters an. Dies ist der Fall, wenn sich aus dem Vertragszweck eindeutig eine zeitliche Beschränkung ergibt. Die vereinbarte Vertragszeit wird in der Regel relativ kurz sein. Beispiel: Miete für die Dauer der Ferien, für die Dauer einer Ausstellung, für die Dauer eines befristeten Arbeitseinsatzes (z. B. Monteur, Gastprofessur), Miete eines Zimmers für einen beruflich versetzten Mieter bis eine Familienunterkunft gefunden oder fertiggestellt ist. Eine kalendermäßige Befristung des Mietverhältnisses ist nicht erforderlich. Es reicht, wenn die Parteien bei Vertragsschluß von einer annähernd bestimmbaren, kürzeren Vertragszeit ausgegangen sind, für die Beendigung des Mietverhältnisses aber eine Kündigung vorgesehen ist. Keine Vermietung zu vorübergehendem Zweck liegt bei Überlassung von Wohnraum an einen Studenten für die Dauer des Studiums vor (RE OLG Hamm NJW 1981 S. 290).

Möblierter Wohnraum ist nur dann ausgenommen vom Kündigungsschutz, wenn er Teil der vom Vermieter bewohnten Wohnung ist (vgl. hierzu oben Anm. 10). Der Vermieter muß nach der Vertragsvereinbarung zur dauerhaften Möblierung verpflichtet sein. Unterläßt er diese später im Einverständnis mit dem Mieter, handelt es sich weiter um möblierten Mietraum. Ist die Vertragsabrede jedoch nur zum Schein getroffen, ist sie unwirksam. Ob überwiegend vom Vermieter zu möblieren ist, ist nach Anzahl und Bedeutung der zur Benutzung zu überlassenden Gegenstände festzustellen. Gebrauch durch eine Familie liegt vor, wenn zumindest zwei durch Ehe oder Verwandtschaft verbundene Personen in dem überlassenen Wohnungsteil wohnen sollen. Nichteheliche Lebensgemeinschaften sind nicht gleichgestellt. Dauernder Gebrauch ist alles, was nicht vorübergehender Gebrauch ist.

Bei Studenten- oder Jugendwohnheimen wird nicht auf die Trägerschaft abgestellt, so daß auch private Heime erfaßt werden können. Sie müssen nur zur Aufnahme von Studenten oder anderen jungen Leuten (Lehrlinge, Schüler) bestimmt und geeignet sein. Der Wohnraum muß wegen eines Ausbildungsverhältnisses zur Verfügung gestellt werden. Die Hausmeisterwohnung in einem entsprechenden

Heim ist somit nicht erfaßt. Die am 1.1.1983 in Kraft getretene Vorschrift soll eine aus sozialen Gründen erwünschte Fluktuation (möglichst großer Kreis der Begünstigten) ermöglichen. Deshalb kommt eine einschränkende Auslegung in Betracht, wenn es sich nicht um den in diesen Heimen typischen Wohnraum handelt, z. B. eine Wohnung an ein Studentenehepaar mit Kindern überlassen wird. Es wird hier im einzelnen sehr auf die Würdigung aller Umstände im Einzelfall ankommen.

Eine Absatz 7 Nr. 3 entsprechende Ausnahmevorschrift besteht nicht für die Schriftform (§ 564a Abs. 3 BGB), bei den Kündigungsfristen (§ 565 Abs. 3 BGB) und beim Kündigungswiderspruch (§ 556a Abs. 8 BGB). Die Sozialklausel ist damit auch in den genannten Wohnheimen anzuwenden. Die neue Ausnahmevorschrift erfaßt auch Mietverträge, die vor ihrem Inkrafttreten abgeschlossen wurden. Die am 1.1.1983 in Kraft getretenen Gesetzesänderungen gelten grundsätzlich für alle Mietverhältnisse. Ausnahmen von diesem Grundsatz sind im Änderungsgesetz ausdrücklich normiert.

[Mietverhältnisse auf bestimmte Zeit]

564 c (1) Ist ein Mietverhältnis über Wohnraum auf bestimmte Zeit eingegangen, so kann der Mieter spätestens zwei Monate vor der Beendigung des Mietverhältnisses durch schriftliche Erklärung gegenüber dem Vermieter die Fortsetzung des Mietverhältnisses auf unbestimmte Zeit verlangen, wenn nicht der Vermieter ein berechtigtes Interesse an der Beendigung des Mietverhältnisses hat. § 564b gilt entsprechend.

(2) Der Mieter kann keine Fortsetzung des Mietverhältnisses nach Absatz 1 oder nach § 556b verlangen, wenn
1. das Mietverhältnis für nicht mehr als fünf Jahre eingegangen ist,
2. der Vermieter
   a) die Räume als Wohnung für sich, die zu seinem Hausstand gehörenden Personen oder seine Familienangehörigen nutzen will oder
   b) in zulässiger Weise die Räume beseitigen oder so wesentlich verändern oder instandsetzen will, daß die Maßnahmen durch eine Fortsetzung des Mietverhältnisses erheblich erschwert würden,
3. der Vermieter dem Mieter diese Absicht bei Vertragsschluß schriftlich mitgeteilt hat und

> **4.** der Vermieter dem Mieter drei Monate vor Ablauf der Mietzeit schriftlich mitgeteilt hat, daß diese Verwendungsabsicht noch besteht.
>
> Verzögert sich die vom Vermieter beabsichtigte Verwendung der Räume ohne sein Verschulden, kann der Mieter eine Verlängerung des Mietverhältnisses um einen entsprechenden Zeitraum verlangen; würde durch diese Verlängerung die Dauer des Mietverhältnisses fünf Jahre übersteigen, kann der Mieter die Fortsetzung des Mietverhältnisses auf unbestimmte Zeit nach Absatz 1 verlangen.

1. **Befristete Mietverhältnisse** sind solche, die ohne Kündigung allein durch Zeitablauf beendet werden sollen (§ 564 Abs. 1 BGB). Mietverhältnisse mit Verlängerungsklausel oder auflösender Bedingung werden von § 565a BGB erfaßt. § 564c gilt wegen der Verweisung auf den gesamten § 564b BGB, nicht für die dort in Absatz 7 genannten Mietverhältnisse. In diesem Bereich sind befristete Mietverhältnisse ohne Einschränkung möglich. Zu beachten ist hierbei jedoch, daß im Bereich der Härteregelung (§§ 556b, 556a Abs. 8 BGB) kein Ausschluß für Wohnraum in Studenten- oder Jugendwohnheimen vorgesehen ist, so daß dieser Personenkreis sich auf die aus §§ 556b, 556a BGB ergebenden Rechte auch bei befristeten Mietverhältnissen berufen kann.

Die Vorschrift gilt auch nicht für Mietverhältnisse, die durch richterlichen Akt (§ 556a Abs. 3 BGB oder § 5 Abs. 2 Hausratsverordnung für das Ehescheidungsverfahren) begründet worden sind.

Eine außerordentliche fristlose Kündigung (vgl. Anm. 6 zu § 564 BGB) ist auch bei befristeten Mietverhältnissen für Vermieter und Mieter möglich.

Wenn der Mieter am Ende der vereinbarten Mietzeit nicht auszieht und der Vermieter dem nicht widerspricht, gilt die Fiktion der stillschweigenden Verlängerung nach § 568 BGB auch hier.

2. Das Gesetz unterstellt auch das befristete Mietverhältnis dem Bestandsschutz. Deshalb kann der Mieter im Regelfall (Ausnahmen vgl. Absatz 2) **Fortsetzung** des Mietverhältnisses zu den bisherigen Bedingungen verlangen. Der Mieter muß sein Verlangen nicht begründen. Er kann jedoch nur unbefristete, nicht erneut befristete Verlängerung verlangen. Wegen der Schriftform und des auch hier erforderlichen Zugangs wird auf die Ausführungen zu §§ 564, 564a BGB verwiesen. Der Vermieter muß den Mieter über sein Recht, Fortsetzung des Mietverhältnisses zu verlangen, nicht belehren, auch nicht wegen der einzuhaltenden Frist. Soll das Mietverhältnis z. B. zum 30. 4. enden, muß das Fortsetzungsverlangen spätestens am letzten Februartag zugehen.

Ein unwirksames Fortsetzungsverlangen nach § 564c Abs. 1 wird in der Regel als Fortsetzungsverlangen nach § 556b BGB angesehen werden müssen.

Ist das Fortsetzungsverlangen vom Mieter wirksam erklärt worden, endet das Mietverhältnis nur dann mit Fristablauf nicht, wenn der Vermieter ein berechtigtes Interesse an der Vertragsbeendigung (§ 564b Abs. 2 BGB) hat, d.h. wenn er bei einem nicht befristeten Mietverhältnis zur ordentlichen Kündigung berechtigt wäre. Die zu § 564b BGB erläuterten Kündigungsgründe sind bei Beendigung des befristeten Mietverhältnisses in vollem Umfang entsprechend zu berücksichtigen. Der Vermieter muß diese Gründe dem Mieter in entsprechender Anwendung von § 564b Abs. 3 BGB schriftlich und vollständig mitteilen. Im Falle des Ein- und Zweifamilienhauses (§ 564b Abs. 4 BGB) muß er mitteilen, daß er sich auf diese Sonderstellung beruft, was dazu führt, daß die Befristung durch Gesetz um 3 Monate verlängert wird. Die Beendigungserklärung muß dem Mieter spätestens bis zum Ablauf der vertraglich vereinbarten Befristung zugehen, andernfalls kann der Mieter davon ausgehen, daß der Vermieter die Verlängerung stillschweigend hingenommen hat.

Endet das Mietverhältnis zum vereinbarten Zeitpunkt, weil der Mieter keine Fortsetzung verlangt oder der Vermieter nach einem Fortsetzungsverlangen des Mieters wirksam unter Angabe seines berechtigten Interesses die Beendigung erklärt hat, kann der Mieter sich noch auf die Rechte aus der Sozialklausel (§§ 556b, 556a BGB) berufen. Wird das Mietverhältnis nicht nach den Bestimmungen der Sozialklausel fortgesetzt, sondern bleibt es wirksam beendet, so kann dem Mieter immer noch Räumungsschutz nach § 721 ZPO gewährt werden. Reichen die vom Vermieter für die Beendigung des Mietverhältnisses angegebenen Beendigungsgründe als berechtigtes Interesse gemäß § 564b BGB nicht aus, so setzt sich das bisherige Mietverhältnis zu den bisherigen Bedingungen unbefristet fort.

Abweichende vertragliche Vereinbarungen sind wegen des entsprechend anwendbaren § 564b Abs. 6 BGB unwirksam. Verlangt der Vermieter im Falle einer unwirksamen Beendigung des Vertrages eine erhöhte Miete, so ist eine entsprechende Vereinbarung wirksam, wenn der Mieter zugestimmt hat (§ 10 Abs. 1 MHG).

3. Der sogenannte (echte) **Zeitmietvertrag** ist durch eine zum 1.1.1983 in Kraft getretene Gesetzesänderung in Absatz 2 ermöglicht worden. Durch den Abschluß eines Mietvertrages ausdrücklich „zur Probe" können die gesetzlichen Anforderungen an die Beendigung eines Mietverhältnisses nicht verringert werden. Eine solche Klausel ist unwirksam. Ist die Befristung im Mietvertrag im Hinblick auf geplante Eigennutzung oder Baumaßnahmen des Vermieters erfolgt, so kann der Mieter bei Vorliegen aller in Absatz 2 genannten Voraussetzungen

keine Fortsetzung des Mietverhältnisses verlangen. In diesen Fällen ist die Befristung somit unabhängig von einer späteren Entschließung des Mieters wirksam. Auch aus persönlichen Härtegründen kommt eine Fortsetzung gemäß §§ 556b, 556a BGB nicht in Betracht. Das Mietverhältnis endet in jedem Fall automatisch mit Zeitablauf. Selbst eine Räumungsfrist kann nicht gewährt werden (§§ 721 Abs. 7, 794a Abs. 5 ZPO). In außergewöhnlichen Fällen ist ein kurzfristiger Vollstreckungsschutz gemäß § 765a ZPO möglich.

4. Bereits bei Abschluß des Mietvertrages muß eine **Befristung** von nicht mehr als 5 Jahren vereinbart worden sein. Jede kürzere Zeitspanne ist zulässig. Wird eine längere Befristung vereinbart, ist der Mietvertrag mit diesem Inhalt wirksam. Der Mieter hat dann am Ende der Mietzeit jedoch den Fortsetzungsanspruch nach Absatz 1. Während der vereinbarten Vertragszeit ist das Recht zur ordentlichen Kündigung für Mieter und Vermieter ausgeschlossen. Bei einer geplanten **Eigennutzung** ist es im Gegensatz zu dem in § 564b Abs. 2 Nr. 2 BGB geregelten Eigenbedarf nicht notwendig, daß der Vermieter die Wohnung benötigt; ausreichend ist vielmehr allein ein entsprechender Nutzungswille. Eine Prüfung des Wohnbedarfs kann hier somit nicht erfolgen. Der begünstigte Personenkreis entspricht dem in § 564b Abs. 2 Nr. 2 BGB genannten Kreis. Die zunächst vorgesehene Verweisung auf den weitergefaßten Personenkreis, der in § 8 des II. Wohnungsbaugesetzes genannt ist, ist im Gesetzgebungsverfahren entfallen.

5. **Beabsichtigte Baumaßnahmen** sind nur dann eine Voraussetzung für den Abschluß eines Zeitmietvertrages, wenn sie zulässig sind, d. h. wenn am Ende der Befristung die erforderliche öffentlich-rechtliche Genehmigung (Baugenehmigung, Zweckentfremdungsgenehmigung) vorliegt. Wesentliche bauliche Veränderungen erfordern Arbeiten im größeren Umfang. Kleinere Erhaltungs- oder Modernisierungsarbeiten (z. B. Auswechseln der Fenster, Anbringen von Zwischendecken) reichen nicht aus. Abzugrenzen ist danach, ob die Durchführung der Arbeiten bei Fortsetzung des Mietverhältnisses wesentlich erschwert würde. Dies ist sicher dann der Fall, wenn die Arbeiten nur bei leerer Wohnung durchgeführt werden können, z. B. Abriß, Auswechseln der Decken, Zusammenlegen oder Aufteilung von Wohnungen. Aber auch Baumaßnahmen, deren Duldung vom Mieter nicht verlangt werden kann (§ 541b BGB), entsprechen den gesetzlichen Anforderungen (z. B. Einrichtung eines Bades in einem bisher anders genutzten Raum).

Die Wirtschaftlichkeit der geplanten Maßnahmen ist im Gegensatz zu § 564b Abs. 2 Nr. 3 BGB ohne Bedeutung.

6. Die schriftliche **Mitteilung** der Verwendungsabsicht erfordert eine konkrete Angabe der Absicht des Vermieters. Eine Umgehung des

Kündigungsschutzes wäre sonst nur schwer zu verhindern. Der pauschale Hinweis auf Eigennutzung oder auf Baumaßnahmen reicht nicht aus. Die Mitteilung braucht jedoch nicht ins einzelne zu gehen. Es dürfte ausreichen, wenn z. B. ,,Aufnahme eines Kindes" oder ,,Aufnahme einer Pflegeperson" oder ,,Aufteilung der Wohnung", ,,Einbau von Küche und Bad" oder ,,Ausbau des Fußbodens zur Schwammbekämpfung" angegeben wird. Zweckmäßigerweise wird diese Angabe in den Mietvertrag mit aufgenommen. Sie kann aber auch auf andere Weise im Zusammenhang mit dem Vertragsschluß schriftlich erklärt werden.

Spätestens 3 Monate vor Ablauf der Mietzeit muß die **Mitteilung** der Verwendungsabsicht **wiederholt** werden. Ein Begründungswechsel ist hierbei ausgeschlossen. Die Mitteilung muß so gefaßt sein, daß der Mieter beurteilen kann, ob die ursprüngliche Absicht entfallen ist oder sich verzögert hat, so daß er einen Fortsetzungsanspruch geltend machen kann. Die Mitteilung muß deshalb in engem zeitlichen Bezug zum Ablauf der Mietzeit stehen. Sie kann erst kurz vor Ablauf der 3-Monatsfrist erfolgen. Strengere Maßstäbe, als die Rechtsprechung an die Konkretisierung des Eigenbedarfs nach § 564b Abs. 2, Abs. 3 stellt (vgl. Anm. 8 zu § 564b BGB) dürfen auch hier nicht angelegt werden. Geht die Mitteilung nach Absatz 2 Nr. 4 dem Mieter nicht rechtzeitig zu, kann der Mieter nach Absatz 1 Fortsetzung des Mietverhältnisses verlangen.

7. **Unverschuldete Verzögerungen** können sich z. B. im Baugenehmigungsverfahren ergeben. Die beabsichtigte Eigennutzung kann sich aus Gründen, auf die der Vermieter keinen Einfluß hat, verzögern. In diesen Fällen hat der Mieter die Wahl, ob er zum ursprünglich geplanten Zeitpunkt auszieht oder das Mietverhältnis erneut befristet fortsetzen will. Im Einzelfall ist auch eine wiederholte erneute Befristung möglich. Ergibt sich jedoch eine Verzögerung, die zu einer Gesamtmietzeit des betreffenden Mieters von mehr als 5 Jahren führen würde, kann dieser unbefristeter Fortsetzung nach Absatz 1 verlangen. Der Vermieter kann dann das Mietverhältnis nur beenden, wenn er auch zur ordentlichen Kündigung berechtigt wäre.

8. Schuldhaft **falsche Angaben** bei der Mitteilung nach Absatz 2 Nr. 3 und Nr. 4 machen den Vermieter schadensersatzpflichtig und können den Tatbestand des Betruges (§ 263 StGB) erfüllen. Der Vermieter ist verpflichtet, den Wegfall der ursprünglichen Verwendungsabsicht dem Mieter mitzuteilen. Dem Mieter kann erheblicher Schaden entstehen, wenn er ein ihm zustehendes Fortsetzungsrecht auf Grund der falschen Angaben des Vermieters nicht geltend macht und auszieht (z. B. Umzugskosten, höhere Miete – vgl. Anm. 9 zu § 564b BGB).

9. Ob die Voraussetzungen des Zeitmietvertrags vorgelegen haben, wird, wenn der Mieter nicht freiwillig auszieht, im Rahmen einer Räumungsklage zu prüfen sein. Fehlt eine der Voraussetzungen, ist die Beendigung des Mietvertrages allein nach Absatz 1 in Verbindung mit § 564b BGB zu beurteilen. Der Mieter hat dann unter den dort genannten Voraussetzungen einen Anspruch auf unbefristete Fortsetzung des Mietverhältnisses.

Auch nach Ablauf des Zeitmietvertrages ist besonders zu beachten, daß sich eine Verlängerung auf unbestimmte Zeit bei Schweigen des Vermieters aus § 568 BGB ergeben kann.

10. Die gesetzlichen Voraussetzungen des Zeitmietvertrages können durch vertragliche Vereinbarungen nicht abbedungen werden.

[Kündigungsfristen]

565 (1) Bei einem Mietverhältnis über Grundstücke, Räume oder im Schiffsregister eingetragene Schiffe ist die Kündigung zulässig,

1. wenn der Mietzins nach Tagen bemessen ist, an jedem Tag für den Ablauf des folgenden Tages;
2. wenn der Mietzins nach Wochen bemessen ist, spätestens am ersten Werktag einer Woche für den Ablauf des folgenden Sonnabends;
3. wenn der Mietzins nach Monaten oder längeren Zeitabschnitten bemessen ist, spätestens am dritten Werktag eines Kalendermonats für den Ablauf des übernächsten Monats, bei einem Mietverhältnis über Geschäftsräume, gewerblich genutzte unbebaute Grundstücke oder im Schiffsregister eingetragene Schiffe jedoch nur für den Ablauf eines Kalendervierteljahres.

(2) Bei einem Mietverhältnis über Wohnraum ist die Kündigung spätestens am dritten Werktag eines Kalendermonats für den Ablauf des übernächsten Monats zulässig. Nach fünf, acht und zehn Jahren seit der Überlassung des Wohnraums verlängert sich die Kündigungsfrist um jeweils drei Monate. Eine Vereinbarung, nach welcher der Vermieter zur Kündigung unter Einhaltung einer kürzeren Frist berechtigt sein soll, ist nur wirksam, wenn der Wohnraum zu nur vorübergehendem Gebrauch vermietet ist. Eine Vereinbarung, nach der die Kündigung nur für den Schluß bestimmter Kalendermonate zulässig sein soll, ist unwirksam.

---

7 Gramlich, Mietrecht 2. A.

1 BGB § 565 Kündigungsfristen

(3) Ist Wohnraum, den der Vermieter ganz oder überwiegend mit Einrichtungsgegenständen auszustatten hat, Teil der vom Vermieter selbst bewohnten Wohnung, jedoch nicht zum dauernden Gebrauch für eine Familie überlassen, so ist die Kündigung zulässig,
1. wenn der Mietzins nach Tagen bemessen ist, an jedem Tag für den Ablauf des folgenden Tages;
2. wenn der Mietzins nach Wochen bemessen ist, spätestens am ersten Werktag einer Woche für den Ablauf des folgenden Sonnabends;
3. wenn der Mietzins nach Monaten oder längeren Zeitabschnitten bemessen ist, spätestens am Fünfzehnten eines Monats für den Ablauf dieses Monats.

(4) Bei einem Mietverhältnis über bewegliche Sachen ist die Kündigung zulässig,
1. wenn der Mietzins nach Tagen bemessen ist, an jedem Tag für den Ablauf des folgenden Tages;
2. wenn der Mietzins nach längeren Zeitabschnitten bemessen ist, spätestens am dritten Tag vor dem Tag, mit dessen Ablauf das Mietverhältnis endigen soll.

(5) Absatz 1 Nr. 3, Absatz 2 Satz 1, Absatz 3 Nr. 3, Absatz 4 Nr. 2 sind auch anzuwenden, wenn ein Mietverhältnis unter Einhaltung der gesetzlichen Frist vorzeitig gekündigt werden kann.

1. Für Wohnraummietverhältnisse sind die Absätze 1 und 4 nicht anwendbar. Für die ordentliche Kündigung des Vermieters (§ 564b BGB) und des Mieters ergibt sich die Kündigungsfrist aus Absatz 2, für die befristete außerordentliche Kündigung (vgl. Anm. 5 zu § 564f BGB) ergibt sich die Kündigungsfrist aus Absatz 5. Bei Werkmietwohnungen (§ 565b BGB) und Werkdienstwohnungen (§ 565e BGB) ist daneben auch § 565c BGB zu beachten. Die Vorschriften über die Wohnraummiete sind auch anzuwenden, wenn der Mieter die Wohnung vertragswidrig gewerblich genutzt hat.

2. Der **dritte Werktag** ist der jeweils späteste Kündigungstag, an dem die Kündigung dem anderen Vertragsteil zugegangen sein muß. Wegen der Formalien vgl. §§ 564, 564a BGB. Geht die Kündigung erst nach diesem Tag zu, kann der laufende Monat in die Fristberechnung nicht mehr einbezogen werden. Beginnt der Monat mit einem Sonntag, so ist der dritte Werktag der vierte Tag des Monats. Der Sonnabend gilt ebenso wie ein staatlich anerkannter allgemeiner Feiertag (vgl. § 193 BGB) nicht als Werktag. Beginnt der Monat mit einem

Freitag, so kann die Kündigung noch im Laufe des folgenden Dienstags, des 5. des Monats, zugehen. Geht die Kündigung später zu, läuft die Frist erst mit Beginn des folgenden Monats.

3. Die **Kündigungsfrist** beträgt zunächst 3 Monate (abzüglich der Karenzzeit von 3 Werktagen). Das Mietverhältnis endet zum Monatsende des übernächsten Monats, gleichgültig, ob dies ein Werktag, Sonnabend, Sonntag oder Feiertag ist. Dieser Kündigungstermin muß in der Kündigung nur dann angegeben werden, wenn die Kündigung nicht zum nächstmöglichen Kündigungstermin wirksam werden soll. Die Karenzzeit von 3 Werktagen ist in derselben Weise anzuwenden, wenn sich die Kündigungsfrist nach einer Überlassungszeit von 5, 8 oder 10 Jahren um jeweils 3 Monate verlängert hat. Entscheidend für die Verlängerung der Kündigungsfrist ist nicht der Abschluß des Mietvertrages oder der tatsächliche Bezug der Wohnung, sondern der Zeitpunkt, in dem der Mieter die tatsächliche Gewalt über die Wohnung erhalten hat, in der Regel somit der Zeitpunkt der Aushändigung der Schlüssel. Ohne Einfluß ist auch, ob das Mietverhältnis von Anfang an unbefristet war oder erst später unbefristet fortgesetzt worden ist. Ohne Bedeutung ist es auch, ob der Eigentümer und Vermieter während der Mietzeit gewechselt hat (§ 571 BGB). Wenn der Mieter keinen eigenen Mietvertrag mit dem Vermieter abgeschlossen hat sondern in das Vertragsverhältnis des Vormieters eingetreten ist (z. B. im Wege der Vertragsübernahme oder als Familienangehöriger nach §§ 569a, 569b BGB) wird die Besitzzeit des Vormieters der eigenen Besitzzeit des jetzigen Mieters hinzugerechnet (RE OLG Stuttgart NJW 1984 S. 875). Ob bei einem Wohnungswechsel innerhalb des Hauses die Gesamtzeit oder nur die Dauer des Besitzes der letzten Wohnung zu berücksichtigen ist, ist in Rechtsprechung und Literatur umstritten. Maßgebend für die Fristverlängerung (um je 3 Monate) ist der Zeitraum zwischen Überlassung der Wohnung und Zugang des Kündigungsschreibens. Die nach Zugang des Kündigungsschreibens zu laufen beginnende Kündigungsfrist ist nicht einzubeziehen.

4. Die Verlängerung der Kündigungsfristen beabsichtigt den Schutz des Mieters. Oft erweisen sich die verlängerten Kündigungsfristen aber auch als besonderen Nachteil für diesen, so wenn er aus den verschiedensten Gründen relativ kurzfristig ausziehen will. Ob der Mieter vor Ablauf der Kündigungsfrist eine Ersatzvermietung vom Vermieter verlangen kann oder ob er zur Mietzahlung bis zum Ablauf der Kündigungsfrist verpflichtet bleibt, wird in Anm. 3 zu § 552 BGB erläutert.

Eine **kürzere Kündigungsfrist** kann nur für das Kündigungsrecht des Mieters vertraglich vereinbart werden. Bei Vermietung zum vorübergehenden Gebrauch (vgl. Anm. 11 zu § 564b (Abs. 7 Nr. 1) BGB) kann ausnahmsweise auch mit Wirkung für einen oder beide Vertragsteile eine kürzere Kündigungsfrist vereinbart werden (Absatz 2 Satz 3). In allen anderen Fällen ist der Vermieter unabdingbar an die gesetzliche Kündigungsfrist gebunden, die für möblierten Wohnraum aber in Absatz 3 zum Teil abweichend geregelt ist.

Ist in einem Mietvertrag entgegen den zwingenden gesetzlichen Regelungen für beide Teile eine kürzere Kündigungsfrist vereinbart, so ist diese Vereinbarung für Kündigungen des Mieters wirksam, während für Kündigungen des Vermieters die gesetzlichen Vorschriften gelten. Eine Verlängerung der Kündigungsfristen durch Vertrag für eine oder beide Vertragsparteien ist zulässig.

Das Verbot, die Zulässigkeit der Kündigung auf das Ende **bestimmter Kalendermonate** (z. B. Quartalsende, Jahresende) zu beschränken, gilt für alle von Absatz 2 erfaßten Mietverhältnisse, also auch bei Überlassung zum nur vorübergehenden Gebrauch. Mietverhältnisse über möblierten Wohnraum nach Absatz 3 werden hiervon aber nicht erfaßt.

Für **möblierten Wohnraum** gilt die Ausnahmeregelung (Absatz 3), die denselben Anwendungsbereich wie § 564b Abs. 7 Nr. 2 BGB (vgl. dort Anm. 11) hat. Der in Nr. 3 als spätester Kündigungstag genannte 15. des Monats ist strikt einzuhalten, unabhängig davon, ob es sich um einen Werktag, Sonnabend, Sonntag oder Feiertag handelt.

5. Die vorzeitige Kündigung mit **gesetzlicher Frist** (Absatz 5) ist eine Sonderregelung für die Fälle der außerordentlichen befristeten Kündigung (vgl. Anm. 5 zu § 564 BGB). Für alle Mietverhältnisse nach Absatz 2 gilt hiernach eine Kündigungsfrist von 3 Monaten unter Abzug der Karenzzeit von 3 Werktagen, ohne daß es auf die Dauer des Mietverhältnisses ankommt. Für die möblierten Mietverhältnisse, die von Absatz 3 erfaßt werden, läuft die gesetzliche Kündigungsfrist jeweils bei Kündigung bis zum 15. eines Monats bis zum Ablauf dieses Monats. Die Ausnahmeregelung des Absatz 5 hat Bedeutung für alle Fälle, in denen das Mietverhältnis befristet oder eine Kündigung vertraglich ausgeschlossen (z. B. Staffelmietvertrag, § 10 Abs. 2 Satz 5 MHG) ist oder eine Kündigung vertraglich oder gesetzlich (Absatz 2) nur mit einer 3 Monate übersteigenden Kündigungsfrist möglich ist.

[Verlängerung des Mietverhältnisses]

565 a (1) Ist ein Mietverhältnis über Wohnraum auf bestimmte Zeit eingegangen und ist vereinbart, daß es sich mangels Kündigung verlängert, so tritt die Verlängerung ein, wenn es nicht nach den Vorschriften des § 565 gekündigt wird.

> (2) Ist ein Mietverhältnis über Wohnraum unter einer auflösenden Bedingung geschlossen, so gilt es nach Eintritt der Bedingung als auf unbestimmte Zeit verlängert. Kündigt der Vermieter nach Eintritt der Bedingung und verlangt der Mieter auf Grund des § 556a die Fortsetzung des Mietverhältnisses, so sind zu seinen Gunsten nur Umstände zu berücksichtigen, die nach Abschluß des Mietvertrages eingetreten sind.
>
> (3) Eine zum Nachteil des Mieters abweichende Vereinbarung ist nur wirksam, wenn der Wohnraum zu nur vorübergehendem Gebrauch vermietet ist oder es sich um ein Mietverhältnis der in § 565 Abs. 3 genannten Art handelt.

1. Die **Verlängerungsklausel,** bereits bei Abschluß des Mietvertrages vereinbart, unterscheidet das befristete Mietverhältnis nach § 565a Abs. 1 vom befristeten Mietverhältnis nach § 564c Abs. 1 BGB. Die Kündigungsfristen des § 565 Abs. 2, 3, 5 BGB und der Zwang zur Schriftform (§ 564a BGB) gelten auch bei befristeten Mietverträgen mit Verlängerungsklausel. Daneben ist für die Wirksamkeit der Kündigung des Vermieters jedoch auch erforderlich, daß die Kündigung gemäß § 564b BGB begründet ist. Der Mieter kann gegen die Kündigung Widerspruch nach § 556a BGB erheben. Damit sind die Verträge mit Verlängerungsklausel in vollem Umfang in den Mieterschutz einbezogen, der für unbefristete Mietverhältnisse besteht.

2. Der Mietvertrag kann eine **Verlängerung auf unbestimmte Zeit** vorsehen (z. B. der Mietvertrag wird auf 5 Jahre geschlossen und verlängert sich, falls er nicht vorher gekündigt wird). Hier kann eine Kündigung, die den Anforderungen der Schriftform (§ 564a BGB) und der Begründungspflicht gemäß § 564b BGB genügen muß, spätestens 6 Monate (abzüglich 3 Werktage) vor Ablauf der Vertragszeit zugehen gemäß § 565 Abs. 2 BGB. Ordentliche Kündigungen sind immer nur zum Ablauf der vereinbarten Zeit möglich. Wird nicht rechtzeitig gekündigt, setzt sich das Mietverhältnis nach den allgemeinen Bestimmungen fort.

3. Der Mietvertrag kann auch eine **einmalige Verlängerung auf bestimmte Zeit** vorsehen (z. B. der Mietvertrag wird auf 2 Jahre geschlossen und verlängert um 1 weiteres Jahr, falls er nicht vorher gekündigt wird). Hier kann der Mietvertrag unter Einhaltung einer 3-monatigen Kündigungsfrist (abzüglich 3 Werktage) zum Ende des zweiten Jahres gekündigt werden. Unterbleibt dies, endet er durch Fristablauf gemäß § 564c Abs. 1 BGB nach Ablauf eines weiteren Jahres. Der Mieter kann beim Vorliegen der in § 564c Abs. 1 BGB genannten Voraussetzung unbefristete Fortsetzung des Mietverhältnisses verlangen.

4. Der Mietvertrag kann auch eine **mehrmalige Verlängerung auf bestimmte Zeit** vorsehen (z. B. der Mietvertrag wird auf 2 Jahre geschlossen und verlängert sich jeweils um 1 Jahr, falls er nicht vorher gekündigt wird). Dieser Mietvertrag ist erstmals zum Ende des zweiten Jahres und danach jeweils zum entsprechenden Tag der folgenden Jahre zu kündigen, wobei sich die Kündigungsfrist nach Ablauf des fünften Jahres gemäß § 565 Abs. 2 BGB verlängert.

5. Eine **auflösende Bedingung** liegt vor, wenn die Beendigung des Mietverhältnisses von einem zukünftigen, ungewissen Ereignis abhängig gemacht wird (z. B. Beendigung des Arbeitsverhältnisses, Austritt aus der Genossenschaft). Die Beendigung kann im Interesse des Mieters oder des Vermieters in den Vertrag aufgenommen sein. In beiden Fällen bewirkt der Bedingungseintritt nicht die Auflösung des Mietverhältnisses sondern seine Umwandlung in ein unbefristetes Mietverhältnis. Eine ordentliche Kündigung vor Eintritt der Bedingung ist nicht wirksam. Auch in diesem Fall ist die Schriftform (§ 564a BGB) und der Begründungszwang für den Vermieter nach § 564b BGB zu beachten. Das Widerspruchsrecht des Mieters gemäß § 556a BGB ist jedoch – anders als bei Verträgen mit Verlängerungsklauseln nach Absatz 1 – eingeschränkt auf Gründe, die erst nach Abschluß des Mietvertrages eingetreten sind.

Vom Gesetz zum Nachteil des Vermieters abweichende Vereinbarungen sind wirksam. Zulässig ist z. B. die Vereinbarung, daß der Mieter die Verlängerung ohne Beachtung der Kündigungsfristen ablehnen kann. Werden entsprechende Vereinbarungen für Mieter und Vermieter getroffen, sind sie nur zum Nachteil des Vermieters, nicht zum Nachteil des Mieters wirksam. Bei Wohnraum zum vorübergehenden Gebrauch und teilweise bei möbliertem Wohnraum (vgl. Anm. 11 zu § 564b (Abs. 7 Nr. 1 und 2) BGB) sind auch abweichende Vereinbarungen zu Lasten des Mieters möglich.

[Sondervorschriften für Dienstmietwohnungen]

565 b Ist Wohnraum mit Rücksicht auf das Bestehen eines Dienstverhältnisses vermietet, so gelten die besonderen Vorschriften der §§ 565c und 565d.

Bei **Werkmietwohnungen** ist ein Dienst- oder Arbeitsverhältnis Geschäftsgrundlage für die Überlassung von Wohnraum. Es gelten die nachfolgenden Sondervorschriften. Es kommt nicht darauf an, ob der Arbeitgeber oder ein Dritter (bei Belegungsrecht des Arbeitgebers) Vermieter ist. Ist der Arbeitgeber (und Vermieter) aber nicht der Eigentümer der Wohnung und weiß der Mieter dies, so hat er keinen

Kündigungsschutz (§§ 564b, 556a BGB) gegenüber dem Eigentümer, wenn dieser gegenüber dem Arbeitgeber das Mietverhältnis wirksam beendet hat (vgl. Anm. 5 zu § 556b BGB – RE OLG Karlsruhe NJW 1984 S. 313). Auch die Familienangehörigen (Ehegatten) können als Vertragspartner in den Vertrag einbezogen sein. Bei Werkmietwohnungen müssen sich Arbeitsvertrag und Mietvertrag unterscheiden lassen. Beide Verträge können allerdings auch räumlich in einer Urkunde vereinigt sein. Bei **Werkdienstwohnungen** hingegen besteht nur ein einheitlicher Arbeitsvertrag, der die Überlassung von Wohnraum einbezieht, wobei die Wohnraumüberlassung Teil des Arbeitsentgeltes ist. In einem solchen Vertrag überwiegen die arbeitsrechtlichen Regelungen. Für Werkdienstwohnungen gilt § 565e BGB.

Bei öffentlich geförderten Wohnungen ist § 53 II. Wohnungsbaugesetz, der zum 31. 12. 1984 außer Kraft tritt, zu beachten. Für Bergarbeiterwohnungen gelten Sondervorschriften (vgl. Gesetz vom 24. 8. 1965 – BGBl. I S. 909 – § 7a). Soweit die Bergarbeiterwohnungen der Ruhrkohle AG gehören, gilt für Mieterhöhungen § 7 MHG.

Für Wohnungen, die im Zusammenhang mit einem öffentlich-rechtlichen Dienstverhältnis einem Beamten (Richter, Soldaten) überlassen werden, gilt § 565b BGB nicht.

Solange das Arbeitsverhältnis besteht gelten die allgemeinen Bestimmungen. Eine Kündigung nach §§ 564b, 565 BGB ist möglich, etwa wegen Verschulden des Mieters oder bei Betriebsbedarf (z. B. bei im Laufe der Zeit eingetretener Unterbelegung durch Auszug der Kinder).

[Kündigung des Vermieters]

565 c Ist das Mietverhältnis auf unbestimmte Zeit eingegangen, so ist nach Beendigung des Dienstverhältnisses eine Kündigung des Vermieters zulässig

1. spätestens am dritten Werktag eines Kalendermonats für den Ablauf des nächsten Monats, wenn der Wohnraum weniger als zehn Jahre überlassen war und für einen anderen zur Dienstleistung Verpflichteten dringend benötigt wird;
2. spätestens am dritten Werktag eines Kalendermonats für den Ablauf dieses Monats, wenn das Dienstverhältnis seiner Art nach die Überlassung des Wohnraums, der in unmittelbarer Beziehung oder Nähe zur Stätte der Dienstleistung steht, erfordert hat und der Wohnraum aus dem gleichen Grunde für einen anderen zur Dienstleistung Verpflichteten benötigt wird.

Im übrigen bleibt § 565 unberührt.

1 BGB § 565 d Widerspruch des Mieters gegen Kündigung

Nach Beendigung des Arbeitsverhältnisses besteht ein **Sonderkündigungsrecht** des Vermieters. Maßgebend ist der Tag der rechtlichen Beendigung des Arbeitsverhältnisses, nicht die tatsächliche Arbeitsaufgabe. Nach Nr. 2 beträgt die Kündigungsfrist für funktionsgebundene Werkmietwohnungen (Hausmeister, Pförtner, Betriebsfeuerwehr, Klinikarzt) nur knapp 1 Monat. Neben § 565c BGB sind auch § 564a, § 564b BGB zu beachten. Die Kündigung muß deshalb schriftlich und mit Begründung erfolgen RE OLG Celle ZMR 1985 S. 160. Die Kündigung muß nicht zum erstmöglichen Termin ausgesprochen werden. Sind die Voraussetzungen des § 565c Nr. 1 oder Nr. 2 erfüllt, ist immer ein berechtigtes Interesse im Sinne des § 564b Abs. 1 BGB gegeben. Wird die Kündigung schon vor Eintritt der bevorstehenden Beendigung des Arbeitsverhältnisses ausgesprochen, läuft die Kündigungsfrist, wie wenn zum frühesten möglichen Termin nach Beendigung gekündigt worden wäre.

Die Kündigung bedarf der Zustimmung des **Betriebsrats** (§ 87 Abs. 1 Nr. 9 Betriebsverfassungsgesetz). Sonst ist sie unwirksam. Ausführlich hierzu Schmidt-Futterer/Blank Rdnr. B 676ff. und LG Aachen ZMR 1984 S. 280).

[Widerspruch des Mieters gegen Kündigung]

565 d (1) Bei Anwendung der §§ 556a, 556b sind auch die Belange des Dienstberechtigten zu berücksichtigen.

(2) Hat der Vermieter nach § 565c Satz 1 Nr. 1 gekündigt, so gilt § 556a mit der Maßgabe, daß der Vermieter die Einwilligung zur Fortsetzung des Mietverhältnisses verweigern kann, wenn der Mieter den Widerspruch nicht spätestens einen Monat vor der Beendigung des Mietverhältnisses erklärt hat.

(3) Die §§ 556a, 556b gelten nicht, wenn
1. der Vermieter nach § 565c Satz 1 Nr. 2 gekündigt hat;
2. der Mieter das Dienstverhältnis gelöst hat, ohne daß ihm von dem Dienstberechtigten gesetzlich begründeter Anlaß gegeben war, oder der Mieter durch sein Verhalten dem Dienstberechtigten gesetzlich begründeten Anlaß zur Auflösung des Dienstverhältnisses gegeben hat.

Die Bestimmungen der **Sozialklausel** (§§ 556a bis 556c BGB) werden im Interesse des Arbeitgebers an einer beschleunigten Räumung der Werkmietwohnung eingeschränkt. Die Belange des Arbeitgebers sind auch zu berücksichtigen, wenn er nicht Vermieter ist.

Absatz 2 verkürzt die Widerspruchsfrist entsprechend der verkürzten Kündigungsfrist nach § 565c BGB. An der Hinweispflicht des Vermieters nach §§ 556a Abs. 6 S. 2, 564a Abs. 2 BGB ändert sich nichts. Bei **funktionsgebundenen Werkmietwohnungen** (§ 565c Nr. 2 BGB) ist die Anwendung der Sozialklausel ausgeschlossen (Absatz 3). Da die Sozialklausel nur den vertragstreuen Mieter schützen soll, ist § 556a Abs. 4 BGB für Verletzungen des Arbeitsvertrages durch Absatz 3 Nr. 2 ergänzt.

Die gesetzlichen Bestimmungen zur Sozialklausel können nicht vertraglich zum Nachteil des Mieters abbedungen werden.

[Dienstwohnungen]

565 e Ist Wohnraum im Rahmen eines Dienstverhältnisses überlassen, so gelten für die Beendigung des Rechtsverhältnisses hinsichtlich des Wohnraums die Vorschriften über die Miete entsprechend, wenn der zur Dienstleistung Verpflichtete den Wohnraum ganz oder überwiegend mit Einrichtungsgegenständen ausgestattet hat oder in dem Wohnraum mit seiner Familie einen eigenen Hausstand führt.

Bei **Werkdienstwohnungen** liegt nur ein Vertrag vor, dessen arbeitsrechtlicher Teil überwiegt. Solange das Arbeitsverhältnis besteht, kann die Wohnung dem Arbeitnehmer nicht entzogen werden. In den vom Gesetz bezeichneten Fällen wird zum Schutz des Mieters jedoch nach Beendigung des Arbeitsverhältnisses eine entsprechende Anwendung der Kündigungsschutzvorschriften angeordnet. Der Arbeitgeber muß kündigen unter Beachtung der allgemeinen Vorschriften §§ 564a, 564b, 565 BGB, die durch eine entsprechende Anwendung der §§ 565c und 565d BGB ergänzt werden.

Bis zum Auszug des Arbeitnehmers gelten dieselben Regelungen wie sonst nach Beendigung eines Mietvertrages. Der ehemalige Arbeitnehmer ist somit entsprechend § 557 BGB verpflichtet, die örtliche Vergleichsmiete als Nutzungsentschädigung zu bezahlen.

Für einen Rechtsstreit im Zusammenhang mit der Räumung einer Werkdienstwohnung nach Beendigung des Arbeitsverhältnisses sind ebenso wie bei Rechtsstreitigkeiten bei Werkmietwohnungen nicht die Arbeitsgerichte sondern die örtlich zuständigen Amtsgerichte zuständig (§§ 23 GVG, 29a ZPO).

> **[Schriftform des Mietvertrags]**
>
> **566** Ein Mietvertrag über ein Grundstück, der für längere Zeit als ein Jahr geschlossen wird, bedarf der schriftlichen Form. Wird die Form nicht beobachtet, so gilt der Vertrag als für unbestimmte Zeit geschlossen; die Kündigung ist jedoch nicht für eine frühere Zeit als für den Schluß des ersten Jahres zulässig.

1. Die Vorschrift ist nach § 580 BGB auch auf Wohnraummietverhältnisse anzuwenden.

Die **vereinbarte Mietzeit** ist ab Beginn des Mietverhältnisses, nicht ab Abschluß des Mietvertrages zu berechnen. Sie übersteigt ein Jahr nicht nur dann, wenn der Vertrag ausdrücklich auf z.B. 2 Jahre abgeschlossen wird, sondern auch dann, wenn eine Kündigung mit Wirkung innerhalb des ersten Jahres nicht möglich ist, oder wenn eine Verlängerungsklausel (§ 565a BGB) vereinbart wurde, nach der sich der Vertrag nach einem Jahr verlängert, sofern er nicht zuvor gekündigt wurde.

2. Die **Schriftform** erfordert nach § 126 BGB, daß beide Parteien dieselbe Urkunde unterzeichnen, wobei darauf zu achten ist, daß die Unterschriften den gesamten Text decken. Zusätze unter der Unterschrift können im Zweifel unwirksam sein. Die in der Praxis häufige Handhabung, daß jede Partei auf gleichlautenden Vertragsurkunden (Durchschläge, Kopien) die für die andere Partei bestimmte Urkunde unterschreibt, genügt den gesetzlichen Anforderungen ebenfalls. Wird der Vertrag zunächst formlos abgeschlossen, so besteht ein Anspruch auf Nachholung der gesetzlichen Form, sofern die Einhaltung der Schriftform zuvor durch formlose Absprache vereinbart worden war oder wegen der Laufzeit des Vertrages nach § 566 BGB gesetzlich vorgeschrieben ist.

Alle getroffenen Vereinbarungen müssen in dem Mietvertrag oder einer fest verbundenen Anlage enthalten sein. Die wechselseitige Bezugnahme z.B. in Mietvertrag und Hausordnung reicht nach herrschender Meinung jedoch ebenfalls aus. Widersprechen sich die Angaben in den verschiedenen Vertragsexemplaren, so gilt nur der übereinstimmende Teil der Vertragsurkunde, wenn sich nicht feststellen läßt, was die Parteien bei Vertragsschluß tatsächlich gewollt haben. Auch nachträgliche Änderungen der von § 566 erfaßten Verträge bedürfen der Schriftform (z.B. einverständliche Mieterhöhung, Eintritt eines neuen Mieters). Eine feste Verbindung des Änderungsvertrages mit dem ursprünglichen Vertrag ist nicht erforderlich. Wird die Schriftform nicht beachtet, ist zwar die Änderung wirksam, der Vertrag insgesamt gilt dann jedoch als für unbestimmte Zeit geschlossen und ist nach Ablauf eines Jahres nach der Änderung kündbar.

3. Wird die Schriftform bei Vertragsschluß oder späteren Änderungen nicht eingehalten, ist eine ordentliche **Kündigung** nach den allgemeinen Bestimmungen (§§ 564a, 564b, 565 BGB) möglich. Die getroffenen Vertragsvereinbarungen im übrigen sind jedoch wirksam. Die Möglichkeit der außerordentlichen Kündigung (vgl. Anm. 5 zu § 564 BGB) wird durch § 566 nicht berührt.

Die Rechtsprechung sieht es nur in seltenen Ausnahmefällen als treuewidrig und somit als unzulässige Rechtsausübung an, wenn eine Partei sich auf die Formnichtigkeit beruft. Hat aber z. B. der Vermieter den Mieter arglistig von der Einhaltung der Form abgehalten, so wird sein späteres Berufen auf die Formnichtigkeit als rechtsmißbräuchlich angesehen. In der Regel bleibt es aber auch im Interesse eines möglichen Erwerbers (§ 571 BGB), dem die Möglichkeit einer umfassenden Information über langfristige Vereinbarungen gegeben werden soll, streng beim Schriftformerfordernis. Ein Erwerber kann sich stets auf die gesetzlichen Folgen der Formnichtigkeit berufen, auch wenn der Rechtsvorgänger arglistig gehandelt hat.

4. Wird die **Schriftform** auch bei anderen als den in § 566 genannten Verträgen **vereinbart,** so wird der Mietvertrag erst wirksam, wenn die Form eingehalten ist (§§ 125 Satz 2, 127, 154 Abs. 2 BGB). Nur wenn festgestellt werden kann, daß die Parteien die schriftliche Beurkundung ausschließlich zu Beweiszwecken wollten, z. B. wenn die Schriftform erst nachträglich vereinbart wurde, gilt der Vertrag auch, wenn die Schriftform nicht eingehalten wird. Wird nach einer mündlichen Einigung später die Wohnung überlassen, ohne daß ein schriftlicher Mietvertrag wie zuvor vereinbart abgeschlossen wurde, wird man in der Regel ebenfalls davon ausgehen können, daß die Parteien die Schriftform nur zu Beweiszwecken, nicht aber als Wirksamkeitsvoraussetzung wollten. Wird im Mietvertrag vereinbart, daß jede **Änderung schriftlich** erfolgen muß, so kann diese Abrede auch mündlich wieder aufgehoben werden. Das ist der Fall, wenn die Parteien bewußt von der Beurkundung absehen. Die Anforderungen, die die Rechtsprechung an den Nachweis des Willens beider Parteien, die Schriftformklausel mündlich aufzuheben, stellt, sind nicht sehr hoch. Es reicht aus, wenn beide Parteien die Maßgeblichkeit der formlosen Abrede übereinstimmend wollen. Das gilt selbst dann, wenn sie an das Schriftformerfordernis nicht gedacht haben (RE OLG Karlsruhe NJW 1983 S. 1499). Ist die Schriftformklausel in einem Formularmietvertrag enthalten, ist gemäß § 4 AGBG jede mündliche Vereinbarung als Individualabrede ohne weiteres wirksam.

5. Wird ein Mietvertrag schriftlich geschlossen, so hat die Vertragsurkunde die **Vermutung der Vollständigkeit** für sich. Wer daneben

bestehende zusätzliche Vereinbarungen für sich in Anspruch nimmt, muß beweisen, daß das Behauptete tatsächlich vereinbart wurde und darlegen, warum es nicht beurkundet wurde.

6. § 566 ist zwingend, auch wenn das Gesetz abweichende Vereinbarungen nicht ausdrücklich für unwirksam erklärt.

[Vertrag über mehr als 30 Jahre]

567 Wird ein Mietvertrag für eine längere Zeit als dreißig Jahre geschlossen, so kann nach dreißig Jahren jeder Teil das Mietverhältnis unter Einhaltung der gesetzlichen Frist kündigen. Die Kündigung ist unzulässig, wenn der Vertrag für die Lebenszeit des Vermieters oder des Mieters geschlossen ist.

[Stillschweigende Verlängerung]

568 Wird nach dem Ablaufe der Mietzeit der Gebrauch der Sache von dem Mieter fortgesetzt, so gilt das Mietverhältnis als auf unbestimmte Zeit verlängert, sofern nicht der Vermieter oder der Mieter seinen entgegenstehenden Willen binnen einer Frist von zwei Wochen dem anderen Teile gegenüber erklärt. Die Frist beginnt für den Mieter mit der Fortsetzung des Gebrauchs, für den Vermieter mit dem Zeitpunkt, in welchem er von der Fortsetzung Kenntnis erlangt.

---

1. Nach **Ablauf der Mietzeit** fingiert die Vorschrift im Interesse der Rechtsklarheit die Fortsetzung des Mietverhältnisses, wenn der Vermieter seinen Beendigungswillen nicht in besonders klarer Form zum Ausdruck gebracht hat. Die Rechtsprechung trägt in zunehmendem Maße dem Umstand Rechnung, daß der Vermieter bereits durch die Kündigung seinen Beendigungswillen zum Ausdruck gebracht hat, so daß an eine Widerspruchserklärung des Vermieters keine zu hohen Anforderungen zu stellen sind.

Die Vorschrift ist sowohl bei befristeter, wie fristloser Kündigung anzuwenden, nicht aber, wenn das Mietverhältnis durch Aufhebungsvertrag (BGH ZMR 1966 S. 117) oder gerichtlichen Räumungsvergleich beendet wird (noch sehr umstritten). Zu keiner Fortsetzung kommt es auch dann, wenn dem Mieter vom Gericht (§§ 721, 794a ZPO) oder vom Vermieter eine Räumungsfrist gewährt wird. Mit der

Gewährung einer Räumungsfrist bringt der Vermieter zum Ausdruck, daß er eine Nutzung über die Räumungsfrist hinaus nicht dulden will, was dem Widerspruch nach § 568 entspricht (RE OLG Schleswig NJW 1982 S. 449). Auch wenn der Mieter nach Ablauf der Räumungsfrist nicht auszieht, ist ein (erneuter) Widerspruch nicht erforderlich. Setzt der Vermieter die Räumung längere Zeit nicht durch, kann im Einzelfall ein neuer, formlos geschlossener Mietvertrag zustande gekommen sein.

2. Entscheidend ist die tatsächliche **Gebrauchsfortsetzung** des Mieters. Auf den Willen und die Vorstellungen der Parteien hierbei kommt es nicht an. Der Mieter muß dem vertragsgemäßen Gebrauch für einige Zeit (nicht nur wenige Tage) fortsetzen, zumindest von einer Räumung absehen. Keine Gebrauchsfortsetzung liegt vor, wenn der Mieter teilweise räumt und nur einige Stücke zurückläßt.

3. Der **Widerspruch** ist an keine besondere Form gebunden und kann auch durch schlüssiges Verhalten erfolgen. Der Erklärende muß eindeutig zum Ausdruck bringen, daß er mit der Fortsetzung des Mietverhältnisses unter keinen Umständen einverstanden ist. Die Aufforderung zur Rückgabe der Räume reicht aus. Der Widerspruch ist auch für den Mieter von Bedeutung, der zwar nach Beendigung des Mietvertrages die Wohnung räumen will, hieran jedoch vorübergehend gehindert ist, z. B. weil die Ersatzwohnung erst verzögert beziehbar wird. Widerspricht er nicht fristgerecht, ist er darauf angewiesen, später unter Einhaltung der Kündigungsfristen (§ 565 BGB) zu kündigen. Als Widerspruch reicht es aus, wenn der Mieter um Räumungsaufschub bittet.

Wird der Widerspruch, was aus Beweisgründen zweckmäßig ist, schriftlich erklärt, kommt es auf den Zugang beim Vertragspartner an. Er kann schon kurz vor Ablauf der Kündigungsfrist erklärt werden (RE BayObLG NJW 1981 S. 2759). In einem Schreiben, das eine fristlose Kündigung enthält, wird häufig auch ein Widerspruch nach § 568 BGB liegen. Dies ist der Fall, sofern im Kündigungsschreiben eindeutig zum Ausdruck gebracht wird, daß eine Fortsetzung des Mietverhältnisses endgültig und unter allen Umständen abgelehnt wird (RE OLG Hamburg NJW 1981 S. 2258). In einer ordentlichen Kündigung kann ein Widerspruch nach § 568 nicht erklärt werden. Hier ist eine weitere Erklärung im zeitlichen Zusammenhang mit dem Ablauf der Kündigungsfrist erforderlich.

Die für den Vermieter und Mieter unterschiedlich beginnende **Frist** ist nach §§ 187, 188, 193 BGB zu berechnen. Für den Vermieter ist positive Kenntnis erforderlich. Fahrlässige Unkenntnis reicht nicht aus. Den Vermieter trifft somit keine Erkundigungspflicht. Der Widerspruch muß innerhalb der gesetzlich vorgeschriebenen Frist dem anderen Vertragsteil zugehen. Wird der Widerspruch nur in einer Räumungsklage zum Ausdruck gebracht, so ist es nach überwiegender Ansicht erforderlich, daß die Klage ebenfalls innerhalb der Widerspruchsfrist zugestellt wird. Bei mehreren Vermietern beginnt die Frist erst, wenn alle Kenntnis von der Gebrauchsfortsetzung haben. Die Kenntnis eines von ihnen reicht aber aus, sofern er bevollmächtigt ist (§ 166 Abs. 1 BGB).

4. Der **Vertrag** gilt als auf unbestimmte Zeit **verlängert,** wenn die Voraussetzungen des § 568 erfüllt sind. Die bisherigen Vertragsvereinbarungen gelten weiter. Eine Beendigung setzt eine neue Kündigung unter Beachtung der sich aus § 565 BGB ergebenden Kündigungsfristen oder eine einverständliche Vertragsaufhebung voraus. Für die Anwendung der Sozialklausel (§§ 556a bis 556c BGB) besteht im Falle der Fortsetzung nach § 568 kein Raum mehr.

5. Die Vorschrift kann durch **abweichende Vereinbarung** geändert oder ganz ausgeschlossen werden, auch in einem Formularmietvertrag (RE OLG Hamm NJW 1983 S. 826).

[Tod des Mieters]

569 (1) **Stirbt der Mieter, so ist sowohl der Erbe als der Vermieter berechtigt, das Mietverhältnis unter Einhaltung der gesetzlichen Frist zu kündigen. Die Kündigung kann nur für den ersten Termin erfolgen, für den sie zulässig ist.**

(2) **Die Vorschriften des Absatzes 1 gelten nicht, wenn die Voraussetzungen für eine Fortsetzung des Mietverhältnisses nach den §§ 569a oder 569b gegeben sind.**

---

1. Beiden Vertragsteilen wird das Recht zur **außerordentlichen, befristeten Kündigung** eingeräumt, soweit nicht die Voraussetzungen der §§ 569a, 569b BGB erfüllt sind. Die Erben treten als Gesamtrechtsnachfolger gemäß §§ 1922, 1967 BGB in die Rechtsstellung des verstorbenen Mieters ein. Der Tod des Vermieters begründet ein entsprechendes Kündigungsrecht nicht. Stirbt nur einer von mehreren, nicht verwandten Mietern (bei Familienangehörigen gilt § 569a BGB), ist die Vorschrift ebenfalls unanwendbar, sofern im Mietvertrag dieser Fall nicht besonders geregelt ist. Die Kündigungsfrist ergibt sich unabhängig von der vereinbarten Vertragsdauer und etwaiger Befristung allein aus § 565 Absatz 5 BGB und beträgt danach in der Regel 3 Monate. Die Kündigung muß schriftlich erfolgen (§ 564a BGB). Der Vermieter muß ein berechtigtes Interesse in der Kündigung darlegen gem. § 564b Abs. 2, Abs. 3 BGB (RE OLG Hamburg NJW 1984 S. 60, BayObLG NJW 1985 S. 980).

Das Kündigungsrecht der Erben muß von diesen gemeinsam ausgeübt werden. Soweit ein Nachlaßverwalter oder Testamentsvollstrecker bestellt ist, muß dieser das Kündigungsrecht ausüben.

2. Der **erste** und einzig zulässige **Kündigungstermin** ist nicht vom Zeitpunkt des Todes an zu bestimmen. Maßgebend ist vielmehr der früheste Zeitpunkt, zu dem nach den Umständen des Einzelfalls tatsächlich subjektiv die Möglichkeit zur Kündigung bestand. Für die Erben ist die Kenntnis ihres Erbrechts, nicht aber auch die Annahme der Erbschaft, und die Kenntnis der Anschrift des Vermieters erforderlich. Der Erbe muß sich mit der notwendigen Sorgfalt erkundigen können. Entsprechendes gilt für den Vermieter. Regelmäßig wird den Beteiligten auch eine gewisse Zeit für eine rechtliche Beratung zugebilligt werden müssen. § 569 Abs. 1 kann vertraglich abbedungen werden, auch im Formularmietvertrag.

[Eintritt von Familienangehörigen in das Mietverhältnis]

569 a (1) In ein Mietverhältnis über Wohnraum, in dem der Mieter mit seinem Ehegatten den gemeinsamen Hausstand führt, tritt mit dem Tode des Mieters der Ehegatte ein. Erklärt der Ehegatte binnen eines Monats, nachdem er von dem Tode des Mieters Kenntnis erlangt hat, dem Vermieter gegenüber, daß er das Mietverhältnis nicht fortsetzen will, so gilt sein Eintritt in das Mietverhältnis als nicht erfolgt; § 206 gilt entsprechend.

(2) Wird in dem Wohnraum ein gemeinsamer Hausstand mit einem oder mehreren anderen Familienangehörigen geführt, so treten diese mit dem Tode des Mieters in das Mietverhältnis ein. Das gleiche gilt, wenn der Mieter einen gemeinsamen Hausstand mit seinem Ehegatten und einem oder mehreren anderen Familienangehörigen geführt hat und der Ehegatte in das Mietverhältnis nicht eintritt. Absatz 1 Satz 2 gilt entsprechend; bei mehreren Familienangehörigen kann jeder die Erklärung für sich abgeben. Sind mehrere Familienangehörige in das Mietverhältnis eingetreten, so können sie die Rechte aus dem Mietverhältnis nur gemeinsam ausüben. Für die Verpflichtungen aus dem Mietverhältnis haften sie als Gesamtschuldner.

(3) Der Ehegatte oder die Familienangehörigen haften, wenn sie in das Mietverhältnis eingetreten sind, neben dem Erben für die bis zum Tode des Mieters entstandenen Verbindlichkeiten als Gesamtschuldner; im Verhältnis zu dem

> Ehegatten oder den Familienangehörigen haftet der Erbe allein.
>
> (4) Hat der Mieter den Mietzins für einen nach seinem Tode liegenden Zeitraum im voraus entrichtet und treten sein Ehegatte oder Familienangehörige in das Mietverhältnis ein, so sind sie verpflichtet, dem Erben dasjenige herauszugeben, was sie infolge der Vorausentrichtung des Mietzinses ersparen oder erlangen.
>
> (5) Der Vermieter kann das Mietverhältnis unter Einhaltung der gesetzlichen Frist kündigen, wenn in der Person des Ehegatten oder Familienangehörigen, der in das Mietverhältnis eingetreten ist, ein wichtiger Grund vorliegt; die Kündigung kann nur für den ersten Termin erfolgen, für den sie zulässig ist. § 556a ist entsprechend anzuwenden.
>
> (6) Treten in ein Mietverhältnis über Wohnraum der Ehegatte oder andere Familienangehörige nicht ein, so wird es mit dem Erben fortgesetzt. Sowohl der Erbe als der Vermieter sind berechtigt, das Mietverhältnis unter Einhaltung der gesetzlichen Frist zu kündigen; die Kündigung kann nur für den ersten Termin erfolgen, für den sie zulässig ist.
>
> (7) Eine von den Absätzen 1, 2 oder 5 abweichende Vereinbarung ist unwirksam.

1. Abweichend von den erbrechtlichen Bestimmungen gibt das Gesetz dem überlebenden **Ehegatten** das Recht, eine Sonderrechtsnachfolge bezüglich der Wohnung herbeizuführen. Waren beide Ehegatten Mieter, gilt § 569b BGB. Eine entsprechende Anwendung auf nichteheliche Lebensgefährten erfolgt nicht (LG Karlsruhe NJW 1982 S. 1884). Die Vorschrift gilt auch für Werkmietwohnungen (§ 565b BGB).

2. Ein **gemeinsamer Hausstand** liegt vor, wenn eine häusliche Gemeinschaft und eine gemeinsame Wirtschaftsführung bestand. Der Fortbestand einer persönlichen und geistigen Gemeinschaft ist nicht erforderlich. Nur durch eine für Dauer vorgesehene Trennung wird der gemeinsame Hausstand aufgelöst.

3. Die **Ablehnung der Fortsetzung** ist nicht formbedürftig. Wird sie schriftlich erklärt, kommt es auf ihren Zugang beim Vermieter an. Sie eröffnet ein Eintrittsrecht für die anderen Familienangehörigen (Absatz 2 Satz 2) oder die Fortsetzung mit den Erben (Absatz 6). Ist der

Ehegatte auch Erbe und schlägt er die Erbschaft nicht aus, so muß er von seinem Recht zur außerordentlichen Kündigung Gebrauch machen (Absatz 6 Satz 2), wenn er die Wohnung nicht behalten will. Der Ehegatte muß nur vom Tod, nicht aber von seinem Ablehnungsrecht Kenntnis haben. Durch Verweisung auf § 206 BGB wird erreicht, daß die Monatsfrist bei einem geschäftsunfähigen oder beschränkt geschäftsfähigen Ehegatten, der keinen gesetzlichen Vertreter hat, verlängert wird.

4. **Familienangehörige** (Absatz 2) sind Verwandte und Verschwägerte sowie Pflegekinder. Nichteheliche Lebensgefährten oder Angehörige einer Wohngemeinschaft werden nicht gleichgestellt. Das Eintrittsrecht besteht nur, wenn der Ehegatte nach Absatz 1 abgelehnt hat oder kein nach Absatz 1 eintrittsberechtigter Ehegatte vorhanden ist (lediger oder getrennt lebender Mieter). Die Familienangehörigen können den Eintritt in derselben Weise wie ein Ehegatte nach Absatz 1 ablehnen. Die Familienangehörigen müssen nicht gemeinsam ablehnen bzw. gemeinsam das Mietverhältnis fortsetzen.

5. Die Eintretenden **haften** (Absatz 3) für rückständige Verbindlichkeiten aus dem Mietvertrag neben den Erben. Im Innenverhältnis (zwischen Eintretenden und Erben) haften die Erben allein, so daß die Eintretenden gegebenenfalls gegen die Erben Rückgriff nehmen können; dies gilt auch dann, wenn sie selbst gleichzeitig Miterben sind. Sie müssen sich dann jedoch einen ihrer Beteiligung an der Erbengemeinschaft entsprechenden Anteil abziehen lassen.

6. Der Vermieter hat ein Recht zur **außerordentlichen, befristeten Kündigung** (Absatz 5). Ob ein wichtiger Grund vorliegt, ist unter Berücksichtigung aller Umstände des Einzelfalls danach zu beurteilen, ob die Fortsetzung für den Vermieter zumutbar ist. Unzumutbar kann die Fortsetzung sein z. B. bei ausgeprägter persönlicher Feindschaft, unsittlichem Lebenswandel, Zahlungsunfähigkeit der Eingetretenen. Die Kündigung muß nach § 564a BGB schriftlich erfolgen und ein berechtigtes Interesse nach § 564b BGB darlegen. Krasse Unterbelegung durch den Eintretenden ist kein berechtigtes Kündigungsinteresse (RE OLG Karlsruhe NJW 1984 S. 2584). Da die Sozialklausel (§ 556a BGB) bei einer Kündigung nach Absatz 5 anwendbar ist, ist der Hinweis nach § 556a Abs. 6 Satz 2 BGB zweckmäßigerweise in das Kündigungsschreiben aufzunehmen. Die Kündigungsfrist ist nach § 565 Abs. 5 BGB abgekürzt und beträgt in der Regel 3 Monate.

Für das Recht der außerordentlichen, befristeten Kündigung nach Absatz 6 gilt Entsprechendes. Die Sozialklausel ist hier jedoch nicht anwendbar.

[Fortsetzung durch überlebenden Ehegatten bei gemeinschaftlicher Miete]

569 b Ein Mietverhältnis über Wohnraum, den Eheleute gemeinschaftlich gemietet haben und in dem sie den gemeinsamen Hausstand führen, wird beim Tode eines Ehegatten mit dem überlebenden Ehegatten fortgesetzt. § 569a Abs. 3, 4 gilt entsprechend. Der überlebende Ehegatte kann das Mietverhältnis unter Einhaltung der gesetzlichen Frist kündigen; die Kündigung kann nur für den ersten Termin erfolgen, für den sie zulässig ist.

Bei Fortsetzung des Mietverhältnisses allein mit dem überlebenden Vertragspartner besteht kein besonderes Kündigungsrecht des Vermieters. Die Erben haften gemäß § 569a Abs. 3 BGB neben dem das Mietverhältnis fortsetzenden Ehegatten wegen der rückständigen Forderungen. Im Innenverhältnis (zwischen Erben und fortsetzendem Ehegatten) haften die Erben nur insoweit, wie der Verstorbene im Verhältnis zwischen den Ehegatten zur Zahlung verpflichtet war, also in der Regel zur Hälfte.

[Versetzung des Mieters]

570 Militärpersonen, Beamte, Geistliche und Lehrer an öffentlichen Unterrichtsanstalten können im Falle der Versetzung nach einem anderen Orte das Mietverhältnis in Ansehung der Räume, welche sie für sich oder ihre Familie an dem bisherigen Garnison- oder Wohnorte gemietet haben, unter Einhaltung der gesetzlichen Frist kündigen. Die Kündigung kann nur für den ersten Termin erfolgen, für den sie zulässig ist.

Die Vorschrift begünstigt auf Grund eines heute nicht mehr zutreffenden Staatsverständnisses weiterhin wirksam Beamte im staatsrechtlichen Sinn, Soldaten und Richter sowie alle Lehrer an öffentlichen Schulen, auch wenn sie nicht beamtet sind. Auf Arbeitnehmer außerhalb des öffentlichen Dienstes ist die Vorschrift nicht entsprechend anwendbar (RE BayObLG ZMR 1985 S. 198). Ob die Vorschrift auf alle Staatsbedienstete entsprechend anzuwenden ist, ist umstritten, könnte aber verfassungsrechtlich geboten sein. Voraussetzung ist eine Versetzung (§ 18 Beamtenrechtsrahmengesetz), auch wenn sie dem Wunsch des Begünstigten entspricht. Eine vorübergehende Abordnung ist nicht ausreichend. Die Kündigung muß unverzüglich nach Bekanntgabe an den Begünstigten erfolgen. Für spätere Kündigungstermine verbleibt es sonst bei den Kündigungsfristen nach § 565 Abs. 2 BGB.

Die herrschende Meinung hält die Vorschrift für vertraglich nicht abdingbar.

> **[Vereinbartes Rücktrittsrecht]**
> **570 a** Bei einem Mietverhältnis über Wohnraum gelten, wenn der Wohnraum an den Mieter überlassen ist, für ein vereinbartes Rücktrittsrecht die Vorschriften dieses Titels über die Kündigung und ihre Folgen entsprechend.

Die Vorschrift soll sicherstellen, daß der Kündigungsschutz nicht durch die Vereinbarung eines Rücktrittsrechts umgangen werden kann. Darüber hinausgehend gilt die Vorschrift jedoch auch für ein vereinbartes Rücktrittsrecht des Mieters. Ist vertraglich ein Rücktrittsrecht vereinbart, so ist dies in die Vereinbarung eines Kündigungsrechtes umzudeuten. Eine hierauf gestützte Kündigung ist nach den bestehenden gesetzlichen Kündigungsschutzvorschriften zu beurteilen, soweit diese nicht abdingbar sind. Zu beachten sind insbesondere §§ 564a, 564b, 556a BGB, § 1 MHG.

> **[„Kauf bricht nicht Miete"]**
> **571** (1) Wird das vermietete Grundstück nach der Überlassung an den Mieter von dem Vermieter an einen Dritten veräußert, so tritt der Erwerber an Stelle des Vermieters in die sich während der Dauer seines Eigentums aus dem Mietverhältnis ergebenden Rechte und Verpflichtungen ein.
>
> (2) Erfüllt der Erwerber die Verpflichtungen nicht, so haftet der Vermieter für den von dem Erwerber zu ersetzenden Schaden wie ein Bürge, der auf die Einrede der Vorausklage verzichtet hat. Erlangt der Mieter von dem Übergange des Eigentums durch Mitteilung des Vermieters Kenntnis, so wird der Vermieter von der Haftung befreit, wenn nicht der Mieter das Mietverhältnis für den ersten Termin kündigt, für den die Kündigung zulässig ist.

1. Nicht nur bei **Veräußerung** durch Verkauf eines Mietshauses oder der Eigentumswohnung (§ 580 BGB) ist die Vorschrift anwendbar, sondern auch bei Tausch, Schenkung, Einbringung in eine Gesell-

schaft oder beim Erwerb in der Zwangsversteigerung (§§ 57 ff. ZVG) oder im Konkurs (§ 21 Abs. 4 KO) sowie nach Beendigung des Nießbrauchs (§ 1056 BGB), bei Eintritt der Nacherbfolge (§ 2135 BGB) ist eine entsprechende Anwendung gesetzlich vorgesehen. So wird erreicht, daß der Mietvertrag nach Eigentumswechsel auch gegen Dritte wirkt. Der Erwerber kann den Mieter nicht zwingen, einen neuen Mietvertrag mit ihm abzuschließen. Erforderlich ist der rechtlich voll wirksame Eigentumswechsel, also der Vollzug im Grundbuch (§ 873 BGB). Der Mieter kann, um dies festzustellen, Einsicht im Grundbuch verlangen. Der Abschluß des notariellen Vertrages oder die Eintragung einer Vormerkung reicht nicht aus, die Rechtswirkungen des § 571 auszulösen.

2. **Vor** dem vollen **Eigentumsübergang** (Grundbucheintragung) gehen häufig bereits nach dem Kaufvertrag (§ 446 BGB) die Rechte und Lasten auf den Erwerber über, der dann nach außen wie ein Eigentümer und somit als Vermieter auftritt. Auch in diesen Fällen kann aber nur der bisherige Vermieter die Rechte aus dem Mietvertrag ausüben, also zum Beispiel ein Mieterhöhungsverlangen stellen (§ 2 MHG) oder eine Kündigung aussprechen. Vor Eigentumsübergang vom Erwerber abgegebene Erklärungen sind nur dann wirksam, wenn der Erwerber hierzu vom Veräußerer ermächtigt wurde, oder wenn er sie im Namen und in Vollmacht des alten Vermieters abgegeben hat. Wird keine Vollmacht vorgelegt, so kann der Mieter entsprechende Erklärungen sofort zurückweisen (§ 174 BGB, vgl. Anm. 2 zu § 564 BGB). Durch die spätere Grundbucheintragung werden zuvor vom Erwerber in eigenem Namen abgegebene Erklärungen nicht geheilt. Sie müssen gegebenenfalls wiederholt werden. Wegen der Zahlung von Miete an den ehemaligen Vermieter gilt § 574 BGB.

3. Vermieter und Veräußerer müssen identisch sein. Eine Rechtsnachfolge auf der Seite des Vermieters (Erbgang) steht der Identität nicht entgegen. Gehört aber z. B. das verkaufte Mietshaus **mehreren Miteigentümern** und hat nur einer der Miteigentümer den Mietvertrag allein in eigenem Namen und nicht auch als Vertreter der anderen Miteigentümer geschlossen, so ist § 571 grundsätzlich nicht anwendbar. In diesen Fällen ist der Erwerber berechtigt, von den Mietern auf Grund seines Eigentums Räumung zu verlangen (§ 556 Abs. 3 BGB). Diese sind dann auf die Durchsetzung ihrer Schadensersatzansprüche gemäß § 541 BGB gegen den Vermieter angewiesen. § 571 BGB ist aber anwendbar, wenn die anderen Miteigentümer der Vermietung zugestimmt haben. Die Zustimmung kann auch in schlüssigem Verhalten und je nach den Umständen selbst in einem Schweigen der Miteigentümer bestehen. Sie kann auch erst nach Abschluß des Mietvertrags erteilt worden sein. Es reicht aus, wenn sie gegenüber dem Vermietenden zum Ausdruck gebracht worden ist (RE OLG Karlsru-

he NJW 1981 S. 1278). § 571 ist auch anwendbar, wenn mehrere Miteigentümer, die auch alle als Vermieter aufgetreten sind, das Grundstück in Wohnungseigentum aufteilen und dieses dann einzelnen der früheren Miteigentümer zum Alleineigentum übertragen (RE BayObLG NJW 1982 S. 451).

4. In der **Zwangsversteigerung** oder beim Erwerb im Konkurs steht dem Erwerber ein außerordentliches, befristetes Kündigungsrecht (§ 57a, § 57c ZVG) zu, sofern es sich um keine Zwangsversteigerung zur Aufhebung der Gemeinschaft handelt (§§ 180, 183 ZVG). Auch bei der außerordentlichen Kündigung muß die Schriftform (§ 564a BGB) eingehalten und ein berechtigtes Interesse dargelegt werden (§ 564b BGB); lediglich die Kündigungsfrist ist auf in der Regel 3 Monate verkürzt (§ 565 Abs. 5 BGB).

5. Die **Überlassung** an den Mieter liegt vor, wenn ihm der vertragsgemäße Gebrauch (vgl. Anm. 7 zu §§ 535, 536 BGB) ermöglicht wurde. Die Übergabe der Wohnungsschlüssel reicht aus. Bezug der Wohnung ist nicht erforderlich. Ist die Veräußerung bereits vor der Überlassung an den Mieter erfolgt, gilt § 578 BGB.

6. Der **Erwerber** tritt in die **Rechte** ein, die sich für die Dauer seines Eigentums aus dem Mietvertrag ergeben. Ist der Mietvertrag bereits vom früheren Vermieter wirksam beendet worden, stehen dem Erwerber die Ansprüche nach § 557 BGB zu. Für gestellte Sicherheiten (Kaution) gilt § 572 BGB. Das Vermieterpfandrecht (§ 559 BGB) geht ebenfalls über. Ein bereits für den Veräußerer entstandenes Kündigungsrecht (z. B. wegen Zahlungsrückstand gemäß § 554 BGB oder wegen vertragswidrigem Gebrauch gemäß § 553 BGB) kann der Erwerber nicht mehr geltend machen. Der Erwerber kann nur aus Gründen kündigen, die nach dem Erwerb eingetreten sind. Vertraglich vereinbarte Kündigungsbeschränkungen gelten weiter (RE OLG Karlsruhe ZMR 1985 S. 122. Nach Eigentumswechsel ist auch der ehemalige Vermieter (Veräußerer) wohl nicht mehr zur Kündigung berechtigt (umstritten). Eine vom Veräußerer vor dem Eigentumswechsel erklärte Kündigung wird durch den Eigentumswechsel jedoch nicht unwirksam.

Mit dem Eigentumswechsel trägt der Erwerber die Gewährleistung für Sachmängel an der Wohnung. Für beim Erwerb vorhandene Mängel haftet er gemäß § 538 Abs. 1, erste Alternative, auch ohne Verschulden, selbst wenn der Mangel bei Abschluß des Mietvertrages noch nicht vorhanden war.

7. Der **Veräußerer** bleibt Gläubiger aller schon vor dem Eigentumswechsel begründeten Ansprüche. Für die Mietzahlung kommt es darauf an, ob sie vor oder nach Eigentumswechsel fällig geworden ist. Vorauszahlungen der monatlichen Miete sind nach § 574 BGB zu beurteilen. Schon vor dem Eigentumswechsel entstandene Ansprüche

des Mieters richten sich unverändert weiterhin gegen den ehemaligen Vermieter (z. B. Verwendungsersatzanspruch nach § 547 BGB). Diese Ansprüche verjähren in entsprechender Anwendung des § 558 Abs. 2 BGB in 6 Monaten ab Kenntnis des Eigentumswechsels.

8. Die **Haftung des Veräußerers** nach Absatz 2 soll den Mieter in gewissem Umfang schützen, wenn der Erwerber seine Vermieterpflichten nicht erfüllt. Der ehemalige Vermieter haftet neben dem Erwerber für dessen Verbindlichkeiten als Gesamtschuldner (§ 773 Abs. 1 Nr. 1 BGB). Der ehemalige Vermieter und Veräußerer kann sich durch die in Absatz 2 Satz 2 vorgesehene Mitteilung von seiner Haftung befreien. Eine einfache Mitteilung des Eigentumswechsels reicht aus. Rechtliche Hinweise müssen dem Mieter nicht gegeben werden. Absatz 2 gewährt dem Mieter kein außerordentliches Kündigungsrecht, vielmehr handelt es sich um eine ordentliche Kündigung des Mieters nach den allgemeinen Bestimmungen (§ 564a, § 565 BGB). Kündigt der Mieter, bleibt die Haftung des Vermieters bis zum Ablauf der Kündigungsfrist bestehen. Kündigt er nicht, so ist umstritten, ob der Vermieter ebenfalls bis zum Ablauf der Kündigungsfrist oder nur bis zu dem Zeitpunkt, in dem die Kündigung erklärt werden hätte können weiter haftet.

9. Die Parteien können im Mietvertrag von § 571 Abweichendes bestimmen. Abweichungen zum Nachteil des Mieters in Formularmietverträgen sind jedoch unwirksam (§ 9 Abs. 2 Nr. 1 AGBG).

[Sicherheitsleistung des Mieters]

572 Hat der Mieter des veräußerten Grundstücks dem Vermieter für die Erfüllung seiner Verpflichtungen Sicherheit geleistet, so tritt der Erwerber in die dadurch begründeten Rechte ein. Zur Rückgewähr der Sicherheit ist er nur verpflichtet, wenn sie ihm ausgehändigt wird oder wenn er dem Vermieter gegenüber die Verpflichtung zur Rückgewähr übernimmt.

Der Anspruch des Vermieters auf Leistung einer Kaution (§ 550b BGB) geht gemäß § 571 BGB auf den Erwerber über. Ist die Sicherheit bereits dem ehemaligen Vermieter gegenüber geleistet, so kann der Erwerber von diesem z. B. Herausgabe des Kautionssparbuches (§ 952 BGB) verlangen. Vom Mieter kann er die vertraglich vereinbarte Kaution nur dann erneut verlangen, wenn der ehemalige Vermieter wegen seiner Ansprüche sich hieraus befriedigt hat (§ 240 BGB). Der Mieter hat einen Anspruch gegen den ehemaligen Vermieter, daß dieser die Sicherheit dem Erwerber übergibt, da sonst der Rückzahlungsanspruch des Mieters nach Ende des Mietvertrages nach Satz 2 ausgeschlossen ist. Wird die Sicherheit nicht an den Erwerber übergeben, muß sie der Mieter nach Beendigung des Mietvertrages gegen den alten Vermieter geltend machen, sofern der Erwerber sich nicht ausdrücklich zur Rückzahlung verpflichtet hat. Wird die Sicherheit hingegen an den Erwerber übergeben, ist umstritten, ob und wieweit der ehemalige Vermieter für die Rückzahlung dem Mieter gegenüber weiter haftet.

§ 572 ist im selben Umfang wie § 571 BGB vertraglich abdingbar.

> **[Vorausverfügung über den Mietzins]**
>
> **573** Hat der Vermieter vor dem Übergang des Eigentums über den Mietzins, der auf die Zeit der Berechtigung des Erwerbers entfällt, verfügt, so ist die Verfügung insoweit wirksam, als sie sich auf den Mietzins für den zur Zeit des Übergangs des Eigentums laufenden Kalendermonat bezieht; geht das Eigentum nach dem fünfzehnten Tage des Monats über, so ist die Verfügung auch insoweit wirksam, als sie sich auf den Mietzins für den folgenden Kalendermonat bezieht. Eine Verfügung über den Mietzins für eine spätere Zeit muß der Erwerber gegen sich gelten lassen, wenn er sie zur Zeit des Überganges des Eigentums kennt.

Nach § 571 BGB müßte dem Erwerber mit dem Tag des Eigentumswechsels auch die Miete zustehen. Alle über diesen Tag hinausgreifenden Verfügungen wären unwirksam. §§ 573 bis 575 BGB treffen hiervon abweichende Bestimmungen, die für die Übergangszeit einen gerechten Interessenausgleich zwischen ehemaligem Vermieter, neuem Vermieter und Mieter schaffen sollen.

Vorausverfügungen sind Abtretung und Verpfändung der Miete oder die Aufrechnung des Vermieters gegenüber Ansprüchen des Mieters. Diese Verfügungen müssen vor dem Eigentumswechsel erfolgen und sich auf die Miete für die Zeit nach dem Eigentumswechsel beziehen. Für den laufenden Monat und bei Erwerb in der zweiten Monatshälfte auch für den folgenden Monat, sind solche Verfügungen des ehemaligen Vermieters wirksam, auch wenn der Erwerber sie nicht kannte. Satz 2 ermöglicht es dem Mieter, der vom bevorstehenden Eigentumswechsel erfährt, den Erwerber über die Vorausverfügungen für eine spätere Zeit zu unterrichten. Für die Wirksamkeit von Verfügungen, die über den Zeitraum des Satz 1 hinausgehen, ist es unerheblich, woher der Erwerber Kenntnis erhalten hat.

> **[Rechtsgeschäfte über Entrichtung des Mietzinses]**
>
> **574** Ein Rechtsgeschäft, das zwischen dem Mieter und dem Vermieter in Ansehung der Mietzinsforderung vorgenommen wird, insbesondere die Entrichtung des Mietzinses, ist dem Erwerber gegenüber wirksam, soweit es sich nicht auf den Mietzins für eine spätere Zeit als den Kalendermonat bezieht, in welchem der Mieter von dem Übergang des Eigentums Kenntnis erlangt; erlangt der Mieter die Kenntnis nach dem fünfzehnten Tage des Monats, so ist das Rechtsgeschäft auch insoweit wirksam, als es sich auf den Mietzins für den folgenden Kalendermonat bezieht. Ein Rechtsgeschäft, das nach dem Übergange des Eigentums vorgenommen wird, ist jedoch unwirksam, wenn der Mieter bei der Vornahme des Rechtsgeschäfts von dem Übergange des Eigentums Kenntnis hat.

Ein **Rechtsgeschäft** in Ansehung der Mietzinsforderung ist neben der Vorauszahlung auch die Stundung und der Erlaß (ganz oder teilweise). Anders als in § 573 BGB ist die Wirksamkeit hier nicht in erster Linie an den Eigentumswechsel sondern an die Kenntnis des Mieters vom Eigentumswechsel geknüpft. Vor dem Eigentumswechsel sind alle Rechtsgeschäfte für den laufenden Monat und gegebenenfalls auch für den Folgemonat wirksam. Nach Eigentumswechsel kommt es allein auf die Kenntnis des Mieters an. Der Mieter kann also auch noch nach dem Eigentumswechsel solange an den ehemaligen Vermieter mit befreiender Wirkung zahlen, als er vom Eigentumswechsel nichts weiß. Macht der Erwerber für diese Zeit die Miete geltend, so muß er die Kenntnis des Mieters vom Eigentumswechsel beweisen. Erforderlich ist positive Kenntnis des Mieters. Das bloße Kennenmüssen oder Zweifel des Mieters an der Berechtigung des ehemaligen Vermieters beseitigen sein Recht, mit befreiender Wirkung an den ehemaligen Vermieter zu zahlen, nicht.

Soweit die **Vorauszahlung** gegenüber dem Erwerber **wirksam** ist, muß er bei vorzeitiger Vertragsbeendigung den noch nicht verbrauchten Anteil nach § 557a BGB zurückerstatten.

Soweit die **Vorauszahlung** gegenüber dem Erwerber **unwirksam** ist, ist der ehemalige Vermieter zur Rückzahlung im Wege des Schadensersatzes verpflichtet.

§ 574 ist § 407 BGB nachgebildet. Die zur Auslegung des § 407 BGB entwickelten Gesichtspunkte sind weitgehend übertragbar.

[Aufrechnung gegenüber dem Erwerber]

575 Soweit die Entrichtung des Mietzinses an den Vermieter nach § 574 dem Erwerber gegenüber wirksam ist, kann der Mieter gegen die Mietzinsforderung des Erwerbers eine ihm gegen den Vermieter zustehende Forderung aufrechnen. Die Aufrechnung ist ausgeschlossen, wenn der Mieter die Gegenforderung erworben hat, nachdem er von dem Übergange des Eigentums Kenntnis erlangt hat, oder wenn die Gegenforderung erst nach der Erlangung der Kenntnis und später als der Mietzins fällig geworden ist.

Dem Mieter wird eine einmal erworbene Aufrechnungsmöglichkeit erhalten. Der Mieter kann nicht nur mit Ansprüchen aus dem Mietvertrag sondern unbeschränkt aufrechnen. Die Vorschrift ist § 406 BGB nachgebildet. Die zur Auslegung des § 406 BGB entwickelten Gesichtspunkte sind weitgehend übertragbar.

[Wirkung der Anzeige der Eigentumsübertragung]

576 (1) Zeigt der Vermieter dem Mieter an, daß er das Eigentum an dem vermieteten Grundstück auf einen Dritten übertragen habe, so muß er in Ansehung der Mietzinsforderung die angezeigte Übertragung dem Mieter gegenüber gegen sich gelten lassen, auch wenn sie nicht erfolgt oder nicht wirksam ist.

(2) Die Anzeige kann nur mit Zustimmung desjenigen zurückgenommen werden, welcher als der neue Eigentümer bezeichnet worden ist.

Der Mieter wird geschützt, wenn der Vermieter ihm den Eigentumswechsel angezeigt hat, dieser aber nicht wirksam erfolgt ist. Es ist umstritten, ob der Mieter entsprechend geschützt ist, wenn er an einen im Grundbuch unrichtigerweise eingetragenen Eigentümer zahlt, auch wenn ihm keine Mitteilung nach § 576 zugegangen ist.

Die Vorschrift ist § 409 BGB nachgebildet. Die zur Auslegung des § 409 BGB entwickelten Gesichtspunkte sind weitgehend übertragbar.

[Belastung des Grundstücks]

577 Wird das vermietete Grundstück nach der Überlassung an den Mieter von dem Vermieter mit dem Rechte eines Dritten belastet, so finden die Vorschriften der §§ 571 bis 576 entsprechende Anwendung, wenn durch die Ausübung des Rechtes dem Mieter der vertragsmäßige Gebrauch entzogen wird. Hat die Ausübung des Rechtes nur eine Beschränkung des Mieters in dem vertragsmäßigen Gebrauche zur Folge, so ist der Dritte dem Mieter gegenüber verpflichtet, die Ausübung zu unterlassen, soweit sie den vertragsmäßigen Gebrauch beeinträchtigen würde.

[Veräußerung vor Überlassung]

578 Hat vor der Überlassung des vermieteten Grundstücks an den Mieter der Vermieter das Grundstück an einen Dritten veräußert oder mit einem Rechte belastet, durch dessen Ausübung der vertragsmäßige Gebrauch dem Mieter entzogen oder beschränkt wird, so gilt das gleiche wie in den Fällen des § 571 Abs. 1 und des § 577, wenn der Erwerber dem Vermieter gegenüber die Erfüllung der sich aus dem Mietverhältnis ergebenden Verpflichtungen übernommen hat.

Ist der Mietvertrag vor dem Eigentumswechsel geschlossen worden, ohne daß die Wohnung dem' Mieter vorher überlassen (vgl. Anm. 5 zu § 571 BGB) worden ist, so ist der Erwerber an den Mietvertrag nicht gebunden. Der Mieter kann gegen den Veräußerer Schadensersatzansprüche gemäß §§ 541, 538 BGB geltend machen. Der Erwerber muß in den Mietvertrag nur eintreten, wenn er dies mit dem Veräußerer – auch formlos – vereinbart hat. Vor Eigentumswechsel kann eine entsprechende Vereinbarung von Veräußerer und Erwerber gemeinsam wieder aufgehoben werden, nach Eigentumswechsel nur noch mit Zustimmung des Mieters.

[Weiterveräußerung]

579 Wird das vermietete Grundstück von dem Erwerber weiterveräußert oder belastet, so finden die Vorschriften des § 571 Abs. 1 und der §§ 572 bis 578 entsprechende

> **Anwendung.** Erfüllt der neue Erwerber die sich aus dem Mietverhältnis ergebenden Verpflichtungen nicht, so haftet der Vermieter dem Mieter nach § 571 Abs. 2.

Die Vorschrift stellt klar, daß § 571 BGB auch bei mehrfacher Veräußerung gilt. Die bürgenähnliche Haftung trifft aber nur den Vermieter, der mit dem Mieter den Mietvertrag abgeschlossen hat, nicht spätere Erwerber.

> **[Miete von Räumen]**
>
> **580** Die Vorschriften über die Miete von Grundstücken gelten, soweit nicht ein anderes bestimmt ist, auch für die Miete von Wohnräumen und anderen Räumen.

2. Gesetz zur Regelung der Miethöhe

Vom 18. Dezember 1974 (BGBl. I S. 3604)
Verkündet als Bestandteil (Artikel 3) des 2. Wohnraumkündigungsschutzgesetzes vom 18. Dezember 1974, zuletzt geändert durch Gesetz vom 20. Dezember 1982 (BGBl. I S. 1912)
BGBl. III 402-12-5

1. **Zweck** des MHG ist es, einerseits die Mieter von Wohnräumen vor überhöhten, ungerechtfertigten Mieterhöhungen zu schützen, andererseits aber auch die Wirtschaftlichkeit des Mietwohnungseigentums zu ermöglichen und nach den Gegebenheiten des Wohnungsmarkts die verfassungsrechtlich geschützten Eigentumsrechte des Eigentümers zu gewährleisten. Das MHG versucht zwischen diesen gegenläufigen Zielsetzungen einen politisch als angemessen angesehenen Interessenausgleich zu finden. Dieser Interessenausgleich muß bei der Auslegung der Einzelvorschriften immer mitberücksichtigt werden (BVerfGE 37 S. 132; 49 S. 244).

2. Zum **Anwendungsbereich** des MHG gehören grundsätzlich alle Mietverhältnisse im nicht preisgebundenen Wohnungsbau. Ausnahmefälle sind in § 10 Abs. 3 MHG genannt. Der Wohnraum muß zu Wohnzwecken, nicht zur gewerblichen Nutzung vermietet worden sein (vgl. Anm. 5 zu §§ 535, 536 BGB). Das MHG gilt einheitlich für das gesamte Vertragsverhältnis, z. B. auch einschließlich mitvermieteter Garagen (vgl. Anm. zu § 543 BGB). Sind die Räume sowohl zur gewerblichen Nutzung als auch zur Wohnraumnutzung durch den Mieter überlassen (Mischmietverhältnis) oder werden sie im Rahmen eines Heimvertrages genutzt, ist das MHG nur anzuwenden, wenn die entsprechenden Verträge dem Wohnraummietrecht unterstellt sind (vgl. hierzu Anm. 5 zu §§ 535, 536 BGB).

Öffentlich geförderte Wohnungen **(Sozialwohnungen)** sind preisgebunden. Die in diesem Bereich maßgebenden Bestimmungen über die Kostenmiete sind im Wohnungsbindungsgesetz, in der Neubaumietenverordnung (NMV 1970) und in der II. Berechnungsverordnung (II. BV) enthalten. Nach Ablauf der Preisbindung (§§ 15, 16, 16a Wohnungsbindungsgesetz) gilt auch für diesen Wohnraum das MHG. Es ist auch auf die Wohnungen gemeinnütziger Wohnungsbaugesellschaften anwendbar, die durch das Gemeinnützigkeitsrecht (§ 7 Abs. 2 Wohnungsgemeinnützigkeitsgesetz, § 13 Durchführungsverordnung zu diesem Gesetz) auch nach Ablauf der Preisbindung in ihrer Mietpreisgestaltung gewissen Einschränkungen unterworfen sind. Für diese Wohnungen gilt als doppelte Obergrenze für Mieterhöhungen neben der örtlichen Vergleichsmiete auch die Kostenmiete. Dabei handelt es sich aber um keinen Fall der gesetzlich bestimmten Kostenmiete (§ 10 Abs. 3 Nr. 1 MHG). Der Mieter kann sich auf jede der beiden Obergrenzen berufen.

3. Das MHG gilt unbefristet im gesamten Bundesgebiet einschließlich **Berlin**. Für Berlin ist jedoch zu beachten, daß dort der überwiegende Teil des Wohnungsbestandes Altbauwohnungen (bezugsfertig vor dem 31. 12. 1949) sind, die nach der Altbaumietenverordnung preisgebunden sind. Diese Preisbindung gilt vorerst (Drittes Gesetz zur Änderung mietrechtlicher und mietpreisrechtlicher Vorschriften im Land Berlin vom 3. August 1982, BGBl. I S. 1106) bis zum 31. 12. 1989. Für die hiervon erfaßten Wohnungen ist das MHG nicht anwendbar.

4. Das MHG gilt für die Erhöhung der vertraglich vereinbarten Miete. Bei **Abschluß des Mietvertrages** kann die Miete grundsätzlich der Höhe nach frei vereinbart werden. Zu beachten sind jedoch die durch § 5 WiStG (Mietpreisüberhöhung – vgl. die Erläuterungen hierzu im Anschluß an das MHG) und § 302a StGB (Mietwucher) gezogenen Grenzen. Hiernach kann bei Vertragsschluß die örtliche Vergleichsmiete (§ 2 MHG) um bis zu 20% überschritten werden. Liegen die laufenden Aufwendungen (vgl. § 5 Abs. 1 Satz 3 WiStG) des Vermieters höher, so darf die örtliche Vergleichsmiete um bis zu 50% überschritten werden. Übersteigt der vereinbarte Mietzins eine dieser Grenzen, kann der Mieter den Mietanteil, der die örtliche Vergleichsmiete zuzüglich 20% übersteigt, zurückfordern (vgl. Anm. 1 zu § 5 WiStG). Dieser Rückforderungsanspruch verjährt erst in 30 Jahren.

[Verbot der Erhöhungskündigung]

1 Die Kündigung eines Mietverhältnisses über Wohnraum zum Zwecke der Mieterhöhung ist ausgeschlossen. Der Vermieter kann eine Erhöhung des Mietzinses nach Maßgabe der §§ 2 bis 7 verlangen. Das Recht steht dem Vermieter nicht zu, soweit und solange eine Erhöhung durch Vereinbarung ausgeschlossen ist oder der Ausschluß sich aus den Umständen, insbesondere der Vereinbarung eines Mietverhältnisses auf bestimmte Zeit mit festem Mietzins ergibt.

---

1. Die ordentliche **Kündigung** des Mietvertrages ist dem Vermieter nur aus den in § 564b Abs. 2 BGB genannten Gründen möglich. Versucht der Vermieter zunächst mehrfach in Abweichung von den Bestimmungen des MHG die Miete zu erhöhen und kündigt er danach

unter Bezugnahme auf einen in § 564b BGB genannten Grund, kann unter Berücksichtigung aller Umstände des Einzelfalls die Vermutung bestehen, daß die Kündigung nur zum Zweck der Mieterhöhung erfolgen soll. In diesem Fall wäre sie unwirksam. Eine Änderungskündigung, die auf eine Fortsetzung des Mietverhältnisses mit einer erhöhten Miete abzielt, ist nicht möglich. Eine Mieterhöhung kann nur auf dem in §§ 2–8 MHG aufgezeigten Weg erreicht werden. Dies gilt auch für das Zweifamilienhaus (§ 564 Abs. 4 BGB). Da bei einer Kündigung auf Grund des dort bestehenden Sonderkündigungsrechtes Kündigungsgründe nicht vorliegen und angegeben werden müssen, wird in diesen Fällen eine durch die Mieterhöhungsabsicht des Vermieters motivierte Kündigung praktisch nicht zu verhindern sein. In Betracht kommt hier jedoch eine Fortsetzung des Mietverhältnisses im Rahmen des Kündigungswiderspruchs (§ 556a BGB).

2. Die Vorschriften über die Erhöhung der **Miete** gelten auch dann, wenn das Mietverhältnis durch richterlichen Akt fortgesetzt wurde (§ 556a BGB und im Hausratsverteilungsverfahren § 5 Hausratsverordnung). Ist der Mieter zur Zahlung einer Nutzungsentschädigung gemäß § 557 BGB verpflichtet, so ist keine Erhöhung nach §§ 2, 3 und 5 MHG möglich, während eine Umlage gestiegener Nebenkosten nach § 4 MHG möglich ist. Auf ein dingliches Wohnrecht (§ 1093 BGB) ist das MHG nicht anwendbar. Zur Umgehung mietrechtlicher Schutzvorschriften durch Wahl eines anderen Vertragstyps vgl. OLG Hamburg ZMR 1983 S. 60.

Üblicherweise wird heute in Abweichung vom gesetzlichen Leitbild des BGB zumeist eine Kaltmiete (Nettomiete) vereinbart und daneben eine Abrede über gesondert zu zahlende Nebenkosten getroffen. In diesen Fällen gilt für die Erhöhung der Kaltmiete das Erhöhungsverfahren nach §§ 2, 3, 5 MHG. Für die Nebenkosten gilt § 4 MHG. Wird hingegen eine einheitliche Vereinbarung über einen pauschalen Mietzins getroffen (ohne zusätzliche Nebenkostenerstattung – vgl. Anm. 1 zu § 4 MHG), so ist die Miete insgesamt nur nach §§ 2, 3, 5 MHG zu erhöhen, wobei dann an sich die örtliche Vergleichsmiete für Wohnraum zu ermitteln ist, der ebenfalls unter pauschaler Einbeziehung der Nebenkosten vermietet ist. In der Praxis sind solche Werte nur schwer feststellbar. In den Mietspiegeln sind üblicherweise Kaltmieten ausgewiesen. Näher hierzu vgl. Anm. 10 zu § 2 MHG. Eine Erhöhung allein wegen gestiegener Nebenkosten ist bei einer entsprechenden Vertragsgestaltung, die die Nebenkosten in die Miete einbezieht, ausgeschlossen (RE OLG Zweibrücken ZMR 1982 S. 116).

3. Eine Erhöhung ist **durch Vereinbarung ausgeschlossen,** wenn sich ein entsprechender Wille dem Mietvertrag ausdrücklich oder durch Auslegung entnehmen läßt. Auch nachträglich kann eine solche Vereinbarung geschlossen werden, z. B. im Zusammenhang mit Mo-

dernisierungsarbeiten des Mieters. Eine entsprechende Vereinbarung kann zu Gunsten des Mieters auch in einem Vertrag mit einem Dritten vereinbart sein (z. B. mit Arbeitgeber innerhalb eines Werkförderungsvertrages, mit einer Behörde im Zusammenhang mit einer besonderen Form der Subventionierung – vgl. § 14 ModEnG). Der Ausschluß kann für bestimmte Zeit oder dauerhaft gewollt sein oder auch auf Erhöhungen nach bestimmten Vorschriften des MHG beschränkt werden. Während der Dauer einer Staffelmietvereinbarung (§ 10 Abs. 2 MHG) ist eine Erhöhung nach §§ 2, 3 und 5 MHG immer ausgeschlossen. Bei befristeten Mietverträgen mit Verlängerungsklausel (§ 565a BGB) wird der Ausschluß sich im Zweifel nur auf die Zeit der zunächst vorgesehenen Befristung erstrecken (RE OLG Zweibrücken ZMR 1982 S. 115). Wurde in einem befristeten Mietvertrag eine Mieterhöhung nach einer Gleitklausel oder in ähnlicher, dem MHG nicht entsprechender Weise vorgesehen, ist diese Klausel zwar nicht wirksam. Da die Parteien die Miete hier aber für die Vertragsdauer nicht als unabänderlich angesehen haben, ist in diesen Fällen eine Erhöhung nach §§ 2–8 MHG uneingeschränkt möglich.

Aus der Vereinbarung einer besonders niedrigen Miete kann grundsätzlich nicht ohne weiteres geschlossen werden, daß der Abstand zur örtlichen Vergleichsmiete auf Dauer beibehalten werden soll. Das Recht des Vermieters, bis zur örtlichen Vergleichsmiete zu erhöhen, ist nur dann eingeschränkt, wenn aus den gesamten Umständen des Einzelfalls zu entnehmen ist, daß der Vermieter sich aus persönlichen oder wirtschaftlichen Gründen verpflichten wollte, auf Dauer weniger als die örtliche Vergleichsmiete zu verlangen.

4. Die gesetzlichen Mieterhöhungsvorschriften sind zum Nachteil des Mieters **nicht** vertraglich **abdingbar** (§ 10 MHG). Mieterhöhungen, die nicht in der vorgesehenen Form verlangt werden oder über das Niveau der örtlichen Vergleichsmiete hinausgehen, sind jedoch dann wirksam, wenn der Mieter während des Mietvertrages der Erhöhung um einen bestimmten Betrag zugestimmt hat, z. B. auch stillschweigend durch vorbehaltlose Zahlung. Eine Überschreitung der durch § 5 WiStG gezogenen Grenze (vgl. Anm. 4 vor § 1 MHG) ist allerdings auch bei Zustimmung des Mieters nicht wirksam.

[Voraussetzungen des Erhöhungsverlangens]

2 (1) **Der Vermieter kann die Zustimmung zu einer Erhöhung des Mietzinses verlangen, wenn**
1. **der Mietzins, von Erhöhungen nach den §§ 3 bis 5 abgesehen, seit einem Jahr unverändert ist,**

2. der verlangte Mietzins die üblichen Entgelte nicht übersteigt, die in der Gemeinde oder in vergleichbaren Gemeinden für nicht preisgebundenen Wohnraum vergleichbarer Art, Größe, Ausstattung, Beschaffenheit und Lage in den letzten drei Jahren vereinbart oder, von Erhöhungen nach § 4 abgesehen, geändert worden sind, und
3. der Mietzins sich innerhalb eines Zeitraums von drei Jahren, von Erhöhungen nach den §§ 3 bis 5 abgesehen, nicht um mehr als 30 vom Hundert erhöht.

Von dem Jahresbetrag des verlangten Mietzinses sind die Kürzungsbeträge nach § 3 Abs. 1 Satz 3 bis 7 abzuziehen, im Fall des § 3 Abs. 1 Satz 6 mit elf vom Hundert des Zuschusses.

(2) Der Anspruch nach Absatz 1 ist dem Mieter gegenüber schriftlich geltend zu machen und zu begründen. Dabei kann insbesondere Bezug genommen werden auf eine Übersicht über die üblichen Entgelte nach Absatz 1 Satz 1 Nr. 2 in der Gemeinde oder in einer vergleichbaren Gemeinde, soweit die Übersicht von der Gemeinde oder von Interessenvertretern der Vermieter und der Mieter gemeinsam erstellt oder anerkannt worden ist (Mietspiegel); enthält die Übersicht Mietzinsspannen, so genügt es, wenn der verlangte Mietzins innerhalb der Spanne liegt. Ferner kann auf ein mit Gründen versehenes Gutachten eines öffentlich bestellten oder vereidigten Sachverständigen verwiesen werden. Begründet der Vermieter sein Erhöhungsverlangen mit dem Hinweis auf entsprechende Entgelte für einzelne vergleichbare Wohnungen, so genügt die Benennung von drei Wohnungen.

(3) Stimmt der Mieter dem Erhöhungsverlangen nicht bis zum Ablauf des zweiten Kalendermonats zu, der auf den Zugang des Verlangens folgt, so kann der Vermieter bis zum Ablauf von weiteren zwei Monaten auf Erteilung der Zustimmung klagen. Ist die Klage erhoben worden, jedoch kein wirksames Erhöhungsverlangen vorausgegangen, so kann der Vermieter das Erhöhungsverlangen im Rechtsstreit nachholen; dem Mieter steht auch in diesem Fall die Zustimmungsfrist nach Satz 1 zu.

(4) Ist die Zustimmung erteilt, so schuldet der Mieter den erhöhten Mietzins von dem Beginn des dritten Kalendermonats ab, der auf den Zugang des Erhöhungsverlangens folgt.

(5) Gemeinden sollen, soweit hierfür ein Bedürfnis besteht und dies mit einem für sie vertretbaren Aufwand möglich ist, Mietspiegel erstellen. Bei der Aufstellung von Mietspiegeln

sollen Entgelte, die auf Grund gesetzlicher Bestimmungen an Höchstbeträge gebunden sind, außer Betracht bleiben. Die Mietspiegel sollen im Abstand von zwei Jahren der Marktentwicklung angepaßt werden. Die Bundesregierung wird ermächtigt, durch Rechtsverordnung mit Zustimmung des Bundesrates Vorschriften über den näheren Inhalt und das Verfahren zur Aufstellung und Anpassung von Mietspiegeln zu erlassen. Die Mietspiegel und ihre Änderungen sollen öffentlich bekanntgemacht werden.

(6) Liegt im Zeitpunkt des Erhöhungsverlangens kein Mietspiegel nach Absatz 5 vor, so führt die Verwendung anderer Mietspiegel, insbesondere auch die Verwendung veralteter Mietspiegel, nicht zur Unwirksamkeit des Mieterhöhungsverlangens.

Übersicht

	Seite
I. Überblick über das Mieterhöhungsverfahren	
1. Aufgabe	130
2. Überblick	130
II. Die materiellen Voraussetzungen der Mieterhöhung (Absatz 1)	
3. Wartefrist (Absatz 1 Nr. 1)	130
Die Bestimmung der örtlichen Vergleichsmiete (Absatz 1 Nr. 2)	
4. übliche Entgelte	131
5. Art, Größe, Ausstattung, Beschaffenheit und Lage der Wohnung	131
6. Mietwerte nur der letzten 3 Jahre	132
7. Die Kappungsgrenze (Absatz 1 Nr. 3)	133
8. Kürzungsbeträge bei öffentlich geförderter Modernisierung (Absatz 1 Satz 2)	134
III. Die formellen Voraussetzungen der Mieterhöhung (Absatz 2) (vorgerichtliches Mieterhöhungsverfahren)	
9. Schriftform	134
10. Bezugnahme auf Mietspiegel	136
11. Bezugnahme auf Sachverständigengutachten	137
12. Benennung von Vergleichswohnungen	138
13. sonstige Begründungsmöglichkeiten	139
IV. Das Wirksamwerden der Mieterhöhung (Absatz 3 und Absatz 4)	
14. Zustimmung des Mieters	139
15. Klage des Vermieters	139
16. Fälligkeit der erhöhten Miete	140

V. Mietspiegelregelung (Absatz 5 und Absatz 6) Seite
17. Aufstellungspflicht 141
18. veraltete Mietspiegel 141

I. Überblick über das Mieterhöhungsverfahren

1. § 2 hat die **Aufgabe**, ein Verfahren zur Verfügung zu stellen, nach dem die **Anpassung der Mieten** an die allgemeine wirtschaftliche Entwicklung erfolgen kann. Der Vermieter hat einen Anspruch darauf, daß der Mieter einer Mieterhöhung bis zum Niveau der örtlichen Vergleichsmiete zustimmt. Dieses Niveau ist am örtlichen Wohnungsmarkt zu ermitteln, wobei die Mietpreise zugrundezulegen sind, die unter gewöhnlichen Umständen tatsächlich und üblicherweise gezahlt werden. Damit wird dem Vermieter ein angemessener, marktorientierter Ertrag ermöglicht und der Mieter wird vor überhöhten Forderungen im Einzelfall geschützt. Für die Auslegung der Mieterhöhungsvorschriften ergibt sich aus diesem doppelten Ziel, daß keine überstrengen formalen Anforderungen an das Mieterhöhungsverfahren gestellt werden dürfen. Die Verfahrensregeln dürfen nicht so gehandhabt werden, daß dies praktisch zu einem Mietpreisstop führt (Bundesverfassungsgericht, Beschluß vom 12. 3. 1980 NJW 1980 S. 1617). Im preisgebundenen Wohnungsbau reicht es bei einer Mieterhöhung nach § 10 Wohnungsbindungsgesetz, wenn die einzelnen Positionen mit ihrem Endbetrag aufgeführt sind bzw. nur die Positionen angegeben sind, die sich erhöht haben (RE OLG Hamm NJW 1984 S. 2835).

2. Als **Überblick** lassen sich die Erhöhungsvorschriften zusammenfassen:
In Absatz 1 werden die sachlichen Voraussetzungen für ein Mieterhöhungsverlangen genannt. Aus diesen Bestimmungen ist zu entnehmen, ob der Anspruch der Höhe nach zur Zeit berechtigt ist. Absatz 2 schreibt vor, in welcher Form der Vermieter sein Erhöhungsverlangen geltend zu machen hat. Hält er diese Form nicht ein, kann dies dazu führen, daß er auch einen tatsächlich bestehenden Erhöhungsanspruch gerichtlich nicht durchsetzen kann, bevor er das Erhöhungsverlangen in der vorgeschriebenen Form nachgeholt hat. Stimmt der Mieter dem Erhöhungsverlangen nicht uneingeschränkt zu, so enthält Absatz 3 Bestimmungen für das danach mögliche gerichtliche Verfahren. Absatz 4 ist der Zeitpunkt zu entnehmen, von dem ab die erhöhte Miete zu zahlen ist. In den Absätzen 5 und 6 werden Regelungen zur Aufstellung und Verwendung von Mietspiegeln getroffen.

II. Die materiellen Voraussetzungen der Mieterhöhung

3. Die **Wartefrist** (Absatz 1 Nr. 1) beginnt mit dem Vertragsschluß oder dem Zeitpunkt, in dem die letzte Mieterhöhung wirksam gewor-

den ist (vgl. Absatz 4). Wurde die letzte Mieterhöhung rückwirkend vereinbart, so ist auch die Zeit der Rückwirkung in die Jahresfrist einzurechnen. Ein Mieterhöhungsverlangen, das schon vor Ablauf der Jahresfrist abgesandt wird, ist nicht unwirksam. Die in den Absätzen 3 und 4 genannten Fristen beginnen jedoch nicht vor Ablauf der einjährigen Wartefrist zu laufen. Der Vermieter wird so gestellt, wie er bei einer unmittelbar nach Ablauf der Jahresfrist abgegebenen Erklärung stehen würde (RE OLG Oldenburg WM 1982 S. 105). Entsprechendes gilt für ein Erhöhungsverlangen, das vor Ablauf der gesetzlichen Preisbindung (§§ 15, 16 Wohnungsbindungsgesetz) zugeht und nach Ablauf der Preisbindung wirksam werden soll (RE KG NJW 1982 S. 2077) oder für ein Erhöhungsverlangen, das während der Mietzeit, für die ein fester Mietzins vereinbart ist, zugeht und für die Zeit unmittelbar nach der vertraglichen Mietpreisfestschreibung wirksam werden soll (RE OLG Hamm NJW 1983 S. 829).

4. Die **üblichen Entgelte** nach Absatz 1 Nr. 2 beinhalten die Definition der örtlichen (ortsüblichen) Vergleichsmiete. In der Vergangenheit wurde vielfach die Auffassung vertreten, daß dem Vermieter nur dann ein Erhöhungsrecht zusteht, wenn der Mietpreis um mehr als 10% unter der ermittelten örtlichen Vergleichsmiete lag (vgl. z. B. Schmidt-Futterer/Blank C 57). Diese Ansicht fand schon bisher im Gesetz keine Stütze. Nachdem mit Wirkung vom 1. 1. 1983 eine Kappungsgrenze für Mieterhöhungen ins Gesetz eingefügt worden ist, erscheint diese Auffassung erst recht unzutreffend, da sie eine marktnahe Mietanpassung unangebracht erschwert und dazu führt, daß die Mieten in einem Schritt um größere Spannen angepaßt werden müssen. Die wichtigsten wohn- und mietwertbildenden Merkmale, die die Voraussetzung der Vergleichbarkeit sind, werden im Gesetz genannt. Heranzuziehen sind in erster Linie die Wohnungen in derselben Gemeinde, wobei die Gemeinde weniger durch die politischen Grenzen sondern dadurch bestimmt ist, wieweit ein einheitliches Wohngebiet besteht. Sofern in diesem Bereich keine vergleichbaren Wohnungen zu finden sind, kann auch auf die in Nachbargemeinden gezahlten Mieten zurückgegriffen werden, sofern dort vergleichbare Wohnverhältnisse bestehen. Ist auch dies nicht möglich, verbleibt letztlich nur die Möglichkeit, die Höhe einer angemessenen Miete zu schätzen (§ 287 ZPO).

5. Gleicher **Art** ist Wohnraum, der sich nach Zuschnitt des Hauses (Mehrfamilienhaus, Appartementhaus) vergleichen läßt. Das Baujahr des Hauses ist nur insoweit von Bedeutung, als es für den Wohnwert bestimmend ist, d. h. also keine grundlegende Renovierung stattgefunden hat.

Die **Größe** der Wohnung ist ohne Berücksichtigung der Nebenräume (z. B. Keller, Garage) zu ermitteln. Die Wohnflächenermittlung kann in Anlehnung an die DIN 283 (abgedruckt bei Schmidt-Futterer/

Blank C 157) erfolgen. Die praktisch wichtigste Abweichung von der reinen Grundfläche ist dabei die Anrechnung von Raumschrägen nach der jeweils vorhandenen lichten Höhe (über 2,00 m voll, zwischen 1,00 m und 2,00 m zur Hälfte, darunter keine Anrechnung). Die Flächen von Loggien, Balkonen, gedeckten Freisitzen wird je nach ihrem konkreten Wohnwert im Einzelfall bis zur Hälfte (RE BayObLG ZMR 1984 S. 66) angerechnet.

Bei der **Ausstattung** sind alle den Wohnkomfort beeinflussenden Einrichtungen zu berücksichtigen (z. B. Art der Heizung, Bodenbeläge, Sanitäreinrichtungen, Fahrstuhl usw.). Einrichtungen des Mieters, die den Wohnwert erhöht haben, sind nur dann zu berücksichtigen, wenn dies zwischen Vermieter und Mieter ausdrücklich so vereinbart worden ist oder wenn der Vermieter dem Mieter die Kosten hierfür voll erstattet hat (RE BayObLG ZMR 1982 S. 158). Andernfalls ist die Wohnung mit anderen Wohnungen ohne diese Ausstattungsmerkmale zu vergleichen.

Die gleiche **Beschaffenheit** bezieht sich auf die architektonische Gestaltung der Wohnung (Raumaufteilung), den baulichen Zustand (nach Umfang und Zeitpunkt der durchgeführten Renovierungen). Behebbare Mängel in der Wohnung bleiben grundsätzlich außer Betracht; der Mieter kann gegebenenfalls Minderung und Schadensersatz nach §§ 537, 538 BGB verlangen.

Die **Lage** der Wohnung ist unter Berücksichtigung aller Einflüsse der Umwelt und Umgebung auf den Wohnwert zu bestimmen. Zu berücksichtigen ist z. B. der städtebauliche Charakter (Stadtrand, reines Wohngebiet) und die Infrastruktur (Verbindungen zum Zentrum oder Verkehrslärm).

Kein Vergleichsgesichtspunkt ist die Finanzierungs- und Kostensituation für die zu vergleichenden Wohnungen. Die Wohnungen gemeinnütziger Wohnungsunternehmen, soweit sie keiner gesetzlichen Preisbindung unterliegen, (vgl. Anm. 2 vor § 1 MHG) haben keine Sonderstellung sondern sind in vollem Umfang nach den allgemeinen Kriterien zu vergleichen (RE OLG Karlsruhe NJW 1982 S. 890, OLG Frankfurt NJW 1982 S. 1822). Nicht abzustellen ist auch auf Merkmale in der Person der Mieter. Ein Teilmarkt für Wohnungen für Wohngemeinschaften (RE OLG Hamm NJW 1983 S. 1622) oder Ausländer (RE OLG Stuttgart ZMR 1982 S. 176) oder Angehörige ausländischer Stationierungsstreitkräfte (RE OLG Hamm ZMR 1983 S. 207) wird von der Rechtsprechung nicht anerkannt.

6. Länger als **3 Jahre unverändert** gebliebene Mieten sind seit dem 1. 1. 1983 zur Feststellung der örtlichen Vergleichsmiete nicht mehr heranzuziehen. Zu berücksichtigen sind nur noch die aktuellen Mieten, die in den letzten 3 Jahren vereinbart bzw. nach §§ 2, 3 oder 5 MHG geändert worden sind. Ob dabei das gesetzliche Erhöhungsver-

fahren eingehalten worden ist oder ob sich Vermieter und Mieter über die Änderung auf andere Weise geeinigt haben, ist hierbei unerheblich. Die Erhöhung der Betriebskosten (§ 4 MHG) bleibt außer Betracht. Zeitlicher Bezugspunkt für die zu ermittelnde örtliche Vergleichsmiete ist der Zeitraum von 3 Jahren vor dem Zugang des Erhöhungsverlangens. Selbstverständlich kann in der Praxis das Vergleichsmietenniveau nicht in jedem Einzelfall genau für jedes beliebige Datum individuell festgestellt werden. Mietspiegel z. B. werden nur zu bestimmten Stichtagen aufgestellt. Zumindest solange das Mietniveau allgemein ansteigt, reicht es deshalb aus, wenn der bereits vor Zugang des Mieterhöhungsverlangens erstellte Mietspiegel zur Zeit seiner Erstellung die in den letzten 3 Jahren zuvor vereinbarten oder geänderten Mietwerte ausweist. Wird die Angemessenheit der verlangten Mieterhöhung bereits durch Vergleichswerte, die teilweise länger als 3 Jahre unverändert geblieben sind, nachgewiesen, wird dies ebenfalls ausreichen. Es ist davon auszugehen, daß neuere Werte keinen niedereren Wert ergeben würden. Wenn der Vermieter einen über dem Mietspiegel liegenden Wert verlangt oder wenn kein Mietspiegel besteht, wird das Gericht gezwungen sein, durch Sachverständigengutachten den genauen Stand der Vergleichsmiete im Zeitpunkt des Mieterhöhungsverlangens festzustellen.

7. Die neu ins Gesetz eingefügte **Kappungsgrenze** (Absatz 1 Nr. 3) ist bei allen nach dem 1. 1. 1983 zugehenden Mieterhöhungsverlangen zu berücksichtigen. Sie tritt als zusätzliche Obergrenze neben die in jedem Fall ebenfalls als Obergrenze zu beachtende örtliche Vergleichsmiete. Liegt die Miete weit unter dem Niveau der örtlichen Vergleichsmiete, begrenzt die 30%-Grenze jede Mieterhöhung, auch wenn die so erhöhte Miete dann immer noch unter der örtlichen Vergleichsmiete liegt. Die gesetzliche Neuregelung bewirkt deshalb nicht, daß Mieterhöhungen von 30% in 3 Jahren regelmäßig zulässig sind. Zwingende Voraussetzung bleibt nach wie vor, daß die erhöhte Miete die örtliche Vergleichsmiete (Absatz 1 Nr. 2) nicht übersteigt. Nach Ablauf der Preisbindung ist auf jede Mieterhöhung § 2 MHG anzuwenden (RE BayObLG NJW 1984 S. 742). Deshalb gilt auch in diesen Fällen immer die Kappungsgrenze, was dazu führen kann, daß die Miete erst nach mehreren Jahren das Niveau der örtlichen Vergleichsmiete erreichen kann.

Die Kappungsgrenze gilt nicht bei Mieterhöhungen wegen Modernisierung (§ 3 MHG), wegen gestiegener Betriebskosten (§ 4 MHG) oder wegen gestiegener Kapitalkosten (§ 5 MHG). Sie begrenzt auch eine vereinbarte Staffelmiete (§ 10 Abs. 2 MHG) nicht.

Die **3 Jahres-Frist** ist von dem Zeitpunkt aus zurückzurechnen, an dem das Mieterhöhungsverlangen wirksam werden soll (Absatz 4), nicht vom Zeitpunkt des Zugangs des Erhöhungsverlangens an. Ausgangsbasis ist die zu Beginn dieser Frist geltende Miete. Auch Mieterhöhungen vor dem 1. 1. 1983 sind zu berücksichtigen (RE OLG Frankfurt NJW 1984 S. 1971). Erhöhungen nach §§ 3, 4, 5 MHG sind nicht zu berücksichtigen. Die so errechnete Differenz darf 30% der Ausgangsbasis nicht übersteigen. Unbeachtlich bleibt, ob die Miete vor Beginn der 3 Jahres-Frist lange Zeit unverändert geblieben oder mehrfach erhöht worden ist. Übersteigt die verlangte Miete die Kappungsgrenze, so kann das Mieterhöhungsverlangen wohl nicht insgesamt als unwirksam behandelt werden. Wirksam wird dann nur der von der Kappungsgrenze nicht erfaßte Teil sein.

Beispiel: Zugang des Mieterhöhungsverlangens 12. 9. 1983, Erhöhung der Miete von 600 auf 700 DM, wirksam gemäß Absatz 4 zum 1. 12. 1983, örtliche Vergleichsmiete 700 DM, Miete am 1. 12. 1980 450 DM (Ausgangsbasis), Mieterhöhung wegen Modernisierung (§ 3 MHG) zum 1. 6. 1981 um 50 DM auf 500 DM, Mieterhöhung wirksam zum 1. 12. 1981 gemäß § 2 auf 600 DM. Mieterhöhung innerhalb der letzten 3 Jahre somit 200 DM (700 DM ./. 450 DM = 250 DM; da die Mieterhöhung nach § 3 MHG nicht zu berücksichtigen ist, ergeben sich 200 DM). Die Kappungsgrenze läßt eine Mieterhöhung nur um 135 DM (30% von 450 DM) zu. Die geforderte Mieterhöhung wird somit nur in Höhe von 35 DM wirksam. Ab 1. 12. 1983 sind 635 DM zu bezahlen (Ausgangsbasis + 30% + Modernisierungszuschlag gem. § 3 MHG).

Diese zeitliche Fixierung der Vergleichsrechnung ist zwingend vorgeschrieben. Eine Berechnung in anderen Fristen (z. B. jährlich 10% oder in 5 Jahren 50%) ist durch den Gesetzeswortlaut ausgeschlossen.

8. Die **Kürzungsbeträge** (Absatz 1 Satz 2) nach § 3 MHG sind von der örtlichen Vergleichsmiete abzuziehen, wenn der Vermieter nach einer Modernisierung die Modernisierungskosten nicht nach § 3 MHG umlegt, sondern unter Berücksichtigung der durch die Modernisierung erreichten Verbesserungen eine Mieterhöhung nach § 2 MHG verlangt. So wird sichergestellt, daß der Mieter auch bei diesem Vorgehen des Vermieters in den Genuß der zur Wohnungsmodernisierung verwendeten öffentlichen Mittel kommt.

III. Die formellen Voraussetzungen der Mieterhöhung

9. Es ist **schriftlich** zu **begründen** gegenüber dem Mieter, daß die verlangte Mieterhöhung nach Absatz 1 gerechtfertigt ist. Absatz 2 schreibt die bei Mieterhöhungen zu beachtenden Formalien vor. Die Verwendung der im Gesetz genannten Begründungsmittel bewirkt also nur, daß das Mieterhöhungsverlangen formal in Ordnung ist. Ob die Mieterhöhung materiell berechtigt ist, ist allein nach Absatz 1 zu beurteilen. Die Anforderungen an die Begründung des Mieterhöhungsverlangens gegenüber dem Mieter dürfen nicht zu hoch ange-

setzt werden. Diese Begründung soll dem Mieter zwar fundierte Anhaltspunkte geben, ob das Verlangen gerechtfertigt ist. Der volle Nachweis, daß das Verlangen gerechtfertigt ist, muß vom Vermieter im Streitfall aber erst im gerichtlichen Verfahren erbracht werden (vgl. Bundesverfassungsgericht, NJW 1980 S. 1617). Ziel der zum 1. 1. 1983 in Kraft getretenen Änderungen des Mietrechts war es unter anderem, die formalen Anforderungen an ein Mieterhöhungsverlangen herabzusetzen und das Erhöhungsverfahren zu vereinfachen. Damit soll weitgehend vermieden werden, daß an sich materiell berechtigte Mieterhöhungsverlangen an formalen Anforderungen scheitern. Dies ist bei der Auslegung der Vorschriften zum Erhöhungsverlangen zu beachten.

Die Schriftform ist gewahrt (§ 126 BGB), wenn das Mieterhöhungsverlangen unterschrieben oder gemäß § 8 MHG gezeichnet ist. Es muß bei Personenmehrheit von allen Vermietern ausgehen und allen Mietern zugehen. Die in Formularmietverträgen häufig enthaltene gegenseitige **Bevollmächtigung** mehrerer Mieter, nach der es ausreicht, wenn das Erhöhungsverlangen einem von mehreren Mietern zugeht, ist – anders als im Fall der Kündigung (vgl. Anm. 2 zu § 564 BGB) – für Mieterhöhungen wirksam (OLG Hamm ZMR 1984 S. 284, OLG Koblenz NJW 1984 S. 244 und OLG Schleswig NJW 1983 S. 1862). Das Erhöhungsverlangen muß aber auch in diesem Fall an alle Mieter gerichtet sein. Ist es nur an einen Mieter gerichtet oder fehlt eine gegenseitige Bevollmächtigung, so muß ein inhaltlich gleiches Erhöhungsverlangen allen Mietern (z. B. beiden Ehegatten) zugehen, auch wenn einer bereits aus der Wohnung ausgezogen ist. Sonst ist das Erhöhungsverlangen insgesamt unwirksam. Etwas anderes gilt nur, wenn der Ausgezogene den Mietvertrag im Einverständnis mit dem Vormieter und dem (den) zurückbleibenden Mieter(n) aufgelöst hat (RE BayObLG ZMR 1983 S. 247). Die Hinweise zur Schriftform und zum Zugang der Kündigung (§§ 564, 564a BGB) sind auf Mieterhöhungsverlangen entsprechend übertragbar. Bei Eigentumswechsel ist der Erwerber gemäß § 571 BGB zur Mieterhöhung im eigenen Namen erst berechtigt, wenn er im Grundbuch eingetragen ist (vgl. Anm. 2 zu § 571 BGB). Das Erhöhungsverlangen muß den Erhöhungsbetrag beziffert angeben. Die Erhöhung wird zu dem sich nach Absatz 4 ergebenden Zeitpunkt wirksam, auch wenn der Vermieter keinen oder einen früheren Termin angibt. Gibt er einen späteren Termin an, ist dieser verbindlich (RE OLG Koblenz NJW 1983 S. 1861). Das Gesetz zählt die möglichen Begründungsarten nicht abschließend auf, nennt aber beispielhaft die 3 in der Praxis allein bedeutsamen Begründungsmöglichkeiten.

Nach allgemeiner Meinung braucht der Vermieter den Ablauf der Wartefrist (Absatz 1 Nr. 1) nicht begründen, da dieser Umstand dem Mieter selbst bekannt und ohne weitere Information nachprüfbar ist.

Dasselbe dürfte für die neu ins Gesetz eingefügte Kappungsgrenze gelten. Somit muß sich die Begründung inhaltlich nur auf die örtliche Vergleichsmiete (Absatz 1 Nr. 2) beziehen. Etwas anderes gilt auch nicht für gemeinnützige Wohnungsunternehmen, die nicht verpflichtet sind darzulegen, daß die nach § 7 Wohnungsgemeinnützigkeitsgesetz angemessene Miete nicht überschritten ist (RE OLG Frankfurt ZMR 1982 S. 342).

10. Die **Bezugnahme auf einen Mietspiegel** ist für den Vermieter die einfachste Begründungsart. Der Mietspiegel für eine benachbarte Gemeinde ist nur heranzuziehen, wenn für die Gemeinde selbst kein Mietspiegel besteht. Für die formalen Anforderungen reicht es aus, wenn die Vergleichbarkeit der Gemeinden nicht offensichtlich fehlt (RE OLG Stuttgart NJW 1982 S. 945).

Ob die in Mietspiegeln ausgewiesenen Werte tatsächlich die örtliche Vergleichsmiete zutreffend wiedergeben, muß im Streitfall vom Gericht unter Heranziehung aller Beweismittel (insbesonders Sachverständigengutachten) festgestellt werden. Für das vorgerichtliche Verfahren reicht die Bezugnahme auf den Mietspiegel aus, auch wenn dieser den gesetzlichen Anforderungen nicht ganz genügt (vgl. Absatz 6). Zur Bezugnahme ist erforderlich, daß der Vermieter die von ihm zugrundegelegten Bewertungsmerkmale des Mietspiegels (z. B. Lage, Baujahr, Ausstattung) nennt, so daß die Einstufung nachvollziehbar ist. Die Beifügung eines allgemein zugänglichen (veröffentlichten) Mietspiegels ist nicht notwendig. Der Vermieter muß die Einordnung innerhalb der im Mietspiegel ausgewiesenen Spannen bis zum Oberwert zwar gegenüber dem Mieter nicht ausdrücklich begründen. Im gerichtlichen Verfahren muß er jedoch vortragen und nachweisen, daß der Wohnwert der Wohnung eine Einordnung z. B. im oberen Drittel rechtfertigt. Die Wirksamkeit des vorgerichtlichen Erhöhungsverlangens besagt noch nichts über die materielle Berechtigung des Erhöhungsverlangens. Der Mieter trägt die Beweislast für alle, sein Erhöhungsverlangen begründenden Tatsachen.

Weist der Mietspiegel für eine Wohnkategorie keine Werte aus, so kann für die hierunter fallenden Wohnungen der Mietspiegel nicht etwa durch Heranziehung und Annäherung anderer Werte ausgefüllt werden. In diesen Fällen muß der Vermieter eine andere Begründungsart wählen. Entsprechendes gilt, wenn der vorliegende Mietspiegel veraltet ist und der Vermieter einen höheren als den im Mietspiegel ausgewiesenen Betrag verlangt. Ein pauschaler Zuschlag auf veraltete Mietspiegel ist nicht zulässig (RE OLG Stuttgart NJW 1982 S. 945, OLG Hamburg ZMR 1983 S. 245). Das Erhöhungsverlangen ist in diesem Fall teilweise aus formalem Grund unwirksam und zwar insoweit wie der pauschale Zuschlag geht (RE OLG Hamburg NJW 1983 S. 1805).

Liegt ein Mietvertrag vor, der die Nebenkosten pauschal in die vereinbarte Miete mit einbezieht **(Inklusivmiete)**, so bestehen oft praktische Schwierigkeiten, die örtliche Vergleichsmiete darzulegen, weil die Mietspiegel in aller Regel Nettomieten (vgl. Anm. 1 zu § 1 MHG) ausweisen. In diesen Fällen kann die örtliche Vergleichsmiete (Inklusivmiete) dadurch ermittelt werden, daß zu der im Mietspiegel ausgewiesenen Nettomiete ein Zuschlag in Höhe der tatsächlich auf die Wohnung entfallenden Betriebskosten (vgl. Anm. 3 zu § 4 MHG) hinzugerechnet wird (RE OLG Stuttgart NJW 1983, S. 2329, OLG Hamm ZMR 1984 S. 282, OLG Hamburg ZMR 1984 S. 206). Dieser Betriebskostenanteil muß bereits im Mieterhöhungsverlangen konkret dargelegt werden, z. B. durch Aufteilung der gesamten gegenwärtigen Betriebskosten auf die gesamte Wohnfläche des Hauses.

Berücksichtigt der Mietspiegel Werte, die eine **Renovierungspflicht** des Mieters vorsehen, während im konkreten Mietverhältnis der Vermieter die Schönheitsreparaturen durchführen muß (ohne ausdrückliche Vereinbarung entspricht dies der gesetzlichen Regelung gem. § 548 BGB), so kann in entsprechender Weise ein angemessener Zuschlag zum Mietspiegelwert verlangt werden (RE OLG Koblenz NJW 1985 S. 333).

11. Die **Bezugnahme auf ein Sachverständigengutachten** kann vom Vermieter auch gewählt werden, wenn ein Mietspiegel vorliegt. Der Sachverständige muß nicht für das Gebiet der Mietpreisermittlung bestellt sein. Eine Bestellung auf einem verwandten Gebiet, etwa für die Ermittlung von Grundstücks- und Gebäudewerten reicht aus (RE BGH NJW 1982 S. 1701). Ebenso reicht es aus, wenn der Sachverständige von der Handelskammer nur für den Einzelfall benannt ist (RE OLG Hamburg ZMR 1984 S. 91). Das Gutachten muß nach den Gesichtspunkten der örtlichen Vergleichsmiete begründet sein. Wenn es unter Rentabilität- oder Kostengesichtspunkten oder Heranziehung eines Preisindexes begründet wird, ist es unbrauchbar. Ein hierauf gestütztes Mieterhöhungsverlangen ist unwirksam. Konkrete Vergleichswohnungen müssen im Gutachten nicht angegeben sein (RE OLG Frankfurt NJW 1981 S. 2820). Aus dem Gutachten muß aber ersichtlich sein, daß der Sachverständige genügend Wohnungen am örtlichen Wohnungsmarkt kennt und die zu bewertende Wohnung entsprechend eingeordnet hat (RE OLG Karlsruhe NJW 1983 S. 1863). Der Sachverständige muß die Wohnung auch nicht in jedem Fall besichtigen, so z. B., wenn er vergleichbare Wohnungen in derselben Wohnanlage bereits kennt (RE OLG Celle ZMR 1982 S. 341).

Das Bundesjustizministerium hat Hinweise zur Begründung eines Mieterhöhungsverlangens nach § 2 Abs. 2 MHG gegeben (abgedruckt bei Staudinger-Emmerich § 2 MHG Randziffer 150). Der dort vorgesehene Umfang der Begründung wird von der Rechtsprechung für die vorgerichtliche Begründung gegenüber dem Mieter gemäß Absatz 2 jedoch zurecht ganz überwiegend nicht gefordert.

Das Gutachten muß dem Erhöhungsverlangen beigefügt werden. Das Angebot der Einsichtnahme reicht nicht aus. Im Rechtsstreit ist das Gutachten als Parteigutachten im Rahmen des Parteivortrags zu beachten und unterliegt der freien Beweiswürdigung durch das Gericht. In der Regel wird die Einholung eines gerichtlichen Gutachtens erforderlich sein.

Die Kosten des vorprozessualen Gutachtens sind nach ganz überwiegender Auffassung keine Kosten der Rechtsverfolgung und deshalb vom Vermieter allein zu tragen, also auch dann, wenn er im Prozeß obsiegt.

12. Die **Benennung von Vergleichswohnungen** ist eine für den Vermieter kostengünstigere Begründungsmöglichkeit, vor allem in Gebieten, für die kein Mietspiegel besteht. Bei dieser Begründungsart kommt besonders deutlich zum Ausdruck, daß die vorgerichtliche Begründung gegenüber dem Mieter keinen Nachweis der örtlichen Vergleichsmiete darstellen muß. Der Vermieter erfüllt seine formale Begründungspflicht auch dann, wenn er 3 Wohnungen mitteilt, deren Miete deutlich über der örtlichen Vergleichsmiete liegt. Die Berechtigung der geforderten Mieterhöhung hat der Vermieter erst im Rechtsstreit nachzuweisen. Nur bis zur Höhe der festgestellten örtlichen Vergleichsmiete hat dann seine Mieterhöhungsklage Erfolg.

Die benannten Vergleichswohnungen müssen so konkret bezeichnet werden, daß sie für den Mieter ohne weiteres identifizierbar sind (RE BGH NJW 1982 S. 2867). Am zweckmäßigsten geschieht dies durch Angabe von Name und Anschrift des Mieters. Aber auch jede andere eindeutige Bezeichnung ist möglich. Der Vermieter muß bezüglich der benannten Vergleichswohnung die Kaltmiete (ohne Nebenkosten) und die Größe der Wohnung angeben oder die Quadratmetermiete (RE BayObLG ZMR 1982 S. 372). Die benannten Vergleichswohnungen müssen mit der Wohnung des Mieters ungefähr vergleichbar sein, wobei kein kleinlicher Maßstab angelegt werden darf. Bei der Wohnungsgröße dürften Abweichungen bis zu 50% hinzunehmen sein (sehr großzügig BayObLG aaO). Auch bei den anderen in Absatz 1 Nr. 2 genannten Wohnwertmerkmalen werden Unterschiede hinzunehmen sein, sofern die Wohnungen insgesamt gesehen noch vergleichbar erscheinen. Zu vergleichen ist jeweils der Quadratmeterpreis. Jede der genannten 3 Vergleichswohnungen muß die geforderte Miete zumindest erreichen. Ist dies nicht der Fall, so ist das Erhöhungsverlangen nicht völlig unwirksam aus formalen Gründen sondern nur insoweit unwirksam als die verlangte Miete den geringsten der 3 mitgeteilten Vergleichswerte übersteigt (RE OLG Karlsruhe WM 1984 S. 21). Die Mieter der benannten Wohnungen müssen nicht die Besichtigung der Wohnungen gestatten oder auskunftsbereit sein (RE OLG Schleswig NJW 1984 S. 245).

Die Begründung mit Vergleichswohnungen wurde mit Wirkung vom 1. 1. 1983 besonders erleichtert. Mieterhöhungsverlangen, die nach diesem Zeitpunkt zugegangen sind, müssen nicht mehr mit Vergleichswohnungen **anderer Vermieter** begründet werden (RE OLG Frankfurt ZMR 1984 S. 250). Der Vermieter kann jetzt auch Vergleichswohnungen aus seinem eigenen Wohnungsbestand benennen. Die benannten Vergleichswohnungen dürfen auch im selben Haus sich befinden (RE OLG Karlsruhe ZMR 1984 S. 311).

Bei der Benennung von 3 Wohnungen ist den formalen Anforderungen in jedem Fall Genüge getan. Die Benennung von nur 2 Wohnungen wird nur in Ausnahmefällen ausreichen, z. B. wenn in der maßgebenden Gemeinde oder notfalls auch vergleichbaren Gemeinde auch mit großer Mühe eine weitere vergleichbare Wohnung nicht gefunden werden kann.

13. Als **sonstige Begründungsmöglichkeiten** können z. B. Gutachten oder Urteile zu vergleichbaren Wohnungen in Betracht kommen, die amtliche Wohngeldstatistik sowie Gutachten oder Auskünfte der Gemeinde. Diese Unterlagen sind dem Erhöhungsverlangen beizufügen. Diese Erhöhungsmöglichkeiten sind in der Praxis jedoch sehr selten und im Einzelfall mit erheblicher Rechtsunsicherheit belastet. Sie dürften nur dann zu empfehlen sein, wenn im Einzelfall besondere Schwierigkeiten bei der Begründung nach einer der drei vom Gesetz genannten Arten entstehen.

Ungeeignet ist jede Form der Begründung, die sich auf die Entwicklung der Preis- und Kostensituation oder Rentabilitätsgesichtspunkte stützt oder sich auf Äußerungen privater Stellen oder Verbände bezieht. Wird eine unwirksame **Begründung nachträglich** in der vom Gesetz geforderten Form ergänzt, so setzt erst diese Ergänzung die Fristen nach Absatz 3 und Absatz 4 in Gang.

IV. Das Wirksamwerden der Mieterhöhung

14. Die **Zustimmung** des Mieters (Absatz 3) ist an keine Form gebunden. Sie kann ausdrücklich oder auch durch schlüssiges Verhalten (z. B. vorbehaltlose, mehrmalige Zahlung der erhöhten Miete) erfolgen. Bei langfristig befristeten Mietverträgen (vgl. Anm. 2 zu § 566 BGB) ist für die Änderung der Miethöhe ausnahmsweise Schriftform erforderlich. Stimmt der Mieter der Erhöhung nicht in vollem Umfang zu, so wird die Erhöhung zunächst nur teilweise wirksam. Der Mieter hat je nach Zugang des Erhöhungsverlangens eine Überlegungsfrist von 2 bis zu fast 3 Monaten. Auch eine später erklärte Zustimmung ist wirksam.

15. Stimmt der Mieter innerhalb der Überlegungsfrist nicht oder nicht uneingeschränkt zu, kann der Vermieter innerhalb der sich dann anschließenden Klagefrist **Klage** erheben. Unterläßt der Vermieter dies, so verliert das Mieterhöhungsverlangen nach Ablauf dieser Klagefrist in jedem Fall seine Wirkung. Eine vor Ablauf der Überlegungsfrist erhobene Klage ist nicht grundsätzlich unzulässig. Die Überlegungsfrist muß nur im Zeitpunkt der letzten mündlichen Verhandlung abgelaufen sein (RE KG ZMR 1981 S. 158). Erhebt der Vermieter vor Ablauf der Überlegungsfrist die Klage, so hat er die Kosten des Rechtsstreits, wozu auch die außergerichtlichen Kosten des Mieters gehören (z. B. Anwaltskosten), allein zu tragen (§§ 93, 91a Abs. 1 ZPO), wenn der Mieter innerhalb der Frist noch zustimmt.

Der Vermieter muß ein neues Mieterhöhungsverlangen stellen, wenn er seinen Erhöhungsanspruch erst nach Ablauf der Klagefrist weiterverfolgen will. Anders als nach der bis zum 31. 12. 1982 geltenden Rechtslage kann der Vermieter auch schon vor Ablauf der Klagefrist – ohne jede zeitliche Einschränkung – ein neues Erhöhungsverlangen stellen, das dann den Lauf der Fristen nach Absatz 3 und Absatz 4 neu auslöst.

Hat der Vermieter rechtzeitig Klage erhoben, so müssen Fehler bei der Begründung des Erhöhungsverlangens nicht (mehr) zur Abweisung der Klage führen. Das Gesetz läßt die **Nachholung** eines wirksamen **Erhöhungsverlangens** auch noch während des Rechtsstreits zu. Damit kann vermieden werden, daß auch bei materieller Berechtigung des Erhöhungsverlangens die Klage aus formalen Gründen abgewiesen werden muß. Wird ein wirksames Erhöhungsverlangen erst im Rechtsstreit gestellt, so führt dies nicht zur rückwirkenden Heilung, sondern löst den Lauf der Zustimmungsfrist (Absatz 3 Satz 1) und Wirksamkeitsfrist (Absatz 4) neu aus. Stimmt der Mieter innerhalb der Zustimmungsfrist oder in der ersten mündlichen Verhandlung danach der Mieterhöhung zu, so wird er mit den Kosten des Rechtsstreits nicht belastet (§§ 93, 91a Abs. 1 ZPO). Bei völlig unzureichenden Mieterhöhungsverlangen wird das Gericht in der Regel jedoch keine Gelegenheit zur nachträglichen Heilung geben sondern die Erhöhungsklage sofort als unzulässig abweisen. Auch die Versäumung der Klagefrist kann nicht durch Nachholung geheilt werden.

Im gerichtlichen Verfahren muß der Vermieter auf Zustimmung zur Mieterhöhung klagen. Aus diesem Urteil kann er die erhöhte Miete jedoch noch nicht vollstrecken. Das Urteil im Mieterhöhungsverfahren ersetzt lediglich die Zustimmung des Mieters zur Erhöhung der Miete. Eine Klage auf Zahlung kann der Vermieter in der Regel (§ 259 ZPO) erst erheben, wenn der Mieter nach Rechtskraft des Urteils, in dem er zur Zustimmung verurteilt wurde, nicht bezahlt. Bei Mieterhöhungen nach §§ 3, 4, 5 MHG kann und muß der Vermieter hingegen sofort auf Zahlung klagen.

16. Die **Fälligkeit** der erhöhten Miete (Absatz 4) ist unabhängig davon, ob der Mieter freiwillig zustimmt oder hierzu verurteilt worden ist. Sie tritt unmittelbar nach Ablauf der Überlegungsfrist nach Absatz 3 ein (z. B. Zugang des Erhöhungsverlangens: 18. 3., Wirksamkeit ab 1. 6.). Wegen abweichender Angaben im Mieterhöhungsverlangen vgl. oben Anm. 9. Der Mieter kommt mit dem Erhöhungsanteil, sofern er nicht unter Vorbehalt gezahlt hat, automatisch wirksam (RE OLG Hamburg NJW 1983 S. 1803, 1805). Seine materielle Berechtigung ist dann im gerichtlichen Verfahren gegebenenfalls bis zu dieser Höhe durch ein Sachverständigengutachten zur aktuellen örtlichen Vergleichsmiete nachzuweisen.

V. Mietspiegelregelung

17. Die in Absatz 5 enthaltenen Verpflichtungen zur Aufstellung und Fortschreibung von **Mietspiegeln** ist öffentlich-rechtlicher Natur und richtet sich an die Gemeinden. Unmittelbare Rechte für Mieter oder Vermieter lassen sich hieraus nicht ableiten. Die vorgesehene Verordnung der Bundesregierung ist bisher noch nicht erlassen worden. Hinweise für die Aufstellung von Mietspiegeln enthält der Bericht der Bundesregierung betreffend die Ermöglichung einer vermehrten Aufstellung von Mietspiegeln durch die Gemeinden vom 10. 5. 1976 (Bundestags-Drucksache 7/5160 – abgedruckt bei Schmidt-Futterer/Blank, C 156).

18. **Veraltete Mietspiegel** und Mietspiegel, die den Anforderungen des seit 1. 1. 1983 in Kraft getretenen Rechtes noch nicht Rechnung tragen, können zur Begründung des Mieterhöhungsverlangens nach Absatz 2 herangezogen werden (Absatz 6), sofern keine höheren als die darin ausgewiesenen Mietwerte verlangt werden. In der Zeit beständig steigender Mieten ist davon auszugehen, daß die in den nicht fortgeschriebenen Mietspiegeln wiedergegebenen Mietwerte regelmäßig unter den am Markt sich später gebildeten Werten liegen. Entsprechendes gilt für Mietspiegel, die den neuen, auf Vergleichswerte aus den letzten 3 Jahren eingeengten Begriff der örtlichen Vergleichsmiete noch nicht zugrundeliegen haben und deshalb auch auf Mietwerten aus früherer Zeit beruhen. Eine pauschale Erhöhung der in solchen Mietspiegeln ausgewiesenen Mietwerte ist nicht möglich (RE OLG Stuttgart NJW 1982 S. 945). Stützt der Vermieter ein Erhöhungsverlangen auf veraltete Mietspiegel und rechnet er einen Zuschlag wegen des Zeitablaufs seit der Mietspiegelaufstellung hinzu, so ist das Erhöhungsverlangen bis zur Obergrenze des alten Mietspiegels formal wirksam (RE OLG Hamburg NJW 1983 S. 1803, 1805). Seine materielle Berechtigung ist dann im gerichtlichen Verfahren gegebenenfalls bis zu dieser Höhe durch ein Sachverständigengutachten zur aktuellen örtlichen Vergleichsmiete nachzuweisen.

[Bauliche Änderungen durch den Vermieter]

3 (1) Hat der Vermieter bauliche Maßnahmen durchgeführt, die den Gebrauchswert der Mietsache nachhaltig erhöhen, die allgemeinen Wohnverhältnisse auf die Dauer verbessern oder nachhaltig Einsparungen von Heizenergie bewirken (Modernisierung), oder hat er andere bauliche Änderungen auf Grund von Umständen, die er nicht zu vertreten hat, durchgeführt, so kann er eine Erhöhung der jährlichen Miete um elf vom Hundert der für die Wohnung aufgewendeten Kosten verlangen. Sind die baulichen Änderungen für mehrere Wohnungen durchgeführt worden, so sind die dafür aufgewendeten Kosten vom Vermieter angemessen auf die einzelnen Wohnungen aufzuteilen. Werden die Kosten für die baulichen Änderungen ganz oder teilweise durch zinsverbilligte oder zinslose Darlehen aus öffentlichen Haushalten gedeckt, so verringert sich der Erhöhungsbetrag nach Satz 1 um den Jahresbetrag der Zinsermäßigung, der sich für den Ursprungsbetrag des Darlehens aus dem Unterschied im Zinssatz gegenüber dem marktüblichen Zinssatz für erststellige Hypotheken zum Zeitpunkt der Beendigung der Maßnahmen ergibt; werden Zuschüsse oder Darlehen zur Deckung von laufenden Aufwendungen gewährt, so verringert sich der Erhöhungsbetrag um den Jahresbetrag des Zuschusses oder Darlehens. Ein Mieterdarlehen, eine Mietvorauszahlung oder eine von einem Dritten für den Mieter erbrachte Leistung für die baulichen Änderungen steht einem Darlehen aus öffentlichen Haushalten gleich. Kann nicht festgestellt werden, in welcher Höhe Zuschüsse oder Darlehen für die einzelnen Wohnungen gewährt worden sind, so sind sie nach dem Verhältnis der für die einzelnen Wohnungen aufgewendeten Kosten aufzuteilen. Kosten, die vom Mieter oder für diesen von einem Dritten übernommen oder die mit Zuschüssen aus öffentlichen Haushalten gedeckt werden, gehören nicht zu den aufgewendeten Kosten im Sinne des Satzes 1. Mittel der Finanzierungsinstitute des Bundes oder eines Landes gelten als Mittel aus öffentlichen Haushalten.

(2) Der Vermieter soll den Mieter vor Durchführung der Maßnahmen nach Absatz 1 auf die voraussichtliche Höhe der entstehenden Kosten und die sich daraus ergebende Mieterhöhung hinweisen.

(3) Der Anspruch nach Absatz 1 ist vom Vermieter durch schriftliche Erklärung gegenüber dem Mieter geltend zu ma-

chen. **Die Erklärung ist nur wirksam, wenn in ihr die Erhöhung auf Grund der entstandenen Kosten berechnet und entsprechend den Voraussetzungen nach Absatz 1 erläutert wird.**

(4) Die Erklärung des Vermieters hat die Wirkung, daß von dem Ersten des auf die Erklärung folgenden Monats an der erhöhte Mietzins an die Stelle des bisher zu entrichtenden Mietzinses tritt; wird die Erklärung erst nach dem Fünfzehnten eines Monats abgegeben, so tritt diese Wirkung erst von dem Ersten des übernächsten Monats an ein. Diese Fristen verlängern sich um drei Monate, wenn der Vermieter dem Mieter die voraussichtliche Mieterhöhung nach Absatz 2 nicht mitgeteilt hat oder wenn die tatsächliche Mieterhöhung gegenüber dieser Mitteilung um mehr als zehn vom Hundert nach oben abweicht.

1. Bei Modernisierung von Wohnräumen, für die das MHG anwendbar ist (vgl. Anm. 2 vor § 1 MHG, für Sozialwohnungen gilt § 6 NMV 70), gibt das Gesetz dem Vermieter eine **vereinfachte Möglichkeit** durch einseitige Erklärung, die keiner Zustimmung des Mieters bedarf, die Miete den aufgewendeten Kosten entsprechend zu erhöhen. Der Vermieter kann die Erhöhung auch erst einige Zeit nach Abschluß der Modernisierungsarbeiten verlangen. Rückwirkung hat ein späteres Erhöhungsverlangen jedoch nicht. Die örtliche Vergleichsmiete begrenzt Mieterhöhungen nach dieser Vorschrift nicht unmittelbar. Nach überwiegender Auffassung wird die nach § 3 zulässige Erhöhung jedoch durch die von § 5 WiStG (vgl. Erläuterungen dort) gezogene Grenze erfaßt. Danach ist eine Überschreitung der örtlichen Vergleichsmiete um mehr als 20%, sofern die laufenden Aufwendungen nicht höher sind, unzulässig. Eine Überschreitung um mehr als 50% ist in jedem Fall unangemessen und damit unwirksam (RE OLG Karlsruhe NJW 1982 S. 62).

Voraussetzung der Mieterhöhung nach § 3 ist nicht, daß der Mieter der Modernisierung ausdrücklich zugestimmt hat (OLG Hamburg ZMR 1981 S. 213, OLG Hamm NJW 1981 S. 1622). Er muß jedoch zu ihrer Duldung (§ 541 b BGB) verpflichtet gewesen sein.

Der Vermieter hat die Wahl, ob er nach der Modernisierung unter Berücksichtigung der verbesserten Wohnwertkriterien (§ 2 Abs. 1 Nr. 2 MHG) die Miete in Anpassung an die örtliche Vergleichsmiete nach § 2 MHG erhöht oder die Modernisierungskosten nach § 3 umlegt. Er kann auch gleichzeitig eine Mieterhöhung nach § 2 MHG auf der Basis für vergleichbaren, nicht modernisierten Wohnraum fordern und zusätzlich die Modernisierungskosten nach § 3 MHG umlegen (RE OLG Hamm NJW 1982 S. 289). Bei öffentlich geförderten Modernisierungen muß der Vermieter sich verpflichten (§ 14 Abs. 2 ModEnG), nicht mehr als den nach § 2 Abs. 1 MHG oder § 3 Abs. 1 sich ergebenden Erhöhungsbetrag zu verlangen. Dies entspricht dem gesetzlich gegebenen Wahlrecht und schließt deshalb auch die Kombination beider Erhöhungen mit der aufgezeigten Einschränkung (OLG Hamm aaO) nicht aus. Neben der Erhöhung nach § 3 ist auch eine Erhöhung nach § 4 MHG möglich, wenn z. B. die neuen Einrichtungen höhere Betriebskosten verursachen. Die Finanzierungskosten für die Modernisierungsarbeiten können weder nach § 3 (RE OLG Hamburg NJW 1981 S. 2820) noch nach § 5 MHG umgelegt werden. Der Mieter kann sich einer Mieterhöhung durch Kündigung gemäß § 9 MHG entziehen.

2. **Bauherr** muß der Vermieter sein, so daß Maßnahmen, die von Dritten, z. B. der öffentlichen Hand, auf Kosten des Vermieters durchgeführt werden, keine Umlage rechtfertigen. Der gesamte Erschließungsaufwand im weiteren Sinn wird somit von § 3 nicht erfaßt (RE OLG Hamm NJW 1983 S. 2331). Wegen des Begriffs der Baumaßnahmen und der Gebrauchswerterhöhung kann auf die weitgefaßte Definition in §§ 3, 4 ModEnG zurückgegriffen werden (abgedruckt im Anhang).

3. **Instandsetzungsmaßnahmen,** die nur der Erhaltung der Wohnung dienen und lediglich den vertragsgemäßen Zustand erhalten, können nicht nach § 3 MHG umgelegt werden. Dies gilt z. B. für die Reparatur oder den Austausch beschädigter Teile. Häufig dient eine Baumaßnahme sowohl der Instandsetzung als auch der Modernisierung (z. B. Ersetzung eines veralteten, reparaturbedürftigen Heizsystems durch ein energiesparendes neues System; Austausch alter einfacher Holzfenster gegen neue Verbundglasfenster). In diesen Fällen müssen von den Gesamtkosten die Kosten abgesetzt werden, die bei bloßer Instandhaltung angefallen wären, sofern die Instandsetzungsarbeiten zur Bauzeit fällig waren (RE OLG Celle NJW 1981 S. 1625). Wäre eine entsprechende Instandsetzung aber erst später notwendig geworden, sind die Baukosten ohne Abzug umlegbar. Ein Abzug der fiktiven Instandhaltungskosten, die der Vermieter bei Instandhaltung ohne Modernisierung im Verhältnis zum Mieter in der Zukunft allein hätte tragen müssen, ist nicht möglich (RE OLG Hamm NJW 1981 S. 1622). Bei der Ersetzung noch funktionsfähiger Einrichtungen kommt ein Abzug in Betracht, wenn diese auch nach dem Ausbau noch verwertbar sind und einen entsprechenden Restwert haben.

4. **Gebrauchswerterhöhend** sind alle Maßnahmen, die die Nutzbarkeit der Wohnung für den Mieter verbessern, weil sie das Wohnen bequemer, sicherer, gesünder oder angenehmer machen. Eine Aufzählung solcher Maßnahmen enthalten §§ 3 und 4 ModEnG. Die Verbes-

serung muß dauerhaft und von nicht nur geringer Bedeutung sein, sonst kann sie nicht als nachhaltig bezeichnet werden.

Die beim **Kabelfernsehen** (Anschluß an das Breitbandkabelnetz) auftretenden Probleme sind bisher in der Rechtsprechung weitgehend noch nicht entschieden worden. Ein RE des Kammergerichts ist in Kürze zu erwarten. Den Anschluß kann der Mieter bei der Post beantragen, der Vermieter wird ihm zustimmen müssen, sofern die erforderlichen Baumaßnahmen nicht über das Maß hinausgehen, das beim Telefonanschluß üblich ist. In der Regel wird der Anschluß vom Vermieter beantragt. Die notwendigen Baumaßnahmen muß der Mieter in der Regel dulden. Er ist jedoch – sofern sich aus dem Mietvertrag nichts anderes ergibt – nicht verpflichtet, ein Nutzungsverhältnis mit der Post einzugehen und die monatlichen Postgebühren zu bezahlen. Die einmalige Gebühr für den Anschluß an das Kabelnetz kann der Vermieter nicht auf die Mieter gemäß § 3 MHG umlegen, da der Vermieter insoweit nicht Bauherr ist (vgl. Anm. 2) und keine wesentliche Wohnwertverbesserung, vergleichbar den in §§ 3, 4 ModEnG genannten Maßnahmen, erreicht wird. Auch im preisgebundenen Wohnungsbau ist eine Umlage (§ 6 NMV 70 iVm § 11 Abs. 4–7 II. BV) nicht möglich. Umgelegt werden können allenfalls die Kosten für das hausinterne Verteilungsnetz, aber auch nur dann, wenn zuvor ein qualitativ ausreichender Fernsehempfang über eine Dachantenne mit Verteilungsantenne nicht vorhanden war. Von den laufenden Betriebskosten muß der Mieter die Kosten für den Betriebsstrom der hausinternen Verteilungsanlage und die Wartungskosten für sie gemäß Anl. 3 zu § 27 II. BV Nr. 15 anteilig tragen, sofern er nach dem Mietvertrag zur Übernahme dieser Nebenkostenart verpflichtet ist (vgl. Anm. 1, 2 zu § 4 MHG). Die monatlichen Postgebühren muß er nur zahlen, soweit er ein Nutzungsverhältnis mit der Post eingegangen ist oder sich hierzu vertraglich verpflichtet hat z. B. durch Zustimmung zum Anschluß (umfassend hierzu NJW 1984 S. 1433).

Im Prinzip gilt, daß der Mieter den Anschluß zwar dulden, Mehrkosten aber nur tragen muß, wenn er den Anschluß wünscht. Das gilt im preisgebundenen und nicht preisgebundenen Wohnungsbau. Der Mieter hat keinen Anspruch, daß der Vermieter einen Kabelanschluß einrichten läßt.

5. Die **Verbesserung der Wohnverhältnisse** bezieht sich auf Maßnahmen außerhalb der Wohnung (Gemeinschaftsanlagen), die der Wohnung zugute kommen. Zur näheren Erläuterung wird auf § 4 Abs. 2, 3 Abs. 5 ModEnG hingewiesen. Darüber hinaus fallen hierunter z. B. Einbau eines Fahrstuhls, Anbringung einer Gemeinschaftsantenne, Bau von Garagen, Anschluß an verbesserte Versorgungsleitungen aller Art, Einrichtung einer Haustür- oder Treppenhausbeleuchtung. Sind entsprechende Anlagen bereits vorhanden, sind nur die Kosten einer wesentlichen Erweiterung umlegbar.

6. Maßnahmen zur **Einsparung von Heizenergie** sind in § 4 Abs. 3 ModEnG aufgezählt. Umfangreiche bautechnische Erläuterungen hierzu enthält die Begründung zum Regierungsentwurf für § 4 ModEnG (abgedruckt bei Schmidt-Futterer/Blank C 186a). Sie müssen den Wohnwert nicht erhöhen. Erforderlich ist jedoch, daß die auf Dauer zu erwartenden Einsparungen den Mietern zugute kommen. Das wird in der Regel der Fall sein, da die Zulässigkeit von Verträgen mit Warmmiete in Zukunft nur noch in Ausnahmefällen zulässig ist (vgl. Anm. 1 zu § 11 Heizkostenverordnung). Die Mieterhöhung muß in einem angemessenen wirtschaftlichen Verhältnis zur Heizkosteneinsparung stehen. Eine feste (prozentuale) Obergrenze gibt es – abgesehen von § 5 WiStG – nicht (RE OLG Karlsruhe WM 1985 S. 17).

7. Vom Vermieter **nicht zu vertretende** bauliche Maßnahmen sind z. B. die Umstellung von Stadtgas auf Erdgas, der Ersatz einer elektrischen Freileitung durch eine Erdleitung, der nachträgliche Einbau von Grenzwertgebern für Öltanks. Erfaßt werden alle Maßnahmen, auf die der Vermieter keinen Einfluß hat und deren Kosten er nicht vermeiden kann. Dies ist z. B. auch bei behördlichen Anordnungen im Rahmen eines Modernisierungsgebotes (§ 39e Bundesbaugesetz) der Fall. Werden die Arbeiten jedoch nicht vom Vermieter als Bauherrn durchgeführt, ist § 3 MHG nicht anwendbar.

8. Die **jährliche Miete,** die Ausgangsbasis für die Mieterhöhung, ist nach überwiegender Meinung seit einer entsprechenden Gesetzesänderung (vom 27. 6. 1978) das 12-fache der zuletzt gezahlten Monatsmiete, nicht der Gesamtbetrag der im letzten Jahr vor der Durchführung der baulichen Änderungen gezahlten Miete. Die Einschränkung: ,,vor Durchführung der baulichen Änderung" zur ,,jährlichen Miete" in Satz 1 ist entfallen. Wurde die Miete im letzten Jahr vor der Modernisierung erhöht, kommt diesem Unterschied eine erhebliche praktische Bedeutung zu. Der Modernisierungszuschlag ist somit wie folgt zu berechnen: 11% der berücksichtigungsfähigen Kosten (Anm. 9) sind in 12 Monatsteile aufzuteilen. Um diesen Betrag erhöht sich die zuletzt gezahlte Miete.

9. **Berücksichtigungsfähige Kosten** sind die tatsächlich entstandenen Baukosten einschließlich Baunebenkosten (Genehmigungsgebühr, Architektenhonorar). Eigenleistungen sind zu den üblichen Handwerkerpreisen ohne Mehrwertsteuer anzusetzen. Nicht zu berücksichtigen sind Finanzierungskosten und Aufwendungen des Vermieters gemäß § 541b Abs. 3 BGB. Unnötigen Aufwand muß der Vermieter nach Treu und Glauben (§ 242 BGB) vermeiden.

10. Eine **angemessene Aufteilung** der Baukosten (einschließlich des Werts eventueller Eigenarbeit) erfordert eine Verteilung auf alle betroffenen Wohnungen. Sind von einem Mieter keine Erhöhungsbeträge zu erlangen, z. B. weil er zahlungsunfähig ist oder eine höhere

Miete nicht zumutbar war (vgl. § 541 b BGB), so darf dessen Anteil nicht auf die anderen Mieter umgelegt werden. Im Regelfall entspricht es billigem Ermessen (§ 315 BGB), wenn die Kosten nach der Wohnfläche verteilt werden.

11. Öffentliche Mittel (Zuschüsse oder verbilligte Darlehen) zur Modernisierung sollen wirtschaftlich dem Mieter zugute kommen. Gleiches gilt für Leistungen des Mieters oder privater Dritter. Ihre Anrechnung ist in Absatz 1 Satz 3 bis 7 geregelt. Im Prinzip ist jeweils zunächst der Erhöhungsbetrag (11% der Baukosten) zu ermitteln. Davon ist abzuziehen, was der Vermieter im jeweiligen Jahr infolge der Zinsverbilligung oder der Zuschüsse erspart. Bei jährlich sich ändernden Konditionen ändert sich auch der Abzugsbetrag jährlich. Der Rest ist der bisherigen jährlichen Miete hinzuzurechnen. Ein Zwölftel hieraus ergibt die neue Monatsmiete. Werden für einzelne Wohnungen unterschiedliche Mittel verwendet, so ist der Abzugsbetrag für jede Wohnung – soweit möglich – gesondert zu ermitteln. Sonst ist nach Absatz 1 Satz 5 zu verfahren. Wegen der praktischen Schwierigkeiten der nach § 3 erforderlichen Berechnungen sollten Vermieter und Mieter über den Erhöhungsbetrag möglichst eine Vereinbarung treffen. Dies ist nach § 10 Abs. 1 MHG zulässig. Sofern jedoch öffentliche Mittel verwendet worden sind, ist § 14 ModEnG zu beachten. Der Vermieter muß sich verpflichten, nicht mehr als die gesetzlich nach §§ 2, 3 MHG zulässige Miete zu verlangen. Liegt der vereinbarte Betrag höher, hat der Mieter ein entsprechendes Rückforderungsrecht nach § 16 ModEnG.

12. Der **Hinweis** nach Absatz 2 kann auch formlos erfolgen; er sollte praktischerweise aber mit dem schriftlichen Hinweis nach § 541 b BGB verbunden werden. Die mitgeteilten Berechnungen müssen nachvollziehbar sein. Gegebenenfalls sind auch Angaben zu den Kürzungsbeträgen nach Absatz 1 Satz 3 bis 7 zu machen. Unterläßt der Vermieter einen diesen Anforderungen entsprechenden Hinweis, verschiebt sich die Fälligkeit der erhöhten Miete um 3 Monate (Absatz 4).

13. Der Vermieter kann durch **schriftliche Erklärung** (vgl. § 126 BGB, § 8 MHG) nach Absatz 3 den Erhöhungsanspruch einseitig begründen, wenn er sich mit dem Mieter über den Erhöhungsbetrag nicht zuvor geeinigt hat. Die Erklärung kann erst nach vollständiger Durchführung der Baumaßnahmen zugehen. Die Erhöhung muß so berechnet und erläutert werden, daß sie auch ohne besondere Sachkunde nachvollziehbar und damit für den Mieter prüfbar wird. Teilweise wird gefordert, daß der Vermieter immer Angaben zur Finanzierung machen muß, auch wenn er keine Mittel eingesetzt hat, die zur Kürzung des Erhöhungsbegehrens führen. Auf Verlangen ist dem Mieter Einsicht in die Rechnungsbelege zu geben (§ 259 BGB).

14. Die **Fälligkeit** der erhöhten Miete ergibt sich, wenn das Erhöhungsverlangen den gesetzlichen Anforderungen genügt hat, aus Absatz 4. Maßgebend für den Erklärungszeitpunkt ist der Zugang beim Mieter. Ist die dem Mieter mitgeteilte Berechnung unrichtig oder die Aufteilung auf die verschiedenen Wohnungen unangemessen, so ist das Erhöhungsverlangen in der Höhe des richtigen Betrages wirksam. Im Streitfall ist die Klage des Vermieters somit nicht unzulässig, sondern allenfalls teilweise unbegründet. Der sich aus § 3 ergebende Erhöhungsbetrag muß gegebenenfalls durch das Gericht festgestellt werden.

Das Recht zur Mieterhöhung nach § 3 kann durch vertragliche Absprachen gemäß § 1 Satz 3 MHG ausgeschlossen sein.

[Betriebskostenvorauszahlung und Umlage erhöhter Betriebskosten]

4 (1) Für Betriebskosten im Sinne des § 27 der Zweiten Berechnungsverordnung dürfen Vorauszahlungen nur in angemessener Höhe vereinbart werden. Über die Vorauszahlungen ist jährlich abzurechnen.

(2) Der Vermieter ist berechtigt, Erhöhungen der Betriebskosten durch schriftliche Erklärung anteilig auf den Mieter umzulegen. Die Erklärung ist nur wirksam, wenn in ihr der Grund für die Umlage bezeichnet und erläutert wird.

(3) Der Mieter schuldet den auf ihn entfallenden Teil der Umlage vom Ersten des auf die Erklärung folgenden Monats oder, wenn die Erklärung erst nach dem Fünfzehnten eines Monats abgegeben worden ist, vom Ersten des übernächsten Monats an. Soweit die Erklärung darauf beruht, daß sich die Betriebskosten rückwirkend erhöht haben, wirkt sie auf den Zeitpunkt der Erhöhung der Betriebskosten, höchstens jedoch auf den Beginn des der Erklärung vorausgehenden Kalenderjahres zurück, sofern der Vermieter die Erklärung innerhalb von drei Monaten nach Kenntnis von der Erhöhung abgibt.

(4) Ermäßigen sich die Betriebskosten, so ist der Mietzins vom Zeitpunkt der Ermäßigung ab entsprechend herabzusetzen. Die Ermäßigung ist dem Mieter unverzüglich mitzuteilen.

---

1. **Überblick:** Der Mieter ist zur Zahlung von Nebenkosten neben der Miete nur verpflichtet, wenn und soweit dies im Mietvertrag aus-

drücklich vereinbart worden ist. Eine umfassende Einbeziehung der in Anlage 3 zu § 27 II. BV (abgedruckt im Anschluß an die Erläuterungen zu § 4) genannten Kostenarten ist durch eine Bezugnahme auf diese Bestimmungen im Mietvertrag möglich (RE BayObLG NJW 1984 S. 1761). Im Anwendungsbereich der Heizkostenverordnung (vgl. Anm. 4) werden die vertraglichen Vereinbarungen jedoch modifiziert. Für bestimmte Kostenarten ist dort eine verbrauchsabhängige Abrechnung zwingend vorgeschrieben. Für die nicht von der Heizkostenverordnung erfaßten Kostenarten, an denen sich der Mieter nach den Vereinbarungen im Mietvertrag zu beteiligen hat, ist zu unterscheiden, ob die Kosten nach (jährlicher) genauer Abrechnung umzulegen sind. Dann gilt (nur) Absatz 1. Ist im Mietvertrag jedoch eine pauschale Beteiligung an den dort genannten Kostenarten vereinbart, so gelten für die Erhöhung dieser Kosten Absatz 2 bis Absatz 4.

2. Im Bereich der Mietnebenkosten hat das Gesetz eine **erleichterte Erhöhungsmöglichkeit** geschaffen. Für den Bereich der öffentlich geförderten, preisgebundenen Wohnungen (Sozialwohnungen) gelten §§ 20 ff. NMV 1970. Nach dem Ende der Mietpreisbindung kann der Vermieter vom Mieter Zustimmung zu einer Vertragsänderung verlangen, nach der der Mieter zur Zahlung der üblichen Betriebskosten verpflichtet ist. Ob und wieweit der Mieter neben der Grundmiete überhaupt zur Zahlung für Nebenkosten verpflichtet ist, ist dem Mietvertrag zu entnehmen. Sofern der Mietvertrag keine klaren Bestimmungen trifft, sind die Nebenkosten mit der Miete abgegolten (Pauschalmiete). Zweifel gehen zu Lasten des Vermieters. Besonderheiten gelten im Anwendungsbereich der Heizkostenverordnung.

Steht fest, daß der Mieter zur Zahlung von Nebenkosten nach dem Mietvertrag verpflichtet ist, muß danach unterschieden werden, ob die Nebenkosten als Pauschale (ohne Abrechnungspflicht) zu zahlen sind oder im Wege der Vorauszahlung der Art nach genau spezifizierte Nebenkosten, die turnusmäßig (zumindest jährlich) abzurechnen sind. Oft sind die entsprechenden Vertragsbestimmungen nicht klar gefaßt. Was im Einzelfall gelten soll, ist durch Auslegung nach dem wirklichen oder mutmaßlichen Willen der Parteien bei Vertragsschluß zu ermitteln. Dabei ist auch eine mehrjährige, einverständliche Praxis zwischen den Parteien bei einem späteren Streit zu berücksichtigen. Im Zweifel wird wohl nicht eine Pauschallierung der Nebenkosten sondern Vorauszahlung anzunehmen sein.

3. Die Erhöhung der Mietnebenkosten wird nur bezüglich der **Betriebskosten** in § 4 MHG erleichtert. Was zu den Betriebskosten gehört, ergibt sich aus der (im Anschluß an die Erläuterungen zu § 4 abgedruckten) Anlage 3 zu § 27 II. BV. Bei der Anwendung des § 27 II. BV ist zu berücksichtigen, daß die Besonderheiten, die sich aus den Umständen des öffentlich geförderten Wohnungsbaus ergeben, im

Bereich des § 4 nicht gelten. § 27 Abs. 3, 4 II. BV ist deshalb hier nicht anwendbar.

Der **Hauswart** (Anlage 3 Nr. 14) ist vom Hausverwalter zu unterscheiden. Dem Hauswart (Hausmeister) müssen überwiegend praktische, technische Aufgaben übertragen sein (z. B. Instandhaltung, Reinigungs- und Streupflicht, Gartenpflege, Bedienung der Heizung). Umlagefähig ist seine Vergütung in der tatsächlich vereinbarten Höhe (im Rahmen des üblichen), gegebenenfalls unter Hinzurechnung der örtlichen Vergleichsmiete für eine kostenfrei überlassene Hausmeisterwohnung. Soweit dem Hauswart Aufgaben obliegen, die ihrer Art nach nicht als Betriebskosten umlagefähig sind (z. B. Instandhaltung, Instandsetzung), ist ein entsprechender Abzug geboten. Gleiches gilt, wenn der Hauswart auch Aufgaben der Hausverwaltung zu erfüllen hat. Soweit die Tätigkeit des Hauswarts durch seine umlagefähige Vergütung abgegolten ist, dürfen dem Mieter hierfür keine weiteren Kosten (z. B. nach Anlage 3 Nr. 6 bis 10) für die Tätigkeit des Hauswarts in Rechnung gestellt werden sondern nur die Materialkosten.

Sonstige Betriebskosten (Anlage 3 Nr. 17) sind nur Kosten der zuvor in der Anlage bezeichneten Art, nicht aber Verwaltungs- oder Instandhaltungskosten. Im Bereich des § 4 Abs. 2 MHG kommt dieser Kostenart keine praktische Bedeutung zu.

Wirtschaftlich vermeidbare Kosten sind nicht umlagefähig.

Die in Anlage 3 zu § 27 II. BV genannten Kosten sind dort abschließend aufgezählt. Alle anderen, vereinbarungsgemäß vom Mieter zu zahlenden Nebenkosten (z. B. Verwaltungskosten, Instandhaltungs- und Instandsetzungskosten etwa für die Erneuerung oder Reparatur der Heizungsanlage) können vom Vermieter nur unter den erschwerten Voraussetzungen des § 2 MHG erhöht werden. Dies bedeutet im Ergebnis, daß die Grundmiete und diese nicht von § 4 erfaßten Nebenkosten zusammen jeweils bis zur Grenze der örtlichen Vergleichsmiete erhöht werden können. Die Vereinbarung, daß der Mieter andere Nebenkosten als die bezeichneten Betriebskosten zu tragen hat, ist somit auf Dauer nur wirksam, wenn Vorauszahlung auf Abrechnung vorgesehen ist. Werden diese Nebenkosten hingegen in pauschalierter Form vereinbart, so kommt dieser Vereinbarung Rechtswirkung praktisch nur bis zur ersten Mieterhöhung zu, da die örtliche Vergleichsmiete regelmäßig (z. B. Mietspiegel) unter Einschluß aller von § 4 MHG nicht genannten Nebenkostenarten ermittelt wird.

Es muß jedoch darauf hingewiesen werden, daß die Gerichte nicht selten die Umlage von Erhöhungen aller nicht in § 27 II. BV, Anl. 3, genannten Kostenarten als unzulässig ansehen. Soweit – wie hier – die Umlage für zulässig angesehen wird, ist jedoch § 5 WiStG zu beachten. Die Umlage aller Kosten darf die dort genannten Grenzen nicht übersteigen. Ausgangswert ist die örtliche Vergleichsmiete als Warmmiete, d. h. Kaltmiete zuzüglich üblicher Heizkosten.

4. Bei der Übertragung der **Heizkosten** auf den Mieter empfiehlt sich eine besonders präzise Formulierung. Die Klausel, daß,, der Mieter die Heizkosten zu tragen" hat, erlaubt nach der Auffassung verschiedener Gerichte im wesentlichen nur die Umlage der Brennstoffkosten, nicht aber z. B. der Wartungskosten und der Kosten der Verbrauchserfassung. Um eine umfassende Umlage zu erreichen, sollte im Mietvertrag entweder auf die Betriebskosten gemäß Anlage 3 zu § 27 II. BV (abgedruckt im Anschluß an die Erläuterungen zu § 4) verwiesen werden oder die einzelnen Kostenarten ausdrücklich genannt werden. Eine pauschale Verweisung auf die Kosten der genannten Vorschrift reicht aus. Die Beifügung des Verordnungstextes insoweit ist nicht erforderlich (RE BayObLG NJW 1984 S. 1761).

Wenn die Heizkosten ganz oder zum Teil pauschal in die Miete einbezogen sind (Warmmiete) oder als Nebenkostenpauschale (ohne Abrechnung) vom Mieter gezahlt werden sollen, werden die entsprechenden vertraglichen Vereinbarungen durch die **Heizkostenverordnung** geändert, die mit verschiedenen Übergangsregelungen die Pauschalvereinbarungen unwirksam werden läßt (vgl. zur Umstellung Anm. 3 zu § 7 der Heizkostenverordnung). Die in § 7 Abs. 2, § 8 Abs. 2 Heizkostenverordnung genannten Kostenarten sind, sobald die Heizkostenordnung angewandt werden muß (vgl. dort §§ 11, 12), auch bei entgegenstehendr vertraglicher Vereinbarung verbrauchsabhängig entsprechend den Vorschriften der Heizkostenverordnung abzurechnen. Für die nicht in §§ 7 Abs. 2, 8 Abs. 2 Heizkostenverordnung genannten Kostenarten, z. B. für Schornsteinreinigung, Haftpflichtversicherung für Öltank oder Müllabfuhr, verbleibt es bei der sich aus § 4 in Verbindung mit dem Mietvertrag ergebenden Regelung. Kostenerhöhungen auf diesen Gebieten können nach § 4 MHG umgelegt werden, wenn der Mieter nach den Vereinbarungen im Mietvertrag zum Ersatz dieser Kostenart verpflichtet wurde (vgl. RE OLG Karlsruhe NJW 1981 S. 1051). Bei Einbeziehung dieser Kosten in die vereinbarte Miete (Inklusivmiete) wirken sich Betriebskostensteigerungen nur bei einer Mieterhöhung nach § 2 MHG aus (vgl. Anm. 10 zu § 2 MHG).

Wegen der einzeilnen Kostenarten wird auf die Erläuterungen zu § 7 HKV Anm. 2 verwiesen.

5. Die **Vorauszahlungspflicht** des Mieters folgt nicht aus dem Gesetz, sondern muß vertraglich vereinbart sein. Begrifflich setzt die Vorauszahlung eine Vereinbarung voraus, nach der turnusmäßig abzurechnen ist. Sollte sich die vereinbarte Vorauszahlung nachhaltig als zu gering herausstellen, so kann der Vermieter erhöhte Vorauszahlung in der Zukunft nur dann verlangen, wenn er auch das Recht, die Vorauszahlung zu erhöhen, im Mietvertrag vereinbart hat. Andernfalls bleibt er darauf angewiesen, den fehlenden Restbetrag jeweils am

Ende des Abrechnungsturnus einzufordern. Dieser Restbetrag kann die Summe der Vorauszahlungen auch erheblich übersteigen (RE OLG Stuttgart NJW 1982 S. 2506).

Zahlt der Mieter nicht, ist der Vermieter nicht berechtigt, die Erfüllung seiner Vertragspflichten zu verweigern, z. B. die Heizung abzustellen oder die Stromversorgung zu unterbrechen. Dies könnte sogar als Nötigung strafbar sein (OLG Hamm NJW 1983 S. 1505). Der Vermieter muß seinen Zahlungsanspruch gerichtlich geltend machen.

6. Die **Höhe** ist **angemessen,** wenn sie sich an der Summe der tatsächlich zu erwartenden Betriebskosten ausrichtet, wobei in der Regel auf die Werte der Vorjahre unter Berücksichtigung zu erwartender Kostensteigerungen zurückzugreifen ist. Wird die zulässige angemessene Höhe überschritten, ist die Vereinbarung bezüglich des angemessenen Teils wirksam.

7. Die **Abrechnung** muß allgemeinverständlich und nachvollziehbar sein (§ 259 BGB). Die Kosten müssen spezifiziert und nicht zusammengefaßt dargestellt werden, der Abrechnungszeitraum klar zum Ausdruck kommen. Bei verbrauchsunabhängigen Kosten (z. B. Grundsteuer) genügt die Angabe der Gesamtkosten für den Abrechnungszeitraum. Bei verbrauchsabhängigen Kosten ist die verbrauchte Menge und der Gesamtpreis anzugeben. Der Vermieter muß also z. B. durch Ablesen einer Öluhr oder mit der Meßlatte den Heizölverbrauch in der Abrechnungsperiode ermitteln und kann nicht jeweils einfach die Nachfüllmenge in Rechnung stellen. Ferner muß aus der Abrechnung der Verteilungsschlüssel ersichtlich sein. Auf Verlangen ist dem Mieter am Wohnsitz des Vermieters (§ 269 BGB) Einsicht in die Belege zu gewähren. Ihre Aushändigung kann der Mieter nicht verlangen, ebensowenig die Übersendung von Kopien. Die Abrechnungsperiode kann auch kürzer als ein Jahr sein und für unterschiedliche Betriebskostenarten getrennt laufen. Zieht der Mieter während der Abrechnungsperiode aus, kann er eine Zwischenermittlung der Verbrauchswerte verlangen, wenn er die damit verbundenen Kosten übernimmt. Andernfalls kann der Vermieter nach Ablauf der Abrechnungsperiode zwischen altem und neuem Mieter aufteilen, wobei allerdings erhebliche und offenkundige Verbrauchsunterschiede (Heizperiode) im Wege der Schätzung zu berücksichtigen sind. Im Mietvertrag können die Modalitäten der Abrechnung im einzelnen näher festgelegt werden.

Bestehen begründete Zweifel an der Richtigkeit der Abrechnung, kann grundsätzlich auch eine eidesstattliche Versicherung des Vermieters verlangt werden. Bei geringer Höhe der fraglichen Kosten ist dies nicht möglich (§ 259 Abs. 3 BGB) und ebensowenig, wenn der Mieter seine Interessen durch Zurückhaltung der Nachzahlung oder weiterer Vorauszahlungen verfolgen kann.

Das Gesetz bestimmt keine **Frist** für die Abrechnung. Die im preisgebundenen Wohnungsbau bestehende Frist von 9 Monaten nach Ende des Abrechnungszeitraums (§ 20 Abs. 3 NMV 70) ist bei nicht preisgebundenem Wohnraum nicht anzuwenden. Ist im Mietvertrag hierzu nichts vereinbart, wird der Vermieter zur Abrechnung zumindest noch innerhalb des nächsten Abrechnungszeitraumes, also zumindest innerhalb eines Jahres, verpflichtet sein. Unterläßt der Vermieter die Abrechnung, kann der Mieter, z. B. wenn er eine Überzahlung annimmt, auf Rechnungslegung klagen (§ 259, 261 BGB) und auch weitere Vorauszahlungen verweigern (vgl. BGH DWW 1984 S. 166). Versäumt der Vermieter längere Zeit die Abrechnung, so kann er hierdurch seinen Nachzahlungsanspruch verwirkt haben. Zeitablauf allein, auch wenn er mehr als 1 Jahr beträgt, reicht hierfür aber nicht aus. Vielmehr müssen im Einzelfall zusätzliche Umstände festgestellt werden, auf Grund derer der Mieter darauf vertrauen durfte und auch vertraut hat, daß keine Nachzahlung mehr verlangt wird (RE KG ZMR 1982 S. 182). Nach Ablauf von 4 Jahren, beginnend mit Ablauf des Kalenderjahres, in dem die Abrechnungsperiode endet, ist der Nachzahlungsanspruch verjährt.

Fällig wird der Nachzahlungsanspruch des Vermieters oder Rückzahlungsanspruch des Mieters mit Vorlage einer ordnungsgemäßen Abrechnung.

Schreib- oder **Rechenfehler** oder andere Fehler machen die Abrechnung nicht unwirksam, solange die Abrechnung nachvollziehbar bleibt. Einfache Rückfragen sind dem Mieter zuzumuten. In diesen Fällen reduziert sich die Forderung des Vermieters auf den richtigen Betrag, ohne daß die Fälligkeit beeinträchtigt wird.

Die Zahlung des Mieters auf Grund einer erteilten Abrechnung ist in der Regel ein deklaratorisches Anerkenntnis der Schuld. Einwendungen, die der Mieter kennt oder nach Einsicht der Abrechnung nebst Unterlagen hätte kennen müssen, kann er danach nicht mehr geltend machen.

8. Die **Erhöhung** der **Betriebskosten** (Absatz 2) bei vereinbarter pauschaler Abgeltung (Nebenkostenpauschale) kann durch Ausübung eines einseitigen Gestaltungsrechts des Vermieters erfolgen. Ist im Mietvertrag vereinbart, daß der Mieter die tatsächlich entstehenden Kosten nach einem festgelegten Verteilungsschlüssel zu tragen hat (z. B. Heizkosten nach Verbrauch, Wasserkosten nach Wohnfläche), so sind diese Kosten jeweils nach den vertraglichen Vereinbarungen abzurechnen, ohne daß es eines gesetzlichen Erhöhungsrechtes nach § 4 Abs. 2 MHG bedarf. Für etwaige Vorauszahlungen ist Absatz 1 maßgebend.

Ob das Erhöhungsrecht nur besteht, wenn und soweit es im Mietvertrag vereinbart ist, oder ob es immer besteht, wenn es nicht ausdrücklich im Mietvertrag ausgeschlossen ist, ist umstritten. Eine Änderung des § 4 MHG, nach der das Erhöhungsrecht des Vermieters im Zweifel immer bestehen und nur bei ausdrücklichem vertraglichen Ausschluß nicht gegeben sein sollte, war im Gesetzgebungsverfahren zum Gesetz zur Erhöhung des Angebots von Mietwohnungen vom 20. 12. 1982 zunächst vorgesehen (Bundestags-Drucksache 9/469), wurde später aber fallengelassen. Damit verbleibt es dabei, daß eine Änderung der Betriebskosten nur dann ein entsprechendes Erhöhungsrecht des Vermieters begründet, wenn der Mietvertrag eine Beteiligung des Mieters an dieser Kostenart vorsieht und eine entsprechende Anpassung eindeutig zuläßt (vgl. RE OLG Karlsruhe NJW 1981 S. 1051). Bei Einbeziehung der Nebenkosten in die Miete bei Abschluß des Mietvertrages ist das Recht zur Erhöhung nach § 4 ausgeschlossen, sofern im Mietvertrag nicht eindeutig etwas anderes bestimmt ist (RE OLG Zweibrücken NJW 1981 S. 1622). Die Berücksichtigung der gestiegenen Betriebskosten bei Mieterhöhungen nach § 2 MHG kann im Ergebnis aber eine Mieterhöhung nach § 4 ersetzen (vgl. Anm. 10 zu § 2 MHG).

Eine vertragliche Einschränkung des Erhöhungsrechtes liegt auch dann vor, wenn im Mietvertrag nur bestimmte Arten der Betriebskosten als umlage- und erhöhungsfähig bezeichnet sind. Die Veränderung der nicht genannten Betriebskostenarten berechtigt den Vermieter dann nicht zur Erhöhung gemäß § 4 Abs. 2, weil diese Betriebskosten dann in den Mietpreis einbezogen sind.

Umlagefähig ist, sofern eine Erhöhung nicht durch die Vertragsgestaltung ausgeschlossen ist, die Differenz zwischen den Kosten bei Abschluß des Mietvertrages und den Kosten im Zeitpunkt der geforderten Erhöhung. Die Betriebskosten müssen sich insgesamt erhöht haben. Die Erhöhung einer Kostenart wird durch Kostensenkungen bei einer anderen wieder ausgeglichen. Voraussetzung ist jedoch immer, daß der Mieter an dieser Kostenart nach den Bestimmungen des Mietvertrages mit einem Sockelbetrag beteiligt wurde. Dies ist der Fall, wenn der Mieter generell ausdrücklich an allen Betriebskosten pauschal beteiligt wurde oder bei Beteiligung an einzelnen, gesondert genannten Kostenarten, soweit sich diese erhöhen.

Eine Nebenkostenpauschale kann bis zu den Grenzen des § 5 WiStG (vgl. Erläuterungen dort und Anm. 1 zu § 3 MHG) vereinbart werden.

9. Der **Umlagemaßstab** wird im Gesetz nicht genannt. Wegen der Heizkosten enthält die Heizkostenverordnung genauere Bestimmungen. Im übrigen kann der Vermieter, sofern im Vertrag nichts Abweichendes geregelt ist, den Maßstab einseitig bestimmen (§§ 315, 316 BGB) und zwischen mehreren sachlich begründbaren Verteilungsschlüsseln frei wählen (RE OLG Hamm ZMR 1984 S. 14 – z. B. nach Wohnungsgröße oder Zahl der Bewohner –).

Betriebskostenvorauszahlung und Umlage § 4 MHG 2

10. Nur eine **schriftliche** (§ 126 BGB, § 8 MHG) und **begründete** Erklärung, die dem Mieter zugehen muß, bewirkt eine entsprechende Zahlungspflicht des Mieters. Anzugeben ist der Grund der Erhöung (z.B. Heizkostensteigerung) und eine Erläuterung, die die Erhöhung für den Mieter verständlich und nachprüfbar macht. Der Erhöhungsbetrag ist konkret anzugeben oder bestimmbar mitzuteilen (z. B. 50% von 200 DM jährlich). Der Mieter kann die Belege einsehen, wie bei der Abrechnung von Vorauszahlungen (vgl. Anm. 7).

11. Für den Zeitpunkt der **Fälligkeit** (Absatz 3) kommt es auf den Zugang beim Mieter an. Eine rückwirkende Fälligkeit kann vertraglich nicht vereinbart werden (§ 10 Abs. 1 MHG). Für Betriebskosten, die sich rückwirkend erhöht haben (z. B. Abgaben), läßt das Gesetz eine zeitlich befristete Rückwirkung zu, wenn der Vermieter diese innerhalb einer 3-Monats-Frist umlegt. Die zeitliche Befristung gilt auch dann, wenn sie dazu führt, daß der Vermieter etwa bei rückwirkender Änderung der Grundsteuer diese nichtmehr umlegen kann (vgl. Bundesverwaltungsgericht ZMR 1982 S. 363). Entscheidend für den Zeitpunkt der Kenntnis des Vermieters ist im Fall des Widerspruchs der Zugang des Widerspruchsbescheids beim Vermieter. Die gesetzliche Rückwirkung kann auch gegen einen schon ausgezogenen Mieter für die Zeit bis zum Auszug geltend gemacht werden.

Die **Ermäßigung** der Betriebskosten (Absatz 4) erfordert, ebenso wie die Erhöhung, daß sich nicht nur eine Kostenart ermäßigt, sondern die Summe der vom Mieter zu tragenden Betriebskosten.

12. **Auszug aus der zweiten Berechungsverordnung** (II. BV, in der Fassung der Bekanntmachung vom 5. April 1984, BGBl. I S. 553, BGBl. III 2330-2-2).

Betriebskosten

27 (1) Betriebskosten sind die Kosten, die dem Eigentümer (Erbbauberechtigten) durch das Eigentum am Grundstück (Erbbaurecht) oder durch den bestimmungsmäßigen Gebrauch des Gebäudes oder der Wirtschaftseinheit, der Nebengebäude, Anlagen, Einrichtungen und des Grundstücks laufend entstehen. Der Ermittlung der Betriebskosten ist die dieser Verordnung beigefügte Anlage 3 „Aufstellung der Betriebskosten" zugrunde zu legen.

(2) Sach- und Arbeitsleistungen des Eigentümers (Erbbauberechtigten), durch die Betriebskosten erspart werden, dürfen mit dem Betrage angesetzt werden, der für eine gleichwertige Leistung eines Dritten, insbesondere eines Unternehmers, angesetzt werden könnte. Die Umsatzsteuer des Dritten darf nicht angesetzt werden.

(3) Im öffentlich geförderten sozialen Wohnungsbau und im steuerbegünstigten oder freifinanzierten Wohnungsbau, der mit Wohnungsfürsorgemitteln gefördert worden ist, dürfen die Betriebskosten nicht in der Wirtschaftlichkeitsberechnung angesetzt werden.

Anlage 3
(zu § 27 Abs.1)

Aufstellung der Betriebskosten

Betriebskosten sind nachstehende Kosten, die dem Eigentümer (Erbbauberechtigten) durch das Eigentum (Erbbaurecht) am Grundstück oder durch den bestimmungsmäßigen Gebrauch des Gebäudes oder der Wirtschaftseinheit, der Nebengebäude, Anlagen, Einrichtungen und des Grundstücks laufend entstehen, es sei denn, daß sie üblicherweise vom Mieter außerhalb der Miete unmittelbar getragen werden:

1. Die laufenden öffentlichen Lasten des Grundstücks

Hierzu gehört namentlich die Grundsteuer, jedoch nicht die Hypothekengewinnabgabe.

2. Die Kosten der Wasserversorgung

Hierzu gehören die Kosten des Wasserverbrauchs, die Grundgebühren und die Zählermiete, die Kosten der Verwendung von Zwischenzählern, die Kosten des Betriebs einer hauseigenen Wasserversorgungsanlage und einer Wasseraufbereitungsanlage einschließlich der Aufbereitungsstoffe.

3. Die Kosten der Entwässerung

Hierzu gehören die Gebühren für die Benutzung einer öffentlichen Entwässerungsanlage, die Kosten des Betriebs einer entsprechenden nicht öffentlichen Anlage und die Kosten des Betriebs einer Entwässerungspumpe.

4. Die Kosten

a) des Betriebs der zentralen Heizungsanlage;
hierzu gehören die Kosten der verbrauchten Brennstoffe und ihrer Lieferung, die Kosten des Betriebsstroms, die Kosten der Bedienung, Überwachung und Pflege der Anlage, der regelmäßigen Prüfung ihrer Betriebsbereitschaft und Betriebssicherheit einschließlich der Einstellung durch einen Fachmann, der Reinigung der Anlage und des Betriebsraums, die Kosten der Messungen nach dem Bundes-Immissionsschutzgesetz, die Kosten der Anmietung oder anderer Arten der Gebrauchsüberlassung einer Ausstattung zur Verbrauchserfassung sowie die Kosten der Verwendung einer Ausstattung zur Verbrauchserfassung einschließlich der Kosten der Berechnung und Aufteilung; oder

b) des Betriebs der zentralen Brennstoffversorgungsanlage;
hierzu gehören die Kosten der verbrauchten Brennstoffe und ihrer Lieferung, die Kosten des Betriebsstroms und die Kosten der Über-

wachung sowie die Kosten der Reinigung der Anlage und des Betriebsraums;
oder
c) der Versorgung mit Fernwärme;
hierzu gehören die Kosten der Wärmelieferung (Grund-, Arbeits- und Verrechnungspreis) und die Kosten des Betriebs der zugehörigen Hausanlagen entsprechend Buchstabe a;
oder
d) der Reinigung und Wartung von Etagenheizungen;
hierzu gehören die Kosten der Beseitigung von Wasserablagerungen und Verbrennungsrückständen in der Anlage, die Kosten der regelmäßigen Prüfung der Betriebsbereitschaft und Betriebssicherheit und der damit zusammenhängenden Einstellung durch einen Fachmann sowie die Kosten der Messungen nach dem Bundes-Immissionsschutzgesetz.

5. Die Kosten

a) des Betriebs der zentralen Warmwasserversorgungsanlage;
hierzu gehören die Kosten der Wasserversorgung entsprechend Nummer 2, soweit sie nicht dort bereits berücksichtigt sind, und die Kosten der Wassererwärmung entsprechend Nummer 4 Buchstabe a;
oder
b) der Versorgung mit Fernwarmwasser;
hierzu gehören die Kosten für die Lieferung des Warmwassers (Grund-, Arbeits- und Verrechnungspreis) und die Kosten des Betriebs der zugehörigen Hausanlagen entsprechend Nummer 4 Buchstabe a;
oder
c) der Reinigung und Wartung von Warmwassergeräten;
hierzu gehören die Kosten der Beseitigung von Wasserablagerungen und Verbrennungsrückständen im Innern der Geräte sowie die Kosten der regelmäßigen Prüfung der Betriebsbereitschaft und Betriebssicherheit und der damit zusammenhängenden Einstellung durch einen Fachmann.

6. Die Kosten verbundener Heizungs- und Warmwasserversorgungsanlagen

a) bei zentralen Heizungsanlagen entsprechend Nummer 4 Buchstabe a und entsprechend Nummer 2, soweit sie nicht dort bereits berücksichtigt sind;
oder
b) bei der Versorgung mit Fernwärme entsprechend Nummer 4 Buchstabe c und entsprechend Nummer 2, soweit sie nicht dort bereits berücksichtigt sind;
oder
c) bei verbundenen Etagenheizungen und Warmwasserversorgungsanlagen entsprechend Nummer 4 Buchstabe d und entsprechend Nummer 2, soweit sie nicht dort bereits berücksichtigt sind.

7. Die Kosten des Betriebs des maschinellen Personen- oder Lastenaufzuges

Hierzu gehören die Kosten des Betriebsstroms, die Kosten der Beaufsichtigung, der Bedienung, Überwachung und Pflege der Anlage, der regelmäßigen Prüfung ihrer Betriebsbereitschaft und Betriebssicherheit einschließlich der Einstellung durch einen Fachmann sowie die Kosten der Reinigung der Anlage.

8. Die Kosten der Straßenreinigung und Müllabfuhr

Hierzu gehören die für die öffentliche Straßenreinigung und Müllabfuhr zu entrichtenden Gebühren oder die Kosten entsprechender nicht öffentlicher Maßnahmen.

9. Die Kosten der Hausreinigung und Ungezieferbekämpfung

Zu den Kosten der Hausreinigung gehören die Kosten für die Säuberung der von den Bewohnern gemeinsam benutzten Gebäudeteile, wie Zugänge, Flure, Treppen, Keller, Bodenräume, Waschküchen, Fahrkorb des Aufzuges.

10. Die Kosten der Gartenpflege

Hierzu gehören die Kosten der Pflege gärtnerisch angelegter Flächen einschließlich der Erneuerung von Pflanzen und Gehölzen, der Pflege von Spielplätzen einschließlich der Erneuerung von Sand und der Pflege von Plätzen, Zugängen und Zufahrten, die dem nicht öffentlichen Verkehr dienen.

11. Die Kosten der Beleuchtung

Hierzu gehören die Kosten des Stroms für die Außenbeleuchtung und die Beleuchtung der von den Bewohnern gemeinsam benutzten Gebäudeteile, wie Zugänge, Flure, Treppen, Keller, Bodenräume, Waschküchen.

12. Die Kosten der Schornsteinreinigung

Hierzu gehören die Kehrgebühren nach der maßgebenden Gebührenordnung.

13. Die Kosten der Sach- und Haftpflichtversicherung

Hierzu gehören namentlich die Kosten der Versicherung des Gebäudes gegen Feuer-, Sturm- und Wasserschäden, der Glasversicherung, der Haftpflichtversicherung für das Gebäude, den Öltank und den Aufzug.

14. Die Kosten für den Hauswart

Hierzu gehören die Vergütung, die Sozialbeiträge und alle geldwerten Leistungen, die der Eigentümer (Erbbauberechtigte) dem Hauswart für seine Arbeit gewährt, soweit diese nicht die Instandhaltung, Instandsetzung, Erneuerung, Schönheitsreparaturen oder die Hausverwaltung betrifft.

Soweit Arbeiten vom Hauswart ausgeführt werden, dürfen Kosten für Arbeitsleistungen nach den Nummern 2 bis 10 nicht angesetzt werden.

15. Die Kosten

a) des Betriebs der Gemeinschafts-Antennenanlage;
hierzu gehören die Kosten des Betriebsstroms und die Kosten der regelmäßigen Prüfung ihrer Betriebsbereitschaft einschließlich der Einstellung durch einen Fachmann oder das Nutzungsentgelt für eine nicht zur Wirtschaftseinheit gehörende Antennenanlage;
oder

b) des Betriebs der mit einem Breitbandkabelnetz verbundenen privaten Verteilanlage;
hierzu gehören die Kosten entsprechend Buchstabe a, ferner die laufenden monatlichen Grundgebühren für Breitbandanschlüsse.

16. Die Kosten des Betriebs der maschinellen Wascheinrichtung

Hierzu gehören die Kosten des Betriebsstroms, die Kosten der Überwachung, Pflege und Reinigung der maschinellen Einrichtung, der regelmäßigen Prüfung ihrer Betriebsbereitschaft und Betriebssicherheit sowie die Kosten der Wasserversorgung entsprechend Nummer 2, soweit sie nicht dort bereits berücksichtigt sind.

17. Sonstige Betriebskosten

Das sind die in den Nummern 1 bis 16 nicht genannten Betriebskosten, namentlich die Betriebskosten von Nebengebäuden, Anlagen und Einrichtungen.

[Umlage erhöhter Kapitalkosten]

5 (1) Der Vermieter ist berechtigt, Erhöhungen der Kapitalkosten, die nach Inkrafttreten dieses Gesetzes infolge einer Erhöhung des Zinssatzes aus einem dinglich gesicherten Darlehen fällig werden, durch schriftliche Erklärung anteilig auf den Mieter umzulegen, wenn

1. der Zinssatz sich
   a) bei Mietverhältnissen, die vor dem 1. Januar 1973 begründet worden sind, gegenüber dem am 1. Januar 1973 maßgebenden Zinssatz,
   b) bei Mietverhältnissen, die nach dem 31. Dezember 1972 begründet worden sind, gegenüber dem bei Begründung maßgebenden Zinssatz
   erhöht hat,
2. die Erhöhung auf Umständen beruht, die der Vermieter nicht zu vertreten hat,
3. das Darlehen der Finanzierung des Neubaues, des Wiederaufbaues, der Wiederherstellung, des Ausbaues, der

> Erweiterung oder des Erwerbs des Gebäudes oder des Wohnraums oder von baulichen Maßnahmen im Sinne des § 3 Abs. 1 gedient hat.
>
> (2) § 4 Abs. 2 Satz 2 und Absatz 3 Satz 1 gilt entsprechend.
>
> (3) Ermäßigt sich der Zinssatz nach einer Erhöhung des Mietzinses nach Absatz 1, so ist der Mietzins vom Zeitpunkt der Ermäßigung ab entsprechend, höchstens aber um die Erhöhung nach Absatz 1, herabzusetzen. Ist das Darlehen getilgt, so ist der Mietzins um den Erhöhungsbetrag herabzusetzen. Die Herabsetzung ist dem Mieter unverzüglich mitzuteilen.
>
> (4) Das Recht nach Absatz 1 steht dem Vermieter nicht zu, wenn er die Höhe der dinglich gesicherten Darlehen, für die sich der Zinssatz erhöhen kann, auf eine Anfrage des Mieters nicht offengelegt hat.
>
> (5) Geht das Eigentum an dem vermieteten Wohnraum von dem Vermieter auf einen Dritten über und tritt dieser anstelle des Vermieters in das Mietverhältnis ein, so darf der Mieter durch die Ausübung des Rechts nach Absatz 1 nicht höher belastet werden, als dies ohne den Eigentumsübergang möglich gewesen wäre.

1. Die Vorschrift entlastet den Vermieter bis zu einem gewissen Grad vom Risiko der Kapitalmarktentwicklung und sichert in diesem Bereich die Wirtschaftlichkeit des Mietwohnungseigentums. Als in besonderem Maße kostenorientierte Mieterhöhungsvorschrift ist sie die weitestgehende Ausnahme vom Prinzip der örtlichen Vergleichsmiete, die grundsätzlich nicht an den Kosten orientiert ist, sondern Marktgesichtspunkten folgen soll. Als Ausnahmevorschrift ist § 5 deshalb eng auszulegen.

Die **Anwendbarkeit** von § 5 kann vertraglich ausgeschlossen sein. Solange eine allgemeine Mieterhöhung vertraglich ausgeschlossen ist (vgl. § 1 Satz 3 MHG), ist auch eine Mieterhöhung nach § 5 ausgeschlossen, sofern nicht ausdrücklich etwas anderes vereinbart ist. Während des Laufs einer Staffelmietvereinbarung (§ 10 Abs. 2 MHG) ist eine Erhöhung gemäß § 5 immer ausgeschlossen. Nach herrschender Meinung waren bisher Erhöhungen nach § 5 nur bis zu der von § 5 WiStG (Mietpreisüberhöhung – vgl. Erläuterungen dort) gezogenen Grenze zulässig. Dem ist das OLG Hamm in einem Rechtsentscheid (NJW 1983 S. 1915) nicht gefolgt. Da die Kapitalkosten jedoch zu den laufenden Aufwendungen gehören (§§ 8–8b Wohnungsbindungsgesetz, §§ 18ff. II. BV), die gemäß § 5 WiStG zu berücksichtigen sind, wird in der Praxis kaum eine Kapitalkostenerhöhung über das nach § 5 WiStG zulässige Maß hinausgehen.

2. Zu den **Kapitalkosten** gehören neben den Zinsen auch alle weiteren laufenden Kosten, die zur Finanzierung aufgebracht werden müssen (z. B. Verwaltungskostenbeiträge, Vermittlungsgebühren, Bürgschaftskosten). Umlegbar auf die Mieter sind jedoch nur Erhöhungen der Zinsen. Die Zinsdifferenz ist aber nur insoweit umlegbar, als die Kapitalkosten insgesamt gestiegen sind. Die Ermäßigung sonstiger Kapitalkosten ist somit vor der Umlage der Zinssteigerungen auszugleichen.

Unter **Zinsen** sind nur die wiederkehrenden Zahlungen zu verstehen, die wirtschaftlich als Vergütung für die Überlassung des Kapitals bestimmt sind. Das Disagio, das wirtschaftlich an die Stelle höherer Festzinsen tritt, wird in einem Rechtsentscheid des OLG Stuttgart auch als umlegbar angesehen (NJW 1984 S. 1903). Nicht als Zinsen im Sinne dieser Vorschrift sind Straf- und Verzugszinsen sowie andere einmalig erhobene Abzüge (z. B. Bearbeitungsgebühr) sowie Kredit- oder Lebensversicherungsbeiträge zu behandeln, auch wenn diese den Effektivzinssatz erhöhen. Steigende Tilgungssätze können ebenfalls nicht umgelegt werden.

3. Der Vermieter hat die **Erhöhung zu vertreten,** wenn er Verteuerungen ohne rechtliche oder wirtschaftliche Notwendigkeit herbeiführt. Es ist zu prüfen, ob die Versteuerung vermeidbar war. Dies ist z. B. der Fall, wenn das Darlehen wegen Verzug des Vermieters gekündigt wurde und durch ein teureres ersetzt werden mußte, oder wenn der Vermieter Eigenkapital durch Fremdkapital ersetzt. Nicht anwendbar ist § 5 auch auf Zinserhöhungen, die bereits bei Abschluß des Darlehensvertrages zeitlich und betragsmäßig konkret vorhersehbar sind, wie z. B. der vereinbarte Wegfall einer Zinsermäßigung (RE OLG Karlsruhe NJW 1982 S. 893.) Nicht zu vertreten hat der Vermieter Anpassungen des Darlehenszinses an die Kapitalmarktentwicklung auf Grund einer vertraglich vereinbarten Anpassungsklausel.

4. Den **Umlegungsmaßstab** kann der Vermieter nach billigem Ermessen bestimmen. Wenn das Kapital für Maßnahmen verwendet wurde, die nur einem Teil der Mieter zugute gekommen sind, können nur diese Mieter damit belastet werden.

Wegen der Geltendmachung der Erhöhung verweist das Gesetz (Absatz 2) auf die Bestimmungen zu Form, Begründung und Fälligkeit einer Umlage nach § 3 MHG. Eine rückwirkende Umlage ist ausgeschlossen.

5. Eine **Herabsetzung des Kapitalzinses** führt nicht generell zu einer Mietsenkung sondern nur dann, wenn der Vermieter zuvor Zinserhöhungen gemäß § 5 umgelegt hat. Dieser Erhöhungsbetrag begrenzt dann auch die auf Zinsverbilligung beruhende Herabsetzung der Mie-

11 Gramlich, Mietrecht 2. A.

te. Anders als bei der Erhöhung der Miete sind bei Zinssenkungen Erhöhungen anderer Kapitalkosten nicht zu berücksichtigen. Voraussetzung einer Mietsenkung ist somit nicht, daß die Kapitalkosten insgesamt gesunken sind. Spätestens wenn das Darlehen getilgt ist, entfällt der Erhöhungsbetrag.

6. Der Vermieter ist zur **Offenlegung** der Finanzerung auf Verlangen des Mieters verpflichtet (Absatz 4), sonst verkürzt er sein Erhöhungsrecht. Der Mieter kann bereits bei Vertragssschluß eine entsprechende Anfrage an den Vermieter richten und in angemessenen Zeitabständen wiederholen. Der Vermieter ist nur zur Offenlegung der Darlehenshöhe, nicht aber zur Angabe über gegenwärtig geltende Zinssätze noch zur Mitteilung der Vertragsbedingungen verpflichtet. Er ist auch nicht verpflichtet, Einsicht in irgendwelche Unterlagen zu gewähren.

7. Für den Fall des **Eigentumsübergangs** (Absatz 5) wird klargestellt, daß die Kapitalkosten des Erwerbers nur in dem Umfang auf die Mieter umgelegt werden können, wie diese auch der Veräußerer nach § 5 hätte umlegen können. Der Gesetzgeber hat damit eine bereits zuvor vom OLG Hamm (RE NJW 1982 S. 891) vertretene, aus § 571 BGB abgeleitete Auffassung bestätigt. Der Erwerber eines Grundstückes (auch Eigentumswohnung) kann demnach gegenüber einem Mieter, dessen Mietvertrag schon vor dem Erwerb bestand, Kapitalkosten nur insoweit umlegen, als der gegenwärtige Zinssatz höher liegt als der bei Beginn des Mietverhältnis geltende. Die Höhe des zu berücksichtigenden Darlehens wird ebenfalls durch die Höhe des bei Abschluß des Mietvertrages bestehenden und bei Veräußerung noch nicht getilgten Darlehens begrenzt. Dies gilt bei jedem Eigentumswechsel, also nicht nur bei Verkauf sondern auch z. B. beim Erwerb in der Zwangsversteigerung (§ 57 ZVG). War das Grundstück (oder Eigentumswohnung) beim Eigentumswechsel lastenfrei, so ist ein Recht des Vermieters zur Mieterhöhung nach § 5 in den laufenden Mietverträgen generell ausgeschlossen. Bei Mietverträgen, die der Erwerber nach dem Eigentumswechsel abgeschlossen hat, kann er spätere Zinssteigerungen gegenüber diesen Mietern umlegen. Vergleichsbasis sind dann die Zinskonditionen, die bei Abschluß dieser Mietverträge gegolten haben.

War das Grundstück beim Erwerb mit 30000 DM belastet und hat der Zinssatz bei Abschluß des Mietvertrages 7% betragen, so kann ein Erwerber, der ein dinglich gesichertes Darlehen von 100000 DM zu 10% aufgenommen hat, allenfalls Kapitalkosten umlegen, die sich aus einer Zinssteigerung um 3% aus der Kapitalbasis von 30000 DM ergeben. Bestand für das Darlehen des früheren Eigentümers ein fester Zinssatz, so ist für dessen Laufzeit ein Umlagerecht des Erwerbers ausgeschlossen.

[Kostenmiete im Saarland]

6 (1) Hat sich der Vermieter von öffentlich gefördertem oder steuerbegünstigtem Wohnraum nach dem Wohnungsbaugesetz für das Saarland in der Fassung der Bekanntmachung vom 7. März 1972 (Amtsblatt des Saarlandes S. 149), zuletzt geändert durch Artikel 3 des Wohnungsbauänderungsgesetzes 1973 vom 21. Dezember 1973 (Bundesgesetzbl. I S. 1970), verpflichtet, keine höhere Miete als die Kostenmiete zu vereinbaren, so kann er eine Erhöhung bis zu dem Betrag verlangen, der zur Deckung der laufenden Aufwendungen für das Gebäude oder die Wirtschaftseinheit erforderlich ist. Eine Erhöhung des Mietzinses nach den §§ 2, 3 und 5 ist ausgeschlossen.

(2) Die Erhöhung nach Absatz 1 ist vom Vermieter durch schriftliche Erklärung gegenüber dem Mieter geltend zu machen. Die Erklärung ist nur wirksam, wenn in ihr die Erhöhung berechnet und erläutert wird. Die Erklärung hat die Wirkung, daß von dem Ersten des auf die Erklärung folgenden Monats an der erhöhte Mietzins an die Stelle des bisher zu entrichteten Mietzinses tritt; wird die Erklärung erst nach dem Fünfzehnten eines Morats abgegeben, so tritt diese Wirkung erst von dem Ersten des übernächsten Monats an ein.

(3) Soweit im Rahmen der Kostenmiete Betriebskosten im Sinne des § 27 der Zweiten Berechnungsverordnung durch Umlagen erhoben werden, kann er Vermieter Erhöhungen der Betriebskosten in entsprechender Anwendung des § 4 umlegen.

(4) Ermäßigungen sich die laufenden Aufwendungen, so hat der Vermieter die Kostenmiete mit Wirkung vom Zeitpunkt der Ermäßigung ab entsprechend herabzusetzen. Die Herabsetzung ist dem Mieter unverzüglich mitzuteilen.

(5) Die Absätze 1 bis 4 gelten entsprechend für Wohnraum, der mit Wohnungsfürsorgemitteln für Angehörige des öffentlichen Dienstes oder ähnliche Personengruppen unter Vereinbarung eines Wohnungsbesetzungsrechtes gefördert worden ist, wenn der Vermieter sich in der in Absatz 1 Satz 1 bezeichneten Weise verpflichtet hat.

Die Vorschrift gilt für den öffentlich geförderten Wohnungsbau des **Saarlandes,** für den die Preisbindung nicht auf Grund des Wohnungsbindungsgesetzes besteht, sondern auf privatrechtlichen Einigungen mit der Förderungsstelle. Dies ist eine Folge des Umstandes, daß das Saarland nicht von Anfang an zur Bundesrepublik Deutschland gehört hat. Die hier getroffenen Regelung der Mieterhöhung entspricht im Ergebnis den sich aus § 10 Wohnungsbindungsgesetz in Verbindung mit der NMV 1970 und der II. BV ergebenden Regelung für den öffentlich geförderten Wohnungsbau im übrigen Bundesgebiet. Da die II. BV nicht anwendbar ist, gilt im Bereich der Heizkosten die Heizkostenverordnung.

[Bergmannswohnungen]

7 (1) Für Bergmannswohnungen, die von Bergbauunternehmen entsprechend dem Vertrag über Bergmannswohnungen, Anlage 8 zum Grundvertrag zwischen der Bundesrepublik Deutschland, den vertragschließenden Berbauunternehmen und der Ruhrkohle Aktiengesellschaft vom 18. Juli 1969 (Bundesanzeiger Nr. 174 vom 18. September 1974), bewirtschaftet werden, kann die Miete bei einer Erhöhung der Verwaltungskosten und der Instandhaltungskosten in entsprechender Anwendung des § 30 Abs. 1 der Zweiten Berechnungsverordnung und des § 5 Abs. 3 Buchstabe c des Vertrages über Bergmannswohnungen erhöht werden. Eine Erhöhung des Mietzinses nach § 2 ist ausgeschlossen.

(2) Der Anspruch nach Absatz 1 ist vom Vermieter durch schriftliche Erklärung gegenüber dem Mieter geltend zu machen. Die Erklärung ist nur wirksam, wenn in ihr die Erhöhung berechnet und erläutert wird.

(3) Die Erklärung des Vermieters hat die Wirkung, daß von dem Ersten des auf die Erklärung folgenden Monats an der erhöhte Mietzins an die Stelle des bisher zu entrichtenden Mietzinses tritt; wird die Erklärung erst nach dem Fünfzehnten eines Monats abgegeben, so tritt diese Wirkung erst von dem Ersten des übernächsten Monats an ein.

(4) Im übrigen gelten die §§ 3 bis 5.

Die Vorschrift trifft Sonderregelungen für die ca. 80000 von der **Ruhrkohle AG** bewirtschafteten Bergmannswohnungen, die als Altbauwohnungen überwiegend nicht mehr preisgebunden sind. Durch die Sondervorschrift wird erreicht, daß nur Erhöhungen von Verwaltungs- und Instandhaltungskosten, Modernisierungskosten und Betriebs- und Kapitalkostenerhöhungen umgelegt werden können, die Grundmiete jedoch auf Dauer gleichbleibt

> **[Automatisch gefertigte Vermietererklärungen]**
>
> **8** Hat der Vermieter seine Erklärungen nach den §§ 2 bis 7 mit Hilfe automatischer Einrichtungen gefertigt, so bedarf es nicht seiner eigenhändigen Unterschrift.

Die Vorschrift trägt den bürotechnischen Bedürfnissen der Großvermieter Rechnung. In Abweichung von § 126 BGB ist bei allen Erklärungen nach §§ 2–7 MHG die eigenhändige Unterschrift des Vermieters entbehrlich, sofern die Erklärungen mit einer automatischen Einrichtung (z. B. Schreibautomat) gefertigt sind. Nicht von § 8 erfaßt wird der Fall, daß ein Formular verwendet oder ein Schreiben vervielfältigt (RE OLG Schleswig ZMR 1984 S. 242) und im Einzelfall individuell ausgefüllt wird oder wenn mit der Schreibmaschine mehrere Durchschläge geschrieben werden. Auch bei automatischer Fertigung ist es jedoch notwendig, daß erkennbar ist, wer die Erklärung abgegeben hat.

> **[Kündigungsrecht von Mieter und Vermieter nach dem Erhöhungsverlangen]**
>
> **9** (1) Verlangt der Vermieter eine Mieterhöhung nach § 2, so ist der Mieter berechtigt, bis zum Ablauf des zweiten Monats, der auf den Zugang des Erhöhungsverlangens folgt, für den Ablauf des übernächsten Monats zu kündigen. Verlangt der Vermieter eine Mieterhöhung nach den §§ 3, 5 bis 7, so ist der Mieter berechtigt, das Mietverhältnis spätestens am dritten Werktag des Kalendermonats, von dem an der Mietzins erhöht werden soll, für den Ablauf des übernächsten Monats zu kündigen. Kündigt der Mieter, so tritt die Mieterhöhung nicht ein.
>
> (2) Ist der Mieter rechtskräftig zur Zahlung eines erhöhten Mietzinses nach den §§ 2 bis 7 verurteilt worden, so kann der Vermieter das Mietverhältnis wegen Zahlungsverzugs des Mieters nicht vor Ablauf von zwei Monaten nach rechtskräftiger Verurteilung kündigen, wenn nicht die Voraussetzungen des § 554 des Bürgerlichen Gesetzbuchs schon wegen des bisher geschuldeten Mietzinses erfüllt sind.

1. Bei allen Arten der Mieterhöhung mit Ausnahme der Erhöhung wegen gestiegener Betriebskosten (§ 4 MHG) wird dem Mieter ein außerordentliches, befristetes Kündigungsrecht mit von § 565 Abs. 5

BGB abweichenden Fristen eingeräumt. Im Bereich des öffentlich geförderten Wohnungsbaus gilt § 11 Wohnungsbindungsgesetz.

Das Kündigungsrecht besteht immer, wenn der Vermieter eine **Erhöhung verlangt,** unabhängig davon, ob das Verlangen bzw. die Erhöhungserklärung wirksam ist. Das Kündigungsrecht entsteht mit Zugang der entsprechenden Erklärung des Vermieters. Hat der Mieter der Erhöhung zugestimmt, kann er nicht mehr nach § 9 kündigen. Hat der Mieter zunächst gekündigt, kann er die Kündigung nicht mehr einseitig zurücknehmen. Das Mietverhältnis kann dann nur noch fortgesetzt werden, wenn der Vermieter zustimmt oder eine stillschweigende Fortsetzung nach § 568 BGB erfolgt.

2. Für die **Kündigung des Mieters** ist kein bestimmter Inhalt vorgeschrieben. Nach § 564 a BGB muß sie schriftlich erfolgen. Die Kündigungstermine und -fristen sind unterschiedlich nach der Art der Mieterhöhung bestimmt. Beispiel für Kündigung nach Mieterhöhung gemäß § 2 MHG: Zugang des Erhöhungsverlangens 5. 1., letzter Kündigungstermin – Zugang beim Vermieter – 31. 3., Ende der Kündigungsfrist 31. 5. Beispiel für Kündigung nach Mieterhöhungen gemäß § 3, 5–7: Zugang der Erhöhungserklärung 16. 1., wirksam ab 1. 3., letzter Kündigungstermin – Zugang beim Vermieter – 4. 3. (3. Werktag nach Wirksamwerden), Ende der Kündigungsfrist 31. 5.

Nach Ablauf des Künigungstermins kann der Mieter nur noch eine ordentliche Kündigung unter Einhaltung der sich aus § 565 BGB ergebenden Kündigungsfristen aussprechen. Der Mieter kann also nicht zunächst abwarten, ob der Vermieter die Erhöhung gerichtlich durchsetzt und erst nach Rechtskraft eines für den Vermieter günstigen Urteils nach § 9 kündigen.

Zieht der Mieter nach Ablauf der Kündigungsfrist nicht aus, ist die Widerspruchsfrist nach § 568 BGB zu beachten. Wird sie vom Vermieter versäumt, besteht das Mietverhältnis unbefristet weiter. Die verlangte Mieterhöhung ist jedoch nicht wirksam geworden (§ 9 Abs. 1 Satz 3). Das Erhöhungsverfahren muß wiederholt werden. Wird das Mietverhältnis nicht nach § 568 BGB verlängert, so kann der Vermieter gemäß § 557 BGB die örtliche Vergleichsmiete als Nutzungsentschädigung verlangen, so daß eine Mieterhöhung nach § 2 MHG im Ergebnis wirksam wird. Mieterhöhungen nach §§ 3, 5–7 MHG können unter Umständen als Schadensersatz nach § 557 Abs. 2, Abs. 3 BGB verlangt werden (vgl. Erläuterungen dort).

3. Das **Kündigungsrecht des Vermieters** nach § 554 BGB ist bei Mieterhöhungen aller Art unter Einschluß von Erhöhungen nach § 4 MHG beschränkt (Absatz 2). Im Fall einer Erhöhung gemäß § 2 MHG reicht eine Verurteilung zur Zustimmung zur Mieterhöhung aus, eine Zahlungsklage ist nicht erforderlich. Der Gesetzestext, der einheitlich von einer Verurteilung zur Zahlung spricht, ist insoweit ungenau.

Wegen der Voraussetzungen und Folgen der Kündigung im übrigen ist § 554 BGB in vollem Umfang anzuwenden. Wird die Kündigung vor Ablauf der 2-Monats-Frist ausgesprochen, so ist sie unwirksam. Wird eine Mieterhöhung zwischen Mieter und Vermieter vereinbart (auch als gerichtlicher Vergleich) ist die Kündigungsmöglichkeit des Vermieters nach § 554 BGB nicht eingeschränkt.

[Abweichende Vereinbarungen; Anwendungsbereich]

10 (1) Vereinbarungen, die zum Nachteil des Mieters von den Vorschriften der §§ 1 bis 9 abweichen, sind unwirksam, es sei denn, daß der Mieter während des Bestehens des Mietverhältnisses einer Mieterhöhung um einen bestimmten Betrag zugestimmt hat.

(2) Abweichend von Absatz 1 kann der Mietzins für bestimmte Zeiträume in unterschiedlicher Höhe schriftlich vereinbart werden. Die Vereinbarung eines gestaffelten Mietzinses darf nur einen Zeitraum bis zu jeweils zehn Jahren umfassen. Während dieser Zeit ist eine Erhöhung des Mietzinses nach den §§ 2, 3 und 5 ausgeschlossen. Der Mietzins muß jeweils mindestens ein Jahr unverändert bleiben und betragsmäßig ausgewiesen sein. Eine Beschränkung des Kündigungsrechts des Mieters ist unwirksam, soweit sie sich auf einen Zeitraum von mehr als vier Jahren seit Abschluß der Vereinbarung erstreckt.

(3) Die Vorschriften der §§ 1 bis 9 gelten nicht für Mietverhältnisse
1. über preisgebundenen Wohnraum,
2. über Wohnraum, der zu nur vorübergehenden Gebrauch vermietet ist,
3. über Wohraum, der Teil der vom Vermieter selbst bewohnten Wohnung ist und den der Vermieter ganz oder überwiegend mit Einrichtungsgegenständen auszustatten hat, sofern der Wohnraum nicht zum dauernden Gebrauch für eine Familie überlassen ist,
4. über Wohnraum, der Teil eines Studenten- oder Jugendwohnheims ist.

---

1. Die Vertragsfreiheit wird zum Schutz des Mieters vor ungerechtfertigten Mieterhöhungen weitgehend eingeschränkt. Mit Ausnahme der in dieser Vorschrift genannten Fälle sind Mieterhöhungen nur nach dem Prinzip der örtlichen Vergleichsmiete möglich.

Unwirksam sind alle von § 10 zum Nachteil des Mieters abweichenden Vertragsklauseln. So kann weder das Verbot der Änderungskündigung zum Zweck der Mieterhöhung (§ 1 Satz 1 MHG) noch das Sonderkündigungsrecht des Mieters gemäß § 9 Absatz 1 MHG im Mietvertrag ausgeschlossen oder beschränkt werden. Es kann aber auch nicht vereinbart werden, daß Mieterhöhungen möglich sind, ohne daß das in § 2 Abs. 2, 3 MHG genannte Verfahren einzuhalten ist oder daß die in § 2 Abs. 1 genannten Obergrenzen auch überschritten werden dürften. Unwirksam sind, mit Ausnahme der Staffelmiete nach Absatz 2, alle **Mietanpassungsklauseln** (Wertsicherungsklauseln), die eine mehr oder weniger automatische Anpassung der Miete, zumeist an einem Index orientiert, zulassen wollen. Solche Anpassungsklauseln sind in vollem Umfang unwirksam, auch wenn sie Anpassungen vorsehen, die im konkreten Fall nur zu einer geringeren Erhöhung führen würden als die Anpassung an die örtliche Vergleichsmiete nach § 2 MHG. Solche Klauseln bleiben nicht teilweise, d. h. zugunsten nur des Mieters, wirksam (RE OLG Schleswig NJW 1981 S. 1964). Mietanpassungsklauseln kommen nur insoweit gewisse rechtliche Wirkungen zu, als bei ihrem Vorliegen nicht davon ausgegangen werden kann, daß Mieterhöhungen durch vertragliche Vereinbarungen auf Dauer oder für einen bestimmten Zeitraum ausgeschlossen sind. Dies ist vor allem bei befristeten Mietverhältnissen (vgl. Anm. 3 zu § 1 MHG und Anm. 1 bis 4 zu § 565 a BGB) von praktischer Bedeutung. Das Verbot von Mietanpassungsklauseln gilt auch für Mietverträge, die vor dem Inkrafttreten des § 10 (1. 1. 1975) vereinbart und von einer Landeszentralbank gemäß § 3 Währungsgesetz genehmigt sind.

Für den Bereich der Betriebskosten (§ 4 MHG) sind Vereinbarungen unwirksam, nach denen z. B. ein Abrechnungszeitraum von mehr als einem Jahr vorgesehen wird oder der Mieter verpflichtet werden soll, nach Auszug die Betriebskosten mit dem Nachmieter zu verrechnen. Es kann auch nicht vereinbart werden, daß Kosten, die nicht Betriebskosten sind, nach § 4 Abs. 2 MHG erhöht werden können.

Zahlt der Mieter auf Grund einer unwirksamen Vertragsbestimmung mehrmals die erhöhte Miete, so kann er den Erhöhungsbetrag regelmäßig nur dann zurückfordern, wenn er die Zalung unter Vorbehalt geleistet hat. Andernfalls kann in der Zahlung eine nach § 10 Abs. 1 wirksame Zustimmung gesehen werden.

2. Eine **Zustimmung nach** Abschluß des Mietvertrages läßt das Gesetz zu, da der Mieter hier in seiner Entscheidung völlig frei ist. Sind sich Mieter und Vermieter über eine Mieterhöhung im laufenden Mietvertrag einig geworden, so ist diese Vertragsänderung wirksam, auch wenn die Voraussetzungen der §§ 1 – 8 MHG nicht erfüllt sind. In der Praxis erfolgen die Mieterhöhungen zum ganz überwiegenden

Teil auf diese Weise. Voraussetzung für die Wirksamkeit einer solchen Änderungsvereinbarung ist nur, daß der Erhöhungsbetrag bestimmt oder konkret bestimmbar ist, so daß der Mieter dessen wirtschaftliche Auswirkung bei seiner Zustimmung übersehen kann. Die Zustimmung ist formlos wirksam und kann insbesondere durch mehrmalige vorbehaltlose Zahlung zum Ausdruck gebracht werden. Aber auch in diesen Fällen erfolgt eine Begrenzung der Miethöhe durch § 5 WiStG (vgl. Erläuterungen dort) und durch § 302 a StGB (Mietwucher).

3. **Staffelmietvereinbarungen** (Absatz 2) werden nach einer zum 1. 1. 1983 in Kraft getretenen Gesetzesänderung als vertraglich vereinbarte zeitlich befristete Ausnahme von dem gesetzlichen Mieterhöhungsverfahren nach dem Prinzip der örtlichen Vergleichsmiete für alle nicht preisgebundenen Wohnungen zugelassen. Die in gestaffelter Form vereinbarte Miete muß im Interesse der Klarheit schriftlich und betragsmäßig – nicht in Prozent – festgelegt werden. Es muß die jeweilige Miete genannt werden, nicht nur die (jährlichen) Erhöhungsbeträge (RE OLG Braunschweig v. 29. 3. 1985). Die jeweils geltende Miete muß mindestens ein Jahr unverändert bleiben. Die Erhöhunszeitpunkte müssen festgelegt sein und dürfen nicht z. B. von einer Preis- oder Kostenentwicklung abhängig gemacht sein. Die Staffelmietvereinbarung darf insgesamt höchstens einen Zeitraum von 10 Jahren umfassen. Wird gegen diese Anforderungen verstoßen, so sind die Staffelmieterhöhungen nicht wirksam vereinbart. Etwaige Erhöhungen sind dann gemäß §§ 2–5 MHG vorzunehmen. Die Laufzeit für Staffelmietvereinbarungen kann auch kürzer als 10 Jahre sein. Wird ein längerer Zeitraum vereinbart, ist die Vereinbarung für die Zeit nach Ablauf der 10-Jahres-Frist unwirksam.

Über die **Höhe** der zulässigen Staffelsprünge besagt der Gesetzeswortlaut nichts. Die Vertragspartner sind somit in der Wahl der Miethöhestaffeln in weiten Grenzen frei. Sie können über der örtlichen Vergleichsmiete liegen und brauchen sich nicht an den zu erwartenden allgemeinen Mietsteigerungen orientieren, die im übrigen auch nicht mit hinreichender Wahrscheinlichkeit vorhersehbar sind. In der Begründung zum Gesetzentwurf wurde jedoch darauf hingewiesen, daß die in den jeweils erreichten Staffeln geschuldete Miete durch § 5 WiStG (vgl. Erläuterungen dort) und § 302a StGB (Mietwucher) begrenzt sind. Damit darf die jeweils zu zahlende Miete 20%, sofern die laufenden Aufwendungen des Vermieters dies erfordern auch bis zu 50%, über der örtlichen Vergleichsmiete für den jeweiligen Zeitraum liegen. Eine Prüfung, ob vereinbarte Staffeln sich innerhalb dieser Grenzen halten, ist somit im voraus nicht möglich. Maßgebend ist immer die örtliche Vergleichsmiete, die zu der Zeit erreicht ist, für die eine zukünftige Staffel gelten wird. Übersteigen die vereinbarten Sätze dieses Maß, sind sie teilweise unwirksam. Überträgt die Rechtsprechung ihre Auffassung zu § 5 WiStG (vgl. RE BGH NJW 1984 S. 722) auch auf Staffelmietvereinbarungen, so gilt dann auch hier bei überhöhten Mietstaffeln nur die örtliche Vergleichsmiete zuzüglich 20% als vereinbart. Darüber hinausgehende, bereits geleistete Zahlungen könnte der Mieter zurückfordern.

Die Kappungsgrenze nach § 2 Abs. 1 Nr. 3 MHG gilt nicht für Staffelmietabsprachen.

Die Staffelmiete ist als umfassende Alternative zu den Mieterhöhungsvorschriften des MHG vorgesehen. Mieterhöhungen wegen baulicher Änderungen (§ 3 MHG) oder wegen Kapitalkostenerhöhungen (§ 5 MHG) sind deshalb neben der Staffelmiete nicht zulässig. Nur Betriebskostenerhöhungen sind wie bei anderen Mietverträgen gemäß § 4 MHG umlegbar. Unwirksam sind auch Abreden, die dem Vermieter die Wahl freistellen, eine vereinbarte Staffelmiete zu verlangen oder die Miete nach dem Vergleichsmietenprinzip zu erhöhen.

Eine Staffelmietvereinbarung erfordert keine besondere Regelung über die **Kündigung.** Wird jedoch das Kündigungsrecht des Mieters im Mietvertrag ausgeschlossen, so ist die Wirkung dieses Kündigungsausschlusses auf höchstens 4 Jahre begrenzt. Die 4-Jahres-Frist beginnt mit dem Abschluß der Staffelmietvereinbarung. Wird eine Staffelmiete in einem bereits bestehenden Mietvertrag im Wege der Vertragsänderung im Einverständnis zwischen Vermieter und Mieter vereinbart, ist somit nicht der Abschluß des ursprünglichen Mietvertrages sondern der Zeitpunkt der Änderungsvereinbarung für die Berechnung der 4-Jahres-Frist maßgebend. Durch die 4-Jahres-Frist wird gewährleistet, daß der Mieter sich spätestens nach 4 Jahren aus einem Staffelmietvertrag lösen kann. Der Mieter kann unter Einhaltung der Kündigungsfristen nach § 565 Abs. 2 BGB kündigen, spätestens auf einen Zeitpunkt, der 4 Jahre nach Abschluß der Staffelmietvereinbarung liegt. Für die Zeit danach sind Kündigungsbeschränkungen nach dem Gesetzeswortlaut unwirksam. Für Kündigungen des Mieters ist die Angabe von Gründen nicht erforderlich. Es kann jedoch nur der Mietvertrag insgesamt, nicht etwa nur die Staffelmietvereinbarung gekündigt werden. Für den Vermieter gelten, soweit im Vertrag keine weiteren Einschränkungen enthalten sind, die allgemeinen Kündigungsvorschriften, insbesondere § 564b BGB. Eine Beschränkung des Kündigungsrechts des Vermieters im Mietvertrag ist ohne weiteres und ohne zeitliche Begrenzung möglich.

Nach Ablauf der Staffelmietzeit gilt die vereinbarte Endmiete weiter. Die Mieterhöhungen sind danach nur nach einem Mieterhöhungsverfahren gemäß §§ 2-5 MHG zulässig, sofern Mieter und Vermieter nicht erneut eine Staffelmiete vereinbaren.

4. Für **preisgebundenen Wohnraum** (Absatz 3 Nr. 1) gilt die Kostenmiete. Eine gesetzliche Mietpreisbindung besteht für alle mit öf-

fentlichen Mitteln geförderten Sozialwohnungen (§§ 1 ff. Wohnungsbindungsgesetz), für die mit Wohnungsfürsorgemitteln geförderten Wohnungen (§§ 87a, 111 II. Wohnungsbaugesetz) und die nach § § 88 bis 88c des II. Wohnungsbaugesetz geförderten Wohnungen, sowie die Altbauwohnungen in Berlin (vgl. Anm. 3 vor § 1 MHG), nicht aber die Wohnungen der gemeinnützigen Wohnungsunternehmen, die nicht bereits nach den zuvor genannten Vorschriften preisgebunden sind. Nach Ablauf der gesetzlichen Mietpreisbindung ist eine Mieterhöhung nach § 2 MHG möglich, wobei das Erhöhungsverlangen für die Zeit nach Ablauf der Preisbindung auch schon vor Ablauf dem Mieter zugehen kann, so daß die Mieterhöhung unmittelbar nach Ablauf der Preisbindung wirksam werden kann (RE OLG Hamm NJW 1981 S. 234, KG NJW 1982 S. 2077). Besonders zu beachten ist, daß auch in diesen Fällen die Kappungsgrenze nach § 2 Abs. 1 Nr. 3 MHG zu beachten ist.

5. Die **Ausnahmetatbestände** nach Abs. 3 Nr. 2–4 entsprechen den in § 564b Abs. 7 BGB genannten. Auf die dortigen Erläuterungen wird verwiesen.

Soweit das MHG in den Ausnahmefällen Nr. 2–4 nicht anzuwenden ist, besteht kein Schutz des Mieters durch das Vergleichsmietenprinzip. Der Vermieter kann das Mietverhältnis kündigen und dem Mieter eine Fortsetzung zu geänderten Bedingungen (höhere Miete) anbieten. Im Bereich des preisgebundenen Wohnraums wird der Mieter hingegen durch die Vorschriften der gesetzlichen Preisbindung in ähnlich umfassender Weise wie nach dem MHG geschützt.

3. Gesetz zur weiteren Vereinfachung des Wirtschaftsstrafrechts (Wirtschaftsstrafgesetz 1954)

in der Fassung der Bekanntmachung vom 3. Juni 1975 (BGBl. I S. 1313), zuletzt geändert durch Gesetz zur Erhöhung des Angebots an Mietwohnungen vom 20.12. 1982 (BGBl. I S. 1912)

BGBl. III 453–11

– Auszug –

[Mietpreisüberhöhung]

5 (1) Ordnungswidrig handelt, wer vorsätzlich oder leichtfertig für die Vermietung von Räumen zum Wohnen oder damit verbundene Nebenleistungen unangemessen hohe Entgelte fordert, sich versprechen läßt oder annimmt. Unangemessen hoch sind Entgelte, die infolge der Ausnutzung eines geringen Angebots an vergleichbaren Räumen die üblichen Entgelte nicht unwesentlich übersteigen, die in der Gemeinde oder in vergleichbaren Gemeinden für die Vermietung von Räumen vergleichbarer Art, Größe, Ausstattung, Beschaffenheit und Lage oder damit verbundene Nebenleistungen in den letzten drei Jahren vereinbart oder, von Erhöhungen der Betriebskosten abgesehen, geändert worden sind. Nicht unangemessen hoch sind Entgelte, die zur Deckung der laufenden Aufwendungen des Vermieters erforderlich sind, sofern sie unter Zugrundelegung der nach Satz 2 maßgeblichen Entgelte nicht in einem auffälligen Mißverhältnis zu der Leistung des Vermieters stehen.

(2) Die Ordnungswidrigkeit kann mit einer Geldbuße bis zu fünfzigtausend Deutsche Mark geahndet werden.

---

1. Bußgeldverfahren wegen Mietpreisüberhöhung sind nicht sehr häufig. Erhebliche Bedeutung kommt § 5 jedoch als Vorschrift zur zivilrechtlichen **Begrenzung** zulässiger **Mietpreisforderungen** zu. Die Vereinbarung einer Miete, die das Niveau der örtlichen Vergleichsmiete übersteigt, ist bei Abschluß eines Mietvertrages, aber auch bei einer Mieterhöhung während eines laufenden Mietverhältnisses durch Zustimmung des Mieters gemäß § 10 Abs. 1 MHG, grundsätzlich wirksam. Liegt die vereinbarte Miete jedoch wesentlich über der örtli-

chen Vergleichsmiete, so ist die Vereinbarung insoweit unwirksam. Als vereinbart gilt dann die örtliche Vergleichsmiete zuzüglich 20% – vgl. Anm. 2 – (RE BGH NJW 1984 S. 722). Der Mietanteil, der die örtliche Vergleichsmiete zuzüglich 20% übersteigt, kann vom Mieter zurückgefordert werden (§§ 812ff BGB). Liegt die vereinbarte Vergleichsmiete z. B. 30% über der konkret ermittelten örtlichen Vergleichsmiete, können 10% zurückverlangt werden.

Dieser **Rückforderungsanspruch** verjährt erst in 30 Jahren. Zuständig sind ausschließlich die Amtsgerichte gemäß § 29a ZPO (RE BGH ZMR 1984 S. 174). Die Differenz zwischen der bei Vertragsschluß (oder später) vereinbarten überhöhten Miete und der örtlichen Vergleichsmiete zuzüglich 20% ist für die gesamte Zeit zurückzuerstatten bis die Miete in gesetzlich zulässiger Weise neu vereinbart (erhöht) wird. Allein durch ein zwischenzeitliches Ansteigen der örtlichen Vergleichsmiete wird eine zuvor teilweise unwirksame Vereinbarung nicht wirksam. Würde man das allmähliche Ansteigen der Vergleichsmiete bei der Feststellung des Rückzahlungsanspruchs berücksichtigen, so würde man dem gesetzwidrig handelnden Vermieter die Last des gesetzlich vorgeschriebenen Erhöhungsverfahrens ersparen und zudem im Ergebnis mehr belassen als er in gesetzmäßiger Weise durch Mieterhöhungen erreichen könnte, da eine Erhöhung auf einen Betrag bis 20% über der Vergleichsmiete nicht möglich ist. Nach Auffassung des OLG Frankfurt (RE ZMR 1985 S. 200) und des OLG Hamm (NJW 1983, S. 1622) sollen hingegen Veränderungen in der Höhe der Vergleichsmiete allgemein zu berücksichtigen sein.

Nach bisher überwiegender Auffassung wurde die durch § 5 gezogene Grenze als umfassende Begrenzung des gesamten Mietpreissystems angesehen. Dies würde bedeuten, daß jede Miete an § 5 zu messen ist, gleichgültig ob sie bei Abschluß des Mietvertrages so vereinbart oder als spätere Erhöhung, gleichgültig nach welcher Vorschrift der §§ 2–7 MHG, verlangt worden ist. Nach den Vorstellungen des Gesetzgebers (Bundestags-Drucksache 9/2079 S. 9) soll § 5 auch bei Staffelmietvereinbarungen nach § 10 Abs. 2 MHG anwendbar sein. Ob sich diese Auffassung der umfassenden Anwendbarkeit des § 5 durchsetzen wird, ist noch nicht abzusehen. Das OLG Hamm (NJW 1983 S. 1915) hat die Anwendbarkeit von § 5 auf Erhöhungen nach § 5 MHG (Kapitalkostenerhöhung) abgelehnt, das OLG Karlsruhe (NJW 1984 S. 62) die Anwendbarkeit auf § 3 MHG bejaht. Wegen der Einschränkung des § 5 mit Wirkung ab 1. 1. 1983 (vgl. unten Anm. 3) wird diese Streitfrage für die Zukunft jedoch an Bedeutung verlieren.

Im Bereich des preisgebundenen sozialen Wohnungsbaus gilt anstelle von § 5 ein Ordnungswidrigkeitentatbestand nach § 26 Abs. 1 Nr. 4 Wohnungsbindungsgesetz. Für die Rückzahlung überhöhter Mieten gelten dort die Sondervorschriften § 8 Abs. 2 Wohnungsbindungsgesetz, § 87a Abs. 3 II. Wohnungsbaugesetz.

2. Übersteigt die vereinbarte Miete die örtliche Vergleichsmiete **nicht unwesentlich,** so ist sie unangemessen hoch im Sinne dieser Vorschrift. Ein wesentliches Übersteigen wird von der Rechtsprechung angenommen, wenn die vereinbarte Miete mehr als 20% über der örtlichen Vergleichsmiete liegt (Wesentlichkeitsgrenze). Bei einem Übersteigen um mehr als 50% wird in der Rechtsprechung von einem auffälligen Mißverhältnis zur Leistung des Vermieters gesprochen, das den Straftatbestand des Mietwuchers (§ 302a StGB) insoweit erfüllt. Für die zivilrechtliche Beurteilung der Wirksamkeit einer vereinbarten Miete ist es unerheblich, ob der Vermieter subjektiv den Tatbestand des § 5 verwirklicht hat, d. h. ob er vorsätzlich oder leichtfertig gehandelt hat. Auch wenn der Vermieter die örtliche Vergleichsmiete nicht bewußt oder leichtfertig überschritten hat, ist die Vereinbarung insoweit unwirksam. Dies ist insbesondere bei Staffelmietverträgen (vgl. Anm. 3 zu § 10 MHG) von Bedeutung.

3. Nach einer am 1. 1. 1983 in Kraft getretenen Gesetzesänderung ist die **Wesentlichkeitsgrenze** des § 5 **modifiziert** worden (Absatz 1 Satz 3). Liegen die laufenden Aufwendungen des Vermieters höher als 20% über der örtlichen Vergleichsmiete, so ist eine Miete bis zur Höhe dieser laufenden Aufwendungen nicht mehr unangemessen hoch und damit zivilrechtlich wirksam zu vereinbaren. Erst Mietforderungen, die mehr als 50% (Grenze für den Straftatbestand des Mietwuchers nach § 302a StGB) über der örtlichen Vergleichsmiete liegen, können durch die laufenden Aufwendungen des Vermieters nicht mehr gerechtfertigt werden und sind in jedem Fall unangemessen hoch.

Der Begriff **laufende Aufwendungen** ist nach dem Willen des Gesetzgebers eine Verweisung auf die im öffentlichen Wohnungsbau geltende Kostenmiete (§ 8 Wohnungsbindungsgesetz). Die laufenden Aufwendungen sind somit unter entsprechender Anwendung der §§ 18 ff. II. BV zu ermitteln. Von besonderer Bedeutung ist hierbei, daß nach den im Gesetzgebungsverfahren ausdrücklich genannten Vorstellungen des Gesetzgebers (vgl. Bericht des Rechtsausschusses, Bundestags-Drucksache 9/2284) nicht nur die Fremdkapitalkosten, sondern auch fiktive Eigenkapitalkosten in Höhe der marktüblichen Zinsen für erste Hypotheken zu berücksichtigen sind. Wie diese Eigenkapitalkosten in den Fällen, in denen die Wohnung nicht in letzter Zeit käuflich erworben wurde, im einzelnen von den Gerichten ermittelt werden, ist kaum vorhersehbar. Ob die Feststellung des Eigenkapitals davon abhängig gemacht werden kann, ob und wielange der Vermieter schon Eigentümer der Wohnung ist, erscheint fraglich. Es erschiene konsequent, wenn die Eigenkapitalkosten unter Zugrundelegung eines Eigenkapitals ermittelt würden, das vom zur Zeit geltenden Verkehrswert ausgeht.

Weitere Bestandteile der laufenden Aufwendungen sind die Bewirtschaftungskosten (Abschreibung, Verwaltungskosten, Betriebskosten, Instandhaltungskosten, Mietausfallwagnis). Darüber hinaus sollen weitere Umstände zu berücksichtigen sein, die sich aus der besonderen Gestaltung des Mietverhältnisses oder aus der Natur der Vermietung von nicht preisgebundenen Wohnungen ergeben (Begründung des Gesetzentwurfs, Bundestags-Drucksache 9/2079, S. 18). Zu denken ist hier wohl z. B. an Zuschläge für Möblierung oder Serviceleistungen des Vermieters oder für teilweise gewerbliche Nutzung.

Bei der auch langfristig bestehenden Kostensituation wird eine so ermittelte Kostenmiete in vielen Fällen zu einer Miethöhe führen, die das Niveau der örtlichen Vergleichsmiete weit übersteigt. Der Mieter ist gegebenenfalls erst bei einem Übersteigen der örtlichen Vergleichsmiete um mehr als 50% und nicht mehr wie bisher bei mehr als 20% geschützt. Ob die Rechtsprechung im Gegensatz zu den Vorstellungen des Gesetzgebers die geänderte Fassung des § 5 einschränkend auslegen wird, muß abgewartet werden.

Übergangsregelung: Die Gesetzesänderung ist zum 1. 1.1983 in Kraft getreten. Eine Miete, die zuvor gegen § 5 früherer Fassung (uneingeschränkte 20%-Grenze) verstoßen hat, wird bis zum Inkrafttreten der Gesetzesänderung nach der früheren Fassung des § 5 als unwirksam angesehen werden müssen (RE OLG Hamburg NJW 1983 S. 2455). Entsprechende Mehrforderungen können also für einen Zeitraum bis zum 31. 12. 1982 auch in Zukunft noch zurückgefordert werden. Der Rückforderungsanspruch verjährt gemäß § 195 BGB in 30 Jahren. Die Miete für die Zeit nach dem 1. 1. 1983 ist dann nach § 5 in der jetzt geltenden Fassung zu beurteilen.

4. Verordnung über die verbrauchsabhängige Abrechnung der Heiz- und Warmwasserkosten (Verordnung über Heizkostenabrechnung – Heizkosten V)

In der Fassung der Bekanntmachung vom 5. April 1984
BGBl I S. 592

Auf Grund des § 2 Abs. 2 und 3 sowie der §§ 3a und 5 des Energieeinsparungsgesetzes vom 22. Juli 1976 (BGBl. I S. 1873), geändert durch Gesetz vom 20. Juni 1980 (BGBl. I S. 701), verordnet die Bundesregierung mit Zustimmung des Bundesrates:

Anwendungsbereich

1 (1) Diese Verordnung gilt für die Verteilung der Kosten
1. des Betriebs zentraler Heizungsanlagen und zentraler Warmwasserversorgungsanlagen,
2. der Lieferung von Fernwärme und Fernwarmwasser

durch den Gebäudeeigentümer auf die Nutzer der mit Wärme oder Warmwasser versorgten Räume.

(2) Dem Gebäudeeigentümer stehen gleich
1. der zur Nutzungsüberlassung in eigenem Namen und für eigene Rechnung Berechtigte,
2. derjenige, dem der Betrieb von Anlagen im Sinne des § 1 Abs. 1 Nr. 1 in der Weise übertragen worden ist, daß er dafür ein Entgelt vom Nutzer zu fordern berechtigt ist,
3. beim Wohnungseigentum die Gemeinschaft der Wohnungseigentümer im Verhältnis zum Wohnungseigentümer, bei Vermietung einer oder mehrerer Eigentumswohnungen der Wohnungseigentümer im Verhältnis zum Mieter.

(3) Diese Verordnung gilt auch für Mietverhältnisse über preisgebundenen Wohnraum, soweit für diesen nichts anderes bestimmt ist.

1. **Ziel der Verordnung** ist eine nachhaltige Einsparung von Heizenergie durch eine Änderung der Verbrauchsgewohnheiten bei verbrauchsabhängiger Abrechnung der Heiz- und Warmwasserkosten.

Um dieses Ziel zu erreichen gehen die Bestimmungen der Heizkostenverordnung unter Umständen den mietvertraglichen Vereinbarungen vor und ändern diese entsprechend ab (siehe § 2 HKV). Während nach den Bestimmungen des BGB und des MHG (vgl. Anm. 1, 4 und § 4 MHG) die Warmmiete als gesetzlicher Grundsatz gilt und Heizkosten daneben nur auf Grund besonderer Vereinbarung vom Mieter gefordert werden können, verpflichtet die Heizkostenverordnung spätestens nach Ablauf der Übergangszeit (vgl. § 12 HKV) jeden Vermieter bei Abschluß des Mietvertrages eine der Verordnung entsprechende Vereinbarung mit dem Mieter zu treffen. Zu den zivilrechtlichen Rechtsfolgen einer unterlassenen Vereinbarung vgl. Anm. 2 zu § 4. Eine behördliche Kontrolle der vorgeschriebenen Verbrauchsfassung und Abrechnung ist ebensowenig vorgesehen wie öffentlich-rechtliche Sanktionen (z. B. Zwangsgeld, Bußgeld). Im laufenden Mietverhältnis erhält der Vermieter ein einseitiges Gestaltungsrecht, um die vertraglichen Vereinbarungen an die vorgeschriebene und verbrauchsabhängige Abrechnung anzupassen (siehe § 6 HKV).

Die Verordnung greift auch in die Rechtsbeziehungen zwischen den Wohnungseigentümern und der Eigentümergemeinschaft ein (siehe § 3 HKV). Hierauf wird im folgenden jedoch nicht besonders eingegangen.

2. **Anwendbar** ist die Verordnung nicht nur für Wohnräume in zentralbeheizten Gebäuden, sondern auch bei gewerblicher oder sonstiger Nutzung. Voraussetzung ist nur, daß die Räume von einer Mehrzahl von Mietern oder anderen Nutzern genutzt werden und von einer gemeinsamen Anlage mit Wärme oder Warmwasser versorgt werden.

Die HKV ist auch anzuwenden, wenn sich die Heizungsanlage außerhalb des Gebäudes befindet (Blockheizwerk) und vom Vermieter betrieben wird. Wird die Anlage in der Nähe zu den zu versorgenden Räumen von einem Dritten betrieben, der mit dem Vermieter abrechnet, sollen nach dem Willen des Verordnungsgebers die Bestimmungen der Fernwärmeverordnung (vgl. Anm. 1 zu § 6 HKV) anzuwenden sein. Rechnet der Dritte mit den einzelnen Mietern ab, ist hingegen die HKV anwendbar (Absatz 2 Nr. 2). Die Art des verwendeten Brennstoffes hat keinen Einfluß auf die Anwendbarkeit der HKV.

Auf ein vermietetes Einfamilienhaus mit einer selbständigen Heizungsanlage ist die Verordnung nicht anzuwenden, es sei denn, es besteht eine getrennt vermietete Einliegerwohnung. Der Hauptmieter kann im Mietvertrag mit dem Mieter der zweiten Wohnung (Untermieter) von der HKV Abweichendes vereinbaren (§ 2 HKV).

3. Ebenso wie dem Gebäudeeigentümer wird die Pflicht zur verbrauchsabhängigen Abrechnung auch diesem vergleichbaren Personen auferlegt (Absatz 2). Betroffen sind somit auch die vermietenden

Nießbraucher, Wohnungsrechtsinhaber, Hausverwalter, Pächter **Wohnungseigentümer**. Verlangt der Mieter einer Eigentumswohnung vom Wohnungseigentümer eine verbrauchsabhängige Abrechnung, so muß dieser eine verbrauchsabhängige Abrechnung gegenüber der Wohnungseigentümergemeinschaft – auch gegen die Mehrheit – durchsetzen (§ 3 HKV, § 21 Abs. 4 WEG). Soweit zwischen den Wohnungseigentümern verbrauchsabhängig in Übereinstimmung mit der HKV abgerechnet wird, ist dem vermietenden Wohnungseigentümer dringend zu empfehlen, eine damit übereinstimmende Regelung in den Mietvertrag aufzunehmen.

Nutzer im Sprachgebrauch der HKV sind neben dem Mieter auch Pächter sowie Nutzungsberechtigte mit einem genossenschaftlichen Nutzungsrecht oder mit einem Wohnrecht (§§ 30, 31 WEG, 1093 BGB).

Die Verordnung ist für alle Gebäude, die bereits mit Verbrauchsgeräten ausgestattet sind (näher hierzu § 12 HKV) seit ihrem Inkrafttreten, d.h. praktisch ab der Heizperiode 1981/1982 anzuwenden. Die Verpflichtung, entsprechend der Verordnung abzurechnen, besteht ab Beginn der nach der Ausstattung folgenden Heizperiode. Ab der Heizperiode 1984/1985 ist die Verordnung auch dann anzuwenden, wenn keine Verbrauchserfassung stattgefunden hat (vgl. Anm. 2 zu § 4 HKV).

Im öffentlich geförderten, **preisgebundenen Wohnungsbau** gilt die HKV seit 1984 (§ 22 NMV 70), ebenso wie für preisgebundene Altbauwohnungen in Berlin (§ 20 Altbaumietenverordnung Berlin). Wegen der hier maßgebenden Übergangsfristen wird auf § 12a HKV hingewiesen. Der Vorbehalt in Absatz 3 („soweit nichts anderes bestimmt ist") hat kaum praktische Bedeutung und bezieht sich auf in der NMV 70 (§ 23b) enthaltene Umstellungsmodifikationen.

Vorrang vor rechtsgeschäftlichen Bestimmungen

2 Außer bei Gebäuden mit nicht mehr als zwei Wohnungen, von denen eine der Vermieter selbst bewohnt, gehen die Vorschriften dieser Verordnung rechtsgeschäftlichen Bestimmungen vor.

Grundsätzlich gelten für die Verteilung der Heiz- und Warmwasserkosten die Vorschriften dieser Verordnung. Entgegenstehende vertragliche Vereinbarungen sind unwirksam, wenn die erforderliche Ausstattung zur Verbrauchserfassung bereits vor Ablauf der Übergangsfrist (§ 12 HKV) vorhanden sind. Nach Ablauf des 30. 6. 1984 sind abweichende Vereinbarung grundsätzlich ausgeschlossen.

Zu beachten ist jedoch, daß vertragliche Vereinbarungen, nach denen mehr als die in § 7 Abs. 1 und § 8 Abs. 1 HKV vorgesehenen 70% der Kosten verbrauchsabhängig abzurechnen sind, wirksam sind gemäß § 10 HKV. Der Anteil der verbrauchsabhängig abzurechnenden Kosten kann somit zwischen 50% und 100% der Gesamtkosten vereinbart werden. Für ein einseitiges Bestimmungsrecht des Vermieters gemäß § 6 Abs. 3 HKV besteht ein Rahmen zwischen 50% und 70% der Gesamtkosten.

Ausgenommen vom Verbot entgegenstehender mietvertraglicher Vereinbarungen sind Einfamilienhäuser mit Einliegerwohnung und Zweifamilienhäuser (vgl. § 564b Abs. 4 BGB), in denen der Vermieter selbst wohnt. Es wird davon ausgegangen, daß in diesen Mietverhältnissen Vermieter und Mieter sich gemeinsam um Heizkosteneinsparung bemühen, so daß auf den mit einer verbrauchsabhängigen Abrechnung verbundenen Aufwand verzichtet werden kann. Entsprechendes gilt, wenn in einer Wohnung mit eigener Heizung ein Zimmer vermietet ist. In diesem Bereich gilt die HKV somit nur insoweit als keine entgegenstehenden vertraglichen Regelungen getroffen worden sind. In diesem Bereich sind somit auch Warmmietverträge (Einbeziehung der Heizkosten in die Miete) oder die pauschalierte Umlage der Heizkosten zulässig. Hier kann aber auch eine Umlage allein nach Wohnfläche vereinbart werden. Der Mieter kann keine Umstellung gem. §§ 6ff HKV verlangen. Für die Zeit vor dem Inkrafttreten dieser ausdrücklichen Ausnahmevorschrift (1. 5. 1984) dürfte sich häufig dieselbe Rechtsfolge aus den bereits zuvor geltenden Ausnahmevorschriften § 11 Abs. 1 Nr. 1a oder Nr. 4 HKV ergeben haben.

Gewerblich genutzte Räume sind Wohnungen nicht gleich gestellt worden. Wird von der zentralen Heizungsanlage auch ein Gewerberaum versorgt, so verbleibt es unabhängig vom sonstigen Zuschnitt des Hauses bei dem Vorrang der HKV vor mietvertraglichen Bestimmungen.

Anwendung auf das Wohnungseigentum

3 Die Vorschriften dieser Verordnung sind auf Wohnungseigentum anzuwenden unabhängig davon, ob durch Vereinbarung oder Beschluß der Wohnungseigentümer abweichende Bestimmungen über die Verteilung der Kosten der Versorgung mit Wärme und Warmwasser getroffen worden sind. Auf die Anbringung und Auswahl der Ausstattung nach den §§ 4 und 5, auf die Verteilung der Kosten nach den §§ 7 und 8 und auf Entscheidungen nach den §§ 9 und 11 sind die Regelungen entsprechend anzuwenden, die für die Verwal-

> tung des gemeinschaftlichen Eigentums im Wohnungseigentumsgesetz enthalten oder durch Vereinbarung der Wohnungseigentümer getroffen worden sind. Die Kosten für die Anbringung der Ausstattung sind entsprechend den dort vorgesehenen Regelungen über die Tragung der Verwaltungskosten zu verteilen.

Die Vorschrift tifft die notwendigen Regelungen für das Verhältnis der Wohnungseigentümer untereinander und betrifft den Mieter einer vermieteten Eigentumswohnung nicht unmittelbar. Der Mieter hat die Heizkosten nach dem von der Eigentümergemeinschaft als Verwaltungsregelung beschlossenen Verteilungsmaßstab zu tragen, wenn der Vermieter sie ihm gegenüber geltend macht auf Grund einer entsprechenden mietvertraglichen Vereinbarung oder auf Grund seines Rechts zur Umstellung der vereinbarten Heizkostenumlage (§ 1 Abs. 1, Abs. 2 Nr. 3, § 6 HKV).

> **Pflicht zur Verbrauchserfassung**
> **4** (1) **Der Gebäudeeigentümer hat den anteiligen Verbrauch der Nutzer an Wärme und Warmwasser zu erfassen.**
> (2) **Er hat dazu die Räume mit Ausstattungen zur Verbrauchserfassung zu versehen; die Nutzer haben dies zu dulden. Will der Gebäudeeigentümer die Ausstattung zur Verbrauchserfassung mieten oder durch eine andere Art der Gebrauchsüberlassung beschaffen, so hat er dies den Nutzern vorher unter Angabe der dadurch entstehenden Kosten mitzuteilen; die Maßnahme ist unzulässig, wenn die Mehrheit der Nutzer innerhalb eines Monats nach Zugang der Mitteilung widerspricht. Die Wahl der Ausstattung bleibt im Rahmen des § 5 dem Gebäudeeigentümer überlassen.**
> (3) **Der Nutzer ist berechtigt, vom Gebäudeeigentümer die Erfüllung dieser Verpflichtungen zu verlangen.**

1. Die **Pflicht zur Verbrauchserfassung** wird nur durch die zivilrechtlichen Auswirkungen beim Verstoß gegen die Verbrauchserfassungspflicht durchgesetzt, nicht mit Zwangsmittel oder Bußgeld. Der Vermieter kann im Einverständnis mit dem Mieter auch weiterhin eine verbrauchsunabhängige Zahlung praktizieren (Warmmiete). Der Mie-

ter kann jedoch bis zur Grenze des Rechtsmißbrauchs jederzeit eine verbrauchsabhängige Abrechnung – zumindest für die Zukunft – verlangen. Der Vermieter kann den Übergang zur verbrauchsabhängigen Abrechnung auch ohne Zustimmung des Mieters und in Abweichung zu mietvertraglich getroffenen Vereinbarungen vollziehen. Zum Wechsel von der Pauschalmiete (Inklusivmiete) oder Nebenkostenpauschale zur Abrechnung nach der Verordnung vgl. Anm. 3 zu § 7 HKV.

Zur Verbrauchserfassung ist es notwendig, daß an allen Heizkörpern, die von der zentralen Heizanlage versorgt werden, Meßgeräte angebracht werden, auch wenn diese Heizkörper regelmäßig nicht benutzt werden (z. B. Dachkammern). Eine Messung in Räumen, die von allen Mietern benutzt werden dürfen (z. B. Treppenhaus, Trockenraum, Tiefgarage) ist nicht erforderlich. Dieser Wärmeverbrauch ist nicht individuell zuzuordnen.

Wegen der zu verwendenden Erfassungsgeräte wird auf § 5 HKV verwiesen.

2. Wenn der Eigentümer bzw. Vermieter seine Verpflichtung zur Verbrauchserfassung **nicht erfüllt** und deshalb nicht verbrauchsabhängig abrechnen kann, wird sein Anspruch auf Ersatz der Heizungskosten pauschal verkürzt gemäß § 12 Abs. 1 Nr. 4 HKV. Das dort vorgesehene Recht des Mieters, die Heizkosten um 15% zu kürzen, ist die einzige Sanktion, die den Vermieter treffen kann, wenn er seiner Verpflichtung nach der Verordnung nicht nachkommt. Auch die Heizungsanlagenverordnung enthält keine Vorschriften über die Ausstattungspflicht oder Nachrüstungspflicht für schon bestehende Heizanlagen. Das Kürzungsrecht des Mieters muß über den Wortlaut des § 12 Abs. 1 Nr. 4 HKV hinaus als generelle Sanktion der Verordnung für alle Fälle angesehen werden, in denen ein Vermieter seinen Pflichten nach der Verordnung nicht nachkommt. Es gilt danach nicht nur, wenn bis zum Ablauf der Übergangszeit 1984 keine Ausstattung zur Verbrauchserfassung angebracht wird, sondern auch, wenn der Vermieter beim Vorhandensein von entsprechenden Ausstattungen gemäß abweichender früherer oder neugeschlossener vertraglicher Vereinbarungen nicht verbrauchsabhängig nach der Verordnung abrechnet. Rechnet der Vermieter abweichend vom vertraglich vereinbarten Modus und im Widerspruch zu der Verordnung ab, so ist der Mieter zur Zahlung überhaupt nicht verpflichtet und kann Vorauszahlungen in der Zukunft verweigern (vgl. Anm. 7 zu § 4 MHG). Auch in den Fällen der Bezugsfertigkeit der Wohnung nach dem 1. 7. 1981 besteht das Abzugsrecht des Mieters, wenn abweichend von der Verordnung abgerechnet wird.

Praktische Schwierigkeiten können in den Fällen einer Pauschalmiete oder pauschaler Nebenkostenvereinbarungen wegen der Berechnung des Abzugsbetrages entstehen. Hier wird wie in Anm. 3 zu § 7 dargestellt zu verfahren sein und der auf diese Weise gefundene kalkulatorische Heizkostenanteil um 15% zu kürzen sein.

Der Mieter, der von ausgeht, daß er mit seinem tatsächlichen Verbrauch um mehr als 15% unter den durchschnittlichen Heizkosten liegt, muß vom Vermieter die nachträgliche Anbringung der Ausstattung gemäß § 4 Abs. 3 verlangen. Ein Abzug um mehr als 15% schließt die Verordnung zwar nicht ausdrücklich noch nach ihrem Sinn und Zweck aus. Der Mieter wird aber nur in Ausnahmefällen beweisen können, daß sein tatsächlicher Verbrauch um mehr als 15% unter dem durchschnittlichen Verbrauch liegt.

3. Der Mieter muß die Anbringung der Erfassungsgeräte (Wärmezähler, Warmwasserzähler) **dulden,** ohne daß es auf eine Abwägung der Zumutbarkeit gemäß § 541 b BGB ankommt. Der Vermieter hat die Montage rechtzeitig (ca. 1 Woche vorher) dem Mieter anzukündigen. Dieser muß der Meßdienstfirma Zutritt gewähren. Entsprechendes gilt für die notwendigen Verbrauchsablesungen.

Weigert sich der Mieter, macht er sich gegenüber dem Vermieter schadensersatzpflichtig. Es muß diesem z. B. einen etwaigen Abzug der umlegbaren Heizkosten nach § 12 Abs. 1 Nr. 4 HKV durch andere Mieter ersetzen. Darüberhinaus kann bei verbrauchsabhängiger Abrechnung der Verbrauch eines Mieters, der trotz rechtzeitiger schriftlicher Ankündigung zwei Mal das Ablesen nicht ermöglicht hat, geschätzt werden (DIN 4713). Dabei wird man von einem nicht sparsamen Wärmeverbrauch ausgehen dürfen. Diese Schätzungsmöglichkeit ist in der Regel auch in den Allgemeinen Geschäftsbedingungen der Meßdienstfirma vorgesehen. Die Schätzung ist notwendig, da die Gesamtabrechnung erst erstellt werden kann, wenn alle Verbrauchsanteile festgestellt sind.

Die **Auswahl** der Ausstattungen wird nach dem Verordnungstext uneingeschränkt dem Vermieter überlassen. Für die Auswahl zwischen gleichwertigen Geräten derselben Preisklasse ist dies unproblematisch. Der Vermieter wird aber bei der Auswahl auch die Belange der Mieter zu berücksichtigen haben. Ohne besonderen Grund wird er keine besonders teueren Geräte wählen dürfen. Wählt er elektronische Erfassungsgeräte, die die Kosten für die herkömmlichen Geräte um ein Vielfaches übersteigen, so wird zu prüfen sein, ob eine größere Meßgenauigkeit und einfachere Ablesbarkeit diese Mehrkosten rechtfertigen. Die Energieeinsparung dürfte durch die elektronischen Geräte nicht vergrößert werden.

Die Aufwendungen zur Verbrauchserfassung müssen wirtschaftlich vertretbar sein. Dies ist nur der Fall, wenn die erforderlichen Aufwendungen in der Regel innerhalb der voraussichtlichen Nutzungsdauer durch die eingetretenen Einsparungen (der Verordnungsgeber geht von 15% aus) erwirtschaftet werden können. Hierbei ist auch die zu erwartende Nutzungsdauer des Gebäudes zu berücksichtigen. Die Energieeinsparung durch elektronische Geräte wird deshalb die zur Zeit noch besonders hohen Kosten für den Kauf dieser Systeme in der Regel nicht rechtfertigen und eine Umlage in der Regel nicht möglich sein.

Etwas anderes müßte jedoch gelten, wenn sich die bisher in der Rechtsprechung nur vereinzelt vertetene Auffassung durchsetzen würde, daß die ganz überwiegend verwendeten Erfaßungsgeräte nach dem Verdunstungsprinzip zur Wärmemessung ungeeignet sind (vgl. Anm. 2 zu § 5 HKV).

4. Das **Mieten** (Leasing) von elektronischen Meßgeräten könnte hier einen wirtschaftlich praktikablen Ausweg bieten. Absatz 2 Satz 2 gilt für Meßgeräte jeder Art. Zwar entstehen hierdurch regelmäßig immer noch deutlich höhere laufende Kosten (Leasingraten) als bei der Messung nach dem Verdunstungsprinzip. Die Ablesung und Aufteilung ist jedoch weniger aufwendig. Diese laufenden Kosten sind auch ohne ausdrückliche vertragliche Vereinbarung umlagefähig (§ 7 Abs. 2 HKV). Da die Miet- und Leasingraten jedoch in der Regel zu einer höheren laufenden Belastung führen als die Umlage der Einrichtungskosten (jährlich 11% – vgl. Anm. 5) ist eine Beteiligung der betroffenen Mieter seit 1. 5. 1984 vorgeschrieben. Hierzu ist im Einzelnen noch vieles zweifelhaft. Die Vorschrift muß als Experimentierklausel gesehen werden, die die Durchsetzung elektronischer Meßgeräte und anderer neuartiger Techniken erleichtern soll. Die Mehrheit der Mieter wird so zu verstehen sein, daß jedes Mietverhältnis gleich zählt, unabhängig von der Größe der Wohnung und der Anzahl der Personen, die den Mietvertrag unterschrieben haben. Schweigen eines Mieters gilt im Ergebnis als Zustimmung. Die Monatsfrist dürfte für jeden Mieter gesondert laufen, beginnend mit dem Zeitpunkt, in dem ihm das erforderliche Mitteilungsschreiben zugegangen ist. Zum Begriff des Zugangs gilt das in Anm. 3 zu § 564 BGB Gesagte entsprechend. Eine Verlängerung der Frist für Fälle, in denen der Mieter während der Widerspruchsfrist abwesend ist (z.B. Urlaub, Krankheit), ist nicht vorgesehen, was zu erheblichen Härten führen kann. Versendet der Vermieter die Mitteilungsschreiben in einem Zeitpunkt, in dem er von der Abwesenheit des Mieters Kenntnis hat oder mit ihr rechnen muß (z. B. Sommerurlaubszeit), so kann dies im Einzelfall rechtsmißbräuchlich und damit unwirksam sein.

Teilt der Vermieter die Umrüstungsabsicht und die laufenden Kosten nicht mit oder beachtet er einen mehrheitlichen Widerspruch der Mieter nicht, so sind die Kosten der gemieteten Erfassungsgeräte in bestehenden Mietverträgen nicht umlegbar. Gegenüber zukünftigen Mietern kann die Umlage jedoch vereinbart werden. Der unterlassene

Widerspruch der Mieter ist auch für neueinziehende Mieter verbindlich, auch ohne daß im Mietvertrag die Rate für die Erfassungsgeräte ausdrücklich als umlagefähig bezeichnet wird.

Welche Anforderungen die Rechtssprechung an den Inhalt der Mitteilungsschreiben stellen wird, ist noch nicht abzusehen. Im Interesse der Verordnung läge wohl eine Betrachtung, die nicht zu hohe Anforderungen stellt. Ausreichend dürfte es sein, wenn die Gesamtkosten ohne Aufteilung auf das einzelne Mietverhältnis angegeben werden. Im Interesse der Rechtssicherheit ist jedoch eine Aufschlüsselung auf die einzelnen Mietverhältnisse zu empfehlen. Das gilt vor allem dann, wenn für den Vermieter vorhersehbar ein stark unterschiedlicher Wärmeverbrauch vorliegt und die einzelnen Mietverhältnisse deshalb sehr unterschiedlich betroffen werden.

Widersprechen die Mieter mehrheitlich, kann der Vermieter die Meßgeräte mieten und von der Umlage absehen oder die Meßgeräte kaufen und die Anschaffungskosten, wie oben dargestellt, umlegen (bei bereits vorhandener Verbrauchserfassung vgl. Anm. 5). Nach dem Sinn von Abs. 2 Satz 2 soll nicht die Einrichtung eines anderen Meßsystems verhindert werden. Erreicht werden soll nur ein Schutz der Mieter vor der Umlage von laufenden Kosten für die Miete oder das Leasing solcher Geräte.

5. Eine ausdrückliche Regelung wegen der **Kosten** für die Anbringung der Ausstattungen zur Verbrauchserfassung wurde vom Verordnungsgeber für nicht notwendig gehalten, da diese Kosten nach § 3 MHG umlagefähig sind. Die nachhaltige Einsparung von Heizenergie ist der alleinige Grund für die Verpflichtung zur verbrauchsabhängigen Abrechnung. Inwieweit im konkreten Mietverhältnis Heizkosten eingespart werden, ist deshalb im Rahmen einer Mieterhöhung nach § 3 MHG nicht mehr zu überprüfen. Dies gilt zumindest für den erstmaligen Einbau der Geräte. Ein späterer Wechsel der Geräte muß jedoch, wie jede andere nach § 3 umlegbare Maßnahme, sachlich geboten und deshalb notwendig sein. Wegen des bei der Mieterhöhung zu beachtenden Verfahrens wird auf Anm. 12 bis 14 zu § 3 MHG Bezug genommen. Die Kosten des Wärmemeßdienstes sind als Betriebskosten der Heizung gemäß §§ 7 Abs. 2, 8 Abs. 2 der Verordnung, die insoweit § 4 MHG in Verbindung mit Anlage 3 zu § 27 II. BV vorgehen, umlagefähig. Reparaturkosten können nicht umgelegt werden.

Werden neben Wohnräumen auch gewerblich genutzte Räume von der zentralen Heizung versorgt, so ist zu beachten, daß ein § 3 MHG entsprechendes Erhöhungsrecht für gewerblich genutzte Räume nicht besteht. Der Vermieter muß sich mit den gewerblichen Mietern vertraglich einigen. Er kann die Gesamtkosten nicht allein auf die Wohnraummieter umliegen. Kommt es zu keiner Einigung mit den gewerblichen Mietern, muß der Vermieter den auf die Gewerberäume entfallenden Anteil selbst tragen.

In der **Auswahl** geeigneter Geräte ist der Vermieter grundsätzlich frei. Um Auseinandersetzungen mit den Mietern zu vermeiden, sollte zweckmäßigerweise jedoch zuvor eine Absprache versucht werden. Grundsätzlich kann gesagt werden, daß die Meßgeräte nach dem Verdunstungsprinzip zwar erheblich billiger sind aber bei der Abrechnung mehr Probleme mit sich bringen und eine ständige Heranziehung einer Abrechnungsfirma notwendig machen. Bei elektronischen Geräten hingegen ist die Umlage einfach, vergleichbar der Umlage getrennt gemessener Wasser – oder Stromkosten. Die Messung nach dem Verdunstungsprinzip begegnet nicht selten Mißtrauen, da die verbrauchte Wärmeenergie nur relativ und nicht leicht nachvollziehbar gemessen wird. Bei elektronischen Meßgeräten ist der Verbrauch direkt ablesbar. Der Mieter erkennt in kurzem zeitlichen Abstand die Auswirkung seines Verbrauchsverhaltens. Meßgeräte nach dem Verdunstungsprinzip werden häufig wegen ihrer systembedingten Ungenauigkeiten kritisiert. Diese können sich im Verhältnis der beteiligten Mieter ausgleichen aber auch zum Nachteil eines Mieters summieren (vgl. Anm. 2 zu § 5 HKV).

6. Die dem Eigentümer bzw. Vermieter auferlegten **Pflichten** (Absatz 3) können von jedem Mieter im Zivilrechtsweg durchgesetze werden. Dies gilt auch dann, wenn die Mehrheit der Mieter sich gegen eine Umstellung ausspricht. Der Vermieter muß dann bei allen Mietern eine Verbrauchserfassung durchführen und in Zukunft verbrauchsabhängig abrechnen. Angesichts der für den Vermieter ungünstigen Rechtslage bei Verletzung seiner Pflicht zur Verbrauchserfassung (vgl. oben Anm. 2) wird diese Möglichkeit aber wohl nur in Ausnahmefällen praktisch werden. Vor Ablauf der Übergangsfrist (§ 12 Abs. 1 Nr. 2 HKV) bzw. vor Anbringen der Verbrauchserfassungsgeräte bestand jedoch kein entsprechender Anspruch des Mieters auf Umstellung der Abrechnung.

Ausstattung zur Verbrauchserfassung

5 (1) **Zur Erfassung des anteiligen Wärmeverbrauchs sind Wärmezähler oder Heizkostenverteiler, zur Erfassung des anteiligen Warmwasserverbrauchs Warmwasserzähler oder Warmwasserkostenverteiler zu verwenden. Soweit nicht eichrechtliche Bestimmungen zur Anwendung kommen, dürfen nur solche Ausstattungen zur Verbrauchserfassung verwendet werden, hinsichtlich derer sachverständige Stellen bestätigt haben, daß sie den anerkannten Regeln der Tech-**

nik entsprechen oder daß ihre Eignung auf andere Weise nachgewiesen wurde. Als sachverständige Stellen gelten nur solche Stellen, deren Eignung die nach Landesrecht zuständige Behörde im Benehmen mit der Physikalisch-Technischen Bundesanstalt bestätigt hat. Die Ausstattungen müssen für das jeweilige Heizsystem geeignet sein und so angebracht werden, daß ihre technisch einwandfreie Funktion gewährleistet ist.

(2) Wird der Verbrauch der von einer Anlage im Sinne des § 1 Abs. 1 versorgten Nutzer nicht mit gleichen Ausstattungen erfaßt, so sind zunächst durch Vorerfassung vom Gesamtverbrauch die Anteile der Gruppen von Nutzern zu erfassen, deren Verbrauch mit gleichen Ausstattungen erfaßt wird. Der Gebäudeeigentümer kann auch bei unterschiedlichen Nutzungs- oder Gebäudearten oder aus anderen sachgerechten Gründen eine Vorerfassung nach Nutzergruppen durchführen.

Die Vorschrift trifft Regelungen über die Art der zur Verbrauchserfassung zu verwendenden Geräte. Vor dem 1. Juli 1981 eingebaute Erfassungsgeräte unterliegen den Mindestanforderungen der Verordnung nicht (§ 12 Abs. 2 HKV). Bei Warmwasserkostenverteiler läuft die entsprechende Frist sogar bis 1. 1. 1987 (vgl. jedoch unten Anm. 3). Werden die Erfassungsgeräte ausgetauscht, sind die in § 5 genannten Mindestanforderungen zu erfüllen.

2. Zur Erfassung des Wärmeverbrauchs gibt es folgende Geräte:
Wärmezähler sind die einzigen Geräte, die die verbrauchte Energie unmittelbar in physikalischen Einheiten (KWh) anzeigen. Sie messen die Temperatur von Vor- und Rücklauf. Der hieraus errechnete Energieverbrauch ist von jedem Mieter fortlaufend ablesbar. Die Zähler können außerhalb der Wohnung montiert werden. Ihre Meßgenauigkeit ist der von Heizkörperverteilern nach dem Verdunstungsprinzip weit überlegen. Wegen der hohen Einrichtungskosten (ca. 800 DM pro Wohnung) und der laufende Kosten verursachenden Eichpflicht (alle 5 Jahre) sowie einer gewissen Reparaturanfälligkeit sind Wärmezähler bisher noch nicht weit verbreitet. Technische Voraussetzung für die Verwendung von Wärmezählern ist, daß für jede Wohnung eine Ringleitung vorhanden ist (Zweirohrleitung mit horizontaler Verteilung oder Einrohrheizung). Das ist in Altbauten überwiegend nicht der Fall.

Heizkostenverteiler gibt es mit **elektrischer** Meßgrößenerfassung oder nach dem Verdunstungsprinzip. Bei den elektronischen Heizkostenverteilern gibt es unterschiedliche technische Systeme. Am häufigsten wird die Temperatur am Heizkörper und in der Raumluft gemessen und hieraus die von der Heizung abgegebene Wärmeenergie berechnet. Dieses System ist wesentlich genauer als die Heizkostenverteilung nach dem Verdunstungsprinzip und bringt den selben Ablesekomfort wie Wärmezähler. Die Kosten betragen ca. 400 DM pro Wohnung. Technisch kann elektronische Heizkostenverteilung bei Heizungen mit horizontaler und vertikaler Verteilung verwendet werden. Nicht verwendbar ist dieses System bei Fußbodenheizungen, Deckenstrahlungsheizungen und Warmluftheizungen.

Heizkostenverteiler nach dem **Verdungstungsprinzip** sind die heute ganz überwiegend verwendeten Erfassungsgeräte. Sie enthalten eine Ampulle mit Verdunstungsflüssigkeit. Aus dem Umfang der Verdunstung kann entnommen werden, wieviel Wärme der jeweilige Heizkörper im Verhältnis zu anderen Heizkörpern abgegeben hat.

Die **Eignung** dieser Geräte wird in letzter Zeit zunehmend angezweifelt. Dieses System weist neben systembedingten Ungenauigkeiten insbesondere Fehlerquellen bei nicht sachgerechter Montage und Ablesung auf. Es ist zumeist später zur Kontrolle der Heizkostenabrechnung nur noch sehr schwer oder nicht mehr feststellbar, ob die Ampullen in zutreffender Größe und an der richtigen Stelle befestigt waren und ohne Fehler abgelesen wurden. Um den Regeln der Technik zu entsprechen müssen die Ampullen am Heizkörper dauerhaft und manipulationssicher angebracht sein (DIN 4713). Die häufig anzutreffende Verklebung genügt dieser Anforderung nicht. Größere Fehlmessungen können entstehen, wenn die sogenannte Kaltverdunstung, das ist die Verdunstung der Meßflüssigkeit unabhängig vom Betrieb der Heizung, in erheblichem Umfang unterschiedlich ist. Das ist der Fall, wenn z. B. eine Wohnung eine besonders große Sonneneinstrahlung im Sommer hat (Dachgeschoßwohnung) oder wenn in dem Raum Wärme aus anderen Quellen als der Heizung in größerem Umfang abgegeben wird. Trotz aller Kritik kann das System der Wärmeverteilung nach dem Verdunstungsprinzip dennoch grundsätzlich als geeignet angesehen werden (vgl. Stiftung Warentest, Test November 1980 S. 67 ff., Test Mai 1983 S. 83 ff., Bericht 1984 S. 81). In der Rechtsprechung werden hiernach vorgenommene Heizkostenerfassungen und Abrechnungen, sofern keine besonderen Zweifel im Einzelfall bestehen, ganz überwiegend grundsätzlich anerkannt.

Die Ablesung des Wärmeverbrauches kann nur durch eine Spezialfirma erfolgen, die regelmäßig auch die Kostenaufteilung vornimmt. Die Ausstattungskosten betragen ca. 80 DM pro Wohnung, die jährlichen Kosten für Ablesung und Abrechnung ca. 30 DM pro Wohnung. Nicht zu verwenden sind Verdunstungsgeräte bei Fußbodenheizung, Deckenstrahlungsheizung, Warmlufterzeugern und bei den modernen Niedrigtemperaturheizungen (weniger als 50 Grad C Vorlauftemperatur), bei den heute kaum mehr anzutreffenden Dampfheizungen und bei Einrohrheizungen, sofern das Einrohrsystem über eine Wohnung hinausgeht.

3. Zur Erfassung des Warmwasserverbrauchs gibt es folgende Geräte:

Warmwasserzähler sind Geräte, die physikalisch exakt den Warmwasserverbrauch erfassen durch Messung des insgesamt aufgenommenen Kaltwassers und der jeweils abgegebenen Warmwassermenge. Im Altbau bestehen hier häufig Installationsprobleme. Sofern keine Ringleitungen für jede Wohnung bestehen, müssen an jeder Zapfstelle Zähler installiert werden. Dies kann zu erheblichen Einrichtungskosten führen, die in keinem vernünftigen Verhältnis zur möglichen Energieeinsparung mehr stehen (vgl. Anm. 3 zu § 4 HKV). Die Zähler sind eichpflichtig, was ein wiederholtes Auswechseln notwendig macht.

Warmwasserkostenverteiler erfassen den anteiligen Verbrauch durch Temperaturmessungen an der Oberfläche der Warmwasserleitungsrohre. Dies führt zu erheblichen Ungenauigkeiten, da das Rohr auch Wärme abgibt, wenn kein Warmwasser durchfließt. Es benachteiligt deshalb Verbraucher, die nur in kleinen Mengen Warmwasser entnehmen. Technisch sind diese Geräte sehr umstritten. Die Mehrheit der Mitglieder der Normenausschüsse hat es abgelehnt, technische Anforderungen in DIN 4713, 4714 an diese Geräte zu definieren, weil diese Geräte generell ungeeignet seien und dem Stand der Technik nicht entsprächen. Bei der Fassung der Heizkostenverordnung wurden diese technischen Schwierigkeiten gesehen. Es wurde davon ausgegangen, daß bis zum Ablauf der Übergangsfrist am 1. 1. 1987 (§ 12 Abs. 2 Nr. 1 HKV) anerkannte Regeln der Technik vorhanden sind. Bis zu diesem Zeitpunkt eingebaute Warmwasserkostenverteiler sollen nach dem Willen der Verordnung somit nicht aus technischen Gründen zur Unwirksamkeit der Heizkostenabrechnung führen. Ob die Rechtsprechung dem ohne Einschränkung folgen wird, bleibt abzuwarten.

4. **DIN-Vorschriften** nennt die Neufassung der HKV nicht mehr. Maßgebend sind jeweils der neueste Stand der anerkannten Regeln der Technik, selbst wenn er noch nicht zu einer DIN-Änderung geführt hat (DIN 4713, 4714 – Beuth Verlag, Berlin).

5. **Absatz 2** betrifft den Fall, daß aus technischen Gründen oder wegen unterschiedlicher Nutzung des Gebäudes (Wohnung und Gewerberäume) unterschiedliche Meßausstattungen vorhanden sind. Dasselbe gilt, wenn der Vermieter eine Vorerfassung aus anderen Gründen (Absatz 2 Satz 2) z. B. wegen unterschiedlichen Leitungsverlusten oder verschiedener Heizsysteme durchführt. Die vorgeschriebene 2-stufige Kostenverteilung gewährleistet eine dem tatsächlichen Verbrauch entsprechende Abrechnung. Die Vorschrift wird durch § 6 Abs. 2 HKV ergänzt.

Pflicht zur verbrauchsabhängigen Kostenverteilung

6 (1) Der Gebäudeeigentümer hat die Kosten der Versorgung mit Wärme und Warmwasser auf der Grundlage der Verbrauchserfassung nach Maßgabe der §§ 7 bis 9 auf die einzelnen Nutzer zu verteilen. Dies gilt bei den Kosten für die Lieferung von Fernwärme und Fernwarmwasser nur, soweit sie dem Gebäudeeigentümer zu Lasten der Nutzer in Rechnung gestellt werden oder bei dem Gebäudeeigentümer als zusätzliche Betriebskosten entstehen.

(2) In den Fällen des § 5 Abs. 2 sind die Kosten zunächst mindestens zu 50 vom Hundert nach dem Verhältnis der erfaßten Anteile am Gesamtverbrauch auf die Nutzergruppen aufzuteilen. Werden die Kosten nicht vollständig nach dem Verhältnis der erfaßten Anteile am Gesamtverbrauch aufgeteilt, sind
1. die übrigen Kosten der Versorgung mit Wärme nach der Wohn- oder Nutzfläche oder nach dem umbauten Raum auf die einzelnen Nutzergruppen zu verteilen; es kann auch die Wohn- oder Nutzfläche oder der umbaute Raum der beheizten Räume zugrunde gelegt werden,
2. die übrigen Kosten der Versorgung mit Warmwasser nach der Wohn- oder Nutzfläche auf die einzelnen Nutzergruppen zu verteilen.

Die Kostenanteile der Nutzergruppen sind dann nach Absatz 1 auf die einzelnen Nutzer zu verteilen.

(3) Die Wahl der Abrechnungsmaßstäbe nach Absatz 2 sowie nach den §§ 7 bis 9 bleibt dem Gebäudeeigentümer überlassen. Er kann diese einmalig für künftige Abrechnungszeiträume durch Erklärung gegenüber den Nutzern ändern
1. bis zum Ablauf von drei Abrechnungszeiträumen, nach deren erstmaliger Bestimmung,
2. bis zum Ablauf von drei Abrechnungszeiträumen nach Inkrafttreten der Verordnung, wenn die Abrechnungsmaßstäbe zu diesem Zeitpunkt rechtsgeschäftlich bestimmt waren,
3. nach Durchführung von baulichen Maßnahmen, die nachhaltig Einsparungen von Heizenergie bewirken.

Die Festlegung und die Änderung der Abrechnungsmaßstäbe sind nur mit Wirkung zum Beginn eines Abrechnungszeitraumes zulässig.

4 HKV § 6 Plicht zur verbrauchsabhäng. Kostenverteilung

1. Der Vermieter bzw. Eigentümer wird zur verbrauchsabhängigen Heizkostenverteilung verpflichtet. Um ihm die Erfüllung dieser Pflicht zu ermöglichen, auch wenn nicht alle Mieter einer Lösung zustimmen wollen, erhält er das Recht zur einseitigen Bestimmung des verbrauchsabhängig umzulegenden Kostenanteils (Absatz 3). Bei **Fernwärmeversorgung** ist die Verordnung nicht anwendbar, wenn die Abrechnung auf Grund direkter vertraglicher Beziehungen zwischen Mieter und Fernwärmeversorgungsunternehmen unmittelbar erfolgt. Die dann anwendbaren allgemeinen Vertragsbedingungen, die durch Verordnung bestimmt sind, sehen ebenfalls eine verbrauchsabhängige Abrechnung vor. Erfolgt die Abrechnung jedoch zwischen Unternehmen und Vermieter gemeinsam für zwei oder mehr Wohnungen, so hat der Vermieter der Heizkostenverordnung entsprechend mit dem Mieter abzurechnen.

Die Anwendung der richtigen Verordnung ist nicht nur aus formalen Gründen (ohne richtige Abrechnung keine Fälligkeit – Anm. 7 zu § 4 MHG) wichtig. Die Anwendung der Fernwärmeverordnung führt regelmäßig zu höheren Beträgen, weil diese die Umlage von Investitions- und Instandhaltungskosten sowie von Gewinnspannen zuläßt

2. Absatz 2 ermöglicht ein flexibles Vorgehen bei der Aufteilung der Kosten nach einer getrennten Vorerfassung (§ 5 Abs. 2 HKV). Die Kosten müssen nicht mehr wie nach der bis April 1984 geltenden Fassung, in voller Höhe nach den erfaßten Anteilen am Gesamtverbrauch aufgeteilt werden. Bis zur Hälfte der Kosten kann nach den in Nr. 1 und Nr. 2 genannten Maßstäben aufgeteilt werden. Dies kann insbesondere in den Fällen nutzungsbedingter unterschiedlicher Verbrauchsintensität zweckmäßig sein. Auch hier wird man jedoch ebensowenig wie bei der Wahl des Umlagemaßstabes nach Absatz 3 verlangen können, daß der Vermieter seine Entscheidung begründet oder daß sie nach bauphysikalischen Erkenntnissen nachzuprüfen ist. Auch bei der Auswahl dieses Maßstabes ist der Vermieter frei.

Die Aufteilung zwischen den unterschiedlichen Nutzergruppen muß in der Abrechnung für den einzelnen Mieter ersichtlich sein und nachvollziehbar dargestellt werden.

3. Der Eigentümer bzw. Vermieter ist bei der **Wahl des Abrechnungsmaßstabes** frei (Absatz 3). Er muß die Auswahl des verbrauchsabhängig abzurechnenden Anteils nicht begründen. Die Verordnung gibt einen gewissen Spielraum, damit bauphysikalischen Gesichtspunkten des konkreten Gebäudes Rechnung getragen werden kann. Eine Verpflichtung, solche im Einzelfall oft nur schwierig und kostenaufwendig zu teffenden Feststellungen zu machen und der Auswahl des Abrechnungsmaßstabes zugrundezulegen, besteht aber nicht. Die Änderung des Abrechnungsmaßstabes wird gestattet, um den einmal gewählten Maßstab nachträglich in besserer Weise an die bauphysikali-

schen Gegebenheiten im Einzelfall anpassen zu können. Der Vermieter erhält so die Möglichkeit, in einem Zeitpunkt, in dem sich die Auswirkungen des gewählten Maßstabes gezeigt haben, diesen einseitig zu ändern. Auch für diese Änderung wird man aber keine bauphysikalische Begründung verlangen können. Der Verordnungsgeber geht davon aus, daß bei eher schlecht isolierten Häusern der verbrauchsabhängig abzurechnende Anteil an der unter Grenze, bei gut isolierten Häusern im oberen Bereich gewählt werden sollte.

Wird bereits verbrauchsabhängig abgerechnet seit Inkrafttreten der Verordnung 1981, so kann der bisher in der Regel in Höhe von 50% vereinbarte verbrauchsabhängige abzurechnende Anteil bis spätestens zu Beginn der Abrechnungsperiode 1984/1985 vom Vermieter einseitig geändert werden. Damit wird auch in diesen Gebäuden eine Erhöhung des Maßstabes bis zu 70% einseitig durch den Vermieter ermöglicht (Absatz 3 Nr. 2). Ferner wird ohne zeitliche Begrenzung eine Änderung des Abrechnungsmaßstabes ermöglicht, wenn energieeinsparende Modernisierungsarbeiten erfolgt sind. Die hier einschlägigen baulichen Maßnahmen sind in § 4 Abs. 3 ModEnG im einzelnen aufgeführt.

In anderen als den in Nr. 1 bis 3 genannten Fällen ist eine Abänderung des Maßstabes nur mit Zustimmung aller Mieter möglich.

4. Absatz 3 Satz 3 schützt die Mieter vor überraschenden Änderungen und ermöglicht es ihnen, ihr Verhalten auf einen geänderten Maßstab einzurichten.

Verteilung der Kosten der Versorgung mit Wärme

7 (1) **Von den Kosten des Betriebs der zentralen Heizungsanlage sind mindestens 50 vom Hundert, höchstens 70 vom Hundert nach dem erfaßten Wärmeverbrauch der Nutzer zu verteilen. Die übrigen Kosten sind nach der Wohn- oder Nutzfläche oder nach dem umbauten Raum zu verteilen; es kann auch die Wohn- oder Nutzfläche oder der umbaute Raum der beheizten Räume zugrunde gelegt werden.**

(2) **Zu den Kosten des Betriebs der zentralen Heizungsanlage gehören die Kosten der verbrauchten Brennstoffe und ihrer Lieferung, die Kosten des Betriebsstromes, die Kosten der Bedienung, Überwachung und Pflege der Anlage, der regelmäßigen Prüfung ihrer Betriebsbereitschaft und Betriebssicherheit einschließlich der Einstellung durch einen Fachmann, der Reinigung der Anlage und des Betriebsrau-**

> mes, die Kosten der Messungen nach dem Bundes-Immissionsschutzgesetz, die Kosten der Anmietung oder anderer Arten der Gebrauchsüberlassung einer Ausstattung zur Verbrauchserfassung sowie die Kosten der Verwendung einer Ausstattung zur Verbrauchserfassung einschließlich der Kosten der Berechnung und Aufteilung.
>
> (3) Für die Verteilung der Kosten der Lieferung von Fernwärme gilt Absatz 1 entsprechend.
>
> (4) Zu den Kosten der Lieferung von Fernwärme gehören die Kosten der Wärmelieferung (Grund-, Arbeits- und Verrechnungspreis) und die Kosten des Betriebs der zugehörigen Hausanlagen entsprechend Absatz 2.

1. Für den Anteil der verbrauchsabhängig abzurechnenden Energiekosten wird ein Spielraum von 50 bis 70% zur Verfügung gestellt. Damit wird dem Umstand Rechnung getragen, daß ein erheblicher Anteil der Kosten unabhängig vom individuellen Verbrauch entsteht. Der untere Bereich des Abrechnungsmaßstabs ist eher für schlecht isolierte Wohnungen gedacht, die einen höheren Wärmebedarf haben, während bei guter Isolierung ein erhöhter Sparanreiz durch die Wahl eines Abrechnungsmaßstabes im oberen Bereich geschaffen werden kann.

Soweit nach **Fläche** umzulegen ist, sind alle Räume zu berücksichtigen, die sich innerhalb der abgeschlossenen Wohnung befinden. Berechnungsvorschriften vgl. Anm. 5 zu § 2 MHG. Soweit nicht beheizbare (auch nicht mittelbar durch Heizquelle in anderen Räumen) Flächen in der Wohnfläche mit berücksichtigt sind, müssen diese zur Umlage der Heizkosten herausgerechnet werden.

Wenn alle Nutzer und der Vermieter einverstanden sind, kann auch ein 70% übersteigener Abrechnungsmaßstab gewählt werden bis zur 100%igen verbrauchsabhängigen Abrechnung (vgl. § 10 HKV).

2. Die nach der Verordnung **umzulegenden Kostenarten** sind in Absatz 2 abschließend aufgezählt. Da die Verordnung vertraglichen Regelungen vorgeht (§ 2) sind entgegenstehende Klauseln im Mietvertrag unwirksam. Nur in Ein- und Zweifamilienhäusern, in denen der Vermieter selbst wohnt, geht der Mietvertrag der HKV vor. Für die nicht genannten Kostenarten ist eine Umlage allein nach den getroffenen vertraglichen Vereinbarungen gemäß § 4 MHG möglich. Sie wird durch die Heizkostenverordnung nicht ausgeschlossen oder eingeschränkt.

Nach § 7 Abs. 2, § 8 Abs. 2 HKV (bzw. Anlage 3 zu § 27 II. BV – abgedruckt nach § 4 MHG) sind umlegbar:

Kosten der im Abrechnungszeitraum verbrauchten **Brennstoffe**, gleichgültig ob sie in diesem Zeitraum oder davor angeliefert wurden. Deshalb ist eine Erfassung am Anfang und Ende der Heizperiode erforderlich (z. B. Ölstandmessung oder Schätzung). Anzusetzen sind immer die tatsächlich für die verbrauchten Brennstoffe bezahlten Preise. Der Anfangsstand muß immer dem Endstand der vorangegangenen Periode entsprechen. Deshalb sind an die entsprechenden Messungen oder Schätzungen keine zu hohen Anforderungen zu stellen. Etwaige Ungenauigkeiten gleichen sich im Laufe der Abrechnungsperioden aus. Wird während der Heizperiode Öl angeliefert, so ist gedanklich immer davon auszugehen, daß das früher gelieferte Öl zuerst verbraucht wird. Rechnerisch ist deshalb der Wert des Anfangsbestandes (Menge × damaliger Preis) zu bestimmen, der Wert der Lieferung im Abrechnungszeitraum zu addieren und der Wert des Endbestandes abzuziehen.

Üblich sind **Heizkosten** von ca. 25 l Heizöl oder 25 m^3 Gas oder bei Fernwärme/Strom 250 KWh jeweils pro Jahr und Quadratmeter. Höhere Verbrauchswerte können einen Hinweis auf eine fehlerhafte Abrechnung oder eine unwirtschaftliche Heizanlage (§ 537 BGB) sein. Die Warmwasserkosten betragen üblicher Weise ca. 25% der Heizkosten oder 20% der gesamten Brennstoffkosten (vgl. § 9 Abs. 2, letzter Satz HKV).

Auch wenn die Abrechnung von Meßdienstfirmen erstellt wird, müssen alle Angaben in der Abrechnung nachvollziehbar aufgeführt sein, sonst ist die Abrechnung nicht rechtswirksam (vgl. Anm. 7 zu § 4 MHG). Die Heiz- und Warmwasserkostenabrechnungen der Meßdienstfirmen genügen in der Regel den formalen Anforderungen.

Trinkgelder und Finanzierungskosten (Zinsen) können nicht umgelegt werden.

Die Kosten des **Betriebsstroms** werden zumeist nicht von einem besonderen Zähler erfaßt. Sie können dann mit 3 oder 4% der Brennstoffkosten geschätzt werden. Ihre gesonderte Erfassung ist regelmäßig unwirtschaftlich und kann deshalb nicht verlangt werden.

Bedienungskosten und Überwachungskosten fallen bei automatisch gesteuerten Zentralheizungen regelmäßig nicht an. Der hier erforderliche Aufwand ist mit der Grundmiete abgegolten. Soweit Bedienungskosten angesetzt werden, müssen sie nachweisbar sein. Pauschalen hierfür können nicht verlangt werden. Die Kosten für die in gewissen Zeitabständen erforderlichen **Wartungsarbeiten** (Prüfung, Einstellung usw.) sind umlagefähig einschließlich der Kosten für hierbei durchgeführte, regelmäßig wiederkehrende Arbeiten (z. B. Filteraustausch, Düsenauswechselung, Reinigung des Ölbrenners einschließlich Zerlegung). Die Wartungskosten betragen im allgemeinen nicht mehr als 5% der Brennstoffkosten. Nicht umlagefähig nach der

HKV sind hingegen Reparaturen (z. B. Auswechseln der Wasserpunpe oder des Mischventils). Diese Kosten sind aber eventuell auf Grund besonderer vertraglicher Regelung umlegbar (vgl. Anm. 3 zu § 4 MHG).

Für **Reinigungskosten** gilt das zu den Bedienungskosten Gesagte entsprechend. Umstritten ist, ob die Kosten für die Reinigung des Heizöltanks, die in mehrjährigem Abstand notwendig wird, umlegbar sind. Da sie betriebsabhängig regelmäßig anfallen, sind sie als Betriebskosten umlegbar, und zwar jeweils in der Abrechnungsperiode, in der sie anfallen.

Auch die anderen Kosten, z. B. die Wartungskosten sind nicht davon abhängig, daß die Wartung in jeder Heizperiode durchgeführt wird. Manche Gerichte fordern auch eine Aufteilung der Tankreinigungskosten auf mehrere Abrechnungsjahre.

Wegen der **Anmietung** von Geräten zur Verbrauchserfassung wird auf § 4 Abs. 2 HKV verwiesen. Diese Kosten können nur umgelegt werden, wenn die Mehrheit der Mieter nicht widersprochen hat.

Die laufenden **Kosten** der **Verbrauchserfassung** sind in vollem Umfang umlagefähig. Dies wurde durch die Verordnungsänderung vom 5. 4. 1984 ausdrücklich klargestellt, galt so aber auch schon vorher. Hierbei handelt es sich im wesentlichen um die Kosten der Meßdienstfirmen für Überwachung, Ablesen einschließlich des Auswechselns der Verdunstungsampullen, Erstellung der Abrechnung für jeden Mieter.

Nicht umlegbar sind die Kosten für eine Zwischenablesung bei Mieterwechsel (Anm. 7 zu § 4 MHG). Bei Erstbezug von Neubauten dürfen die zur Austrocknung erforderlichen erhöhten Heizkosten nicht umgelegt werden. Erfolgt die Fertigstellung des Gebäudes kurz vor oder während der Heizperiode, dürften hierauf bis zu 20% der Heizkosten des ersten Jahres entfallen. Nicht umlegbar sind auch Kostenfaktoren unter der Bezeichnung „sonstige Kosten".

3. Der **Wechsel** von bisher vereinbarter pauschaler Beteiligung an den Heizkosten **zur verbrauchsabhängigen Abrechnung** wirft im Einzelfall zahlreiche Probleme auf. Sowohl die Vereinbarung einer Warmmiete (Heizkosten sind vom Vermieter in den Mietpreis einkalkuliert) als auch die Vereinbarung einer neben der Miete zu entrichtenden Nebenkostenpauschale, die neben anderen Kosten auch die Heizkosten pauschal, also ohne jährliche Abrechnung, einbezieht, widersprechen den Bestimmungen der Heizkostenverordnung. Mit der Verordnung zu vereinbaren ist nur noch eine monatliche Vorauszahlung auf die Heizkosten, mit zumindest jährlicher Abrechnungspflicht, zweckmäßigerweise am Ende der Heizperiode. Sobald die Heizkostenverordnung anwendbar geworden ist (vgl. Anm. 2 zu § 1 HKV), ist eine Umstellung der vertraglich getroffenen Vereinbarung insoweit

notwendig, sofern der Vermieter nicht die sonst drohende Einbuße (vgl. Anm. 2 zu § 4 HKV) hinnehmen will.

Der Mieter ist nicht verpflichtet, zusätzlich zur vereinbarten Pauschalmiete (Warmmiete) bzw. vereinbarten Nebenkostenpauschale die nach der Verordnung sich ergebenden Heizkostenanteile zu bezahlen. Diese Kostenbestandteile sind in der vereinbarten Pauschale bereits enthalten. Deshalb ist es notwendig, die vereinbarte Pauschale in dem Umfang herabzusetzen, in dem sie bei vernünftiger Kalkulation einen Ansatz für die Heizkosten enthält. Sofern keine Vereinbarung über die Verteilung der Wasserkosten besteht, muß auch ein kalkulatorischer Abzug für die Kosten des Warmwassers gem. §§ 8 Abs. 2, 9 Abs. 2 HKV vorgenommen werden. Es kommt hierbei nicht darauf an, ob der Vermieter die Mietkosten tatsächlich in dieser Weise kalkuliert hat. Maßgebend ist eine abstrakte, wirtschaftliche Betrachtungsweise. Der Mieter ist hiernach zur weiteren Zahlung eines um den Kalkulationsanteil herabgesetzten Betrages verpflichtet. Zuzüglich hat er die nach der Verordnung zu berechnenden Heizkosten zu tragen. Den Kürzungsbetrag (kalkulatorischer Ansatz für Heizkosten) schuldet der Mieter als Vorauszahlung. Zur Vermeidung von Streit bei der Abrechnung empfiehlt sich eine entsprechende Vertragsänderung im Einverständnis zwischen Vermieter und Mieter.

Die Abrechnung der Heizkosten zum Ende der Heizperiode muß in derselben Weise aufgeschlüsselt sein, wie dies bei der Abrechnung anderer Nebenkosten erforderlich ist (vgl. Anm. 7 zu § 4 MHG).

4. Wird **Fernwärme** vom Mieter direkt vom Fernheizwerk bezogen, ist die HKV nicht anzuwenden (vgl. Anm. 1 zu § 6 HKV). Rechnet der Gebäudeeigentümer mit dem Heizwerk ab, so sind die Absätze 3 und 4 anzuwenden. Die Fernwärmekosten sind hierbei in vollem Umfang umlagefähig, auch wenn sie über die HKV hinausgehende Kostenbestandteile nach der Fernwärmeverordnung enthalten und somit regelmäßig höher liegen als die Heizkosten nach der HKV.

Verteilung der Kosten der Versorgung mit Warmwasser

8 (1) **Von den Kosten des Betriebs der zentralen Warmwasserversorgungsanlage sind mindestens 50 vom Hundert, höchstens 70 vom Hundert nach dem erfaßten Warmwasserverbrauch, die übrigen Kosten nach der Wohn- oder Nutzfläche zu verteilen.**

(2) **Zu den Kosten des Betriebs der zentralen Warmwasserversorgungsanlage gehören die Kosten der Wasserversorgung, soweit sie nicht gesondert abgerechnet werden, und die Kosten der Wassererwärmung entsprechend § 7 Abs. 2.**

4 HKV § 9 Verteilung der Kosten bei verbundenen Anlagen

> Zu den Kosten der Wasserversorgung gehören die Kosten des Wasserverbrauchs, die Grundgebühren und die Zählermiete, die Kosten der Verwendung von Zwischenzählern, die Kosten des Betriebs einer hauseigenen Wasserversorgungsanlage und einer Wasseraufbereitungsanlage einschließlich der Aufbereitungsstoffe.
>
> (3) Für die Verteilung der Kosten der Lieferung von Fernwarmwasser gilt Absatz 1 entsprechend.
>
> (4) Zu den Kosten der Lieferung von Fernwarmwasser gehören die Kosten für die Lieferung des Warmwassers (Grund-, Arbeits- und Verrechnungspreis) und die Kosten des Betriebs der zugehörigen Hausanlage entsprechend § 7 Abs. 2.

Die Verteilung der Kosten der Warmwasserversorgung folgt denselben Grundsätzen wie die Umlage der Kosten für die Beheizung. Die Kosten für das verbrauchte Wasser (Kaltwasser) sind in die Abrechnung nach der Verordnung nur dann einzubeziehen, wenn sie nicht nach den Vereinbarungen des Mietvertrages in anderer Weise abgerechnet werden. Vertragliche Vereinbarungen über die Wasserkosten bleiben demnach wirksam, auch wenn die Wasserkosten nicht verbrauchsabhängig sondern z. B. nach Kopfzahl oder Wohnfläche zu verteilen sind.

> **Verteilung der Kosten der Versorgung mit Wärme und Warmwasser bei verbundenen Anlagen**
>
> **9** (1) Ist die zentrale Heizungsanlage mit der zentralen Warmwasserversorgungsanlage verbunden, so sind die einheitlich entstandenen Kosten des Betriebs aufzuteilen. Die Anteile an den einheitlich entstandenen Kosten sind nach den Anteilen am Brennstoffverbrauch zu bestimmen. Kosten, die nicht einheitlich entstanden sind, sind dem Anteil an den einheitlich entstandenen Kosten hinzuzurechnen.
>
> (2) Der Anteil der zentralen Heizungsanlage am Brennstoffverbrauch ergibt sich aus dem gemessenen gesamten Verbrauch nach Abzug des Verbrauchs der zentralen Warmwasserversorgungsanlage. Der Brennstoffverbrauch der zentralen Warmwasserversorgungsanlage (B) ist in Litern, Kubikmetern oder Kilogramm nach der Formel

$$B = \frac{2{,}5 \cdot V \cdot (t_w - 10)}{H_u}$$

zu errechnen. Dabei sind zugrunde zu legen
1. die gemessene Menge des verbrauchten Warmwassers (V) in Kubikmeter;
2. die gemessene oder geschätzte mittlere Temperatur des Warmwassers (t_w) in Grad Celsius;
3. der Heizwert des verbrauchten Brennstoffes (H_u) in Kilowattstunden (kWh) je Liter (l), Kubikmeter (m^3) oder Kilogramm (kg). Als H_u-Werte können verwendet werden für

Heizöl	10 kWh/l
Stadtgas	4,5 kWh/m^3
Erdgas L	9 kWh/m^3
Erdgas H	10,5 kWh/m^3
Brechkoks	8 kWh/kg

Enthalten die Abrechnungsunterlagen des Energieversorgungsunternehmens H_u-Werte, so sind diese zu verwenden.

Der Brennstoffverbrauch der zentralen Warmwasserversorgungsanlage kann auch nach den anerkannten Regeln der Technik errechnet werden. Falls die Menge des verbrauchten Warmwassers nicht gemessen werden kann, ist als Brennstoffverbrauch der zentralen Warmwasserversorgungsanlage ein Anteil von 18 vom Hundert der insgesamt verbrauchten Brennstoffe zugrunde zu legen.

(3) Ist die Fernwärmeversorgung mit der zentralen Warmwasserversorgungsanlage verbunden, sind die einheitlich entstandenen Kosten des Betriebs aufzuteilen. Die Anteile an den einheitlich entstandenen Kosten sind nach den gemessenen Wärmemengen zu bestimmen. Kosten, die nicht einheitlich entstanden sind, sind dem Anteil an den einheitlich entstandenen Kosten hinzuzurechnen. Falls die auf die zentrale Warmwasserversorgungsanlage entfallende Wärmemenge nicht gemessen werden kann, ist dafür ein Anteil von 18 vom Hundert der insgesamt verbrauchten Wärmemenge zugrunde zu legen.

(4) Der Anteil an den Kosten der Versorgung mit Wärme ist nach § 7 Abs. 1, der Anteil an den Kosten der Versorgung mit Warmwasser nach § 8 Abs. 1 zu verteilen. § 5 Abs. 2 und § 6 Abs. 2 bleiben unberührt.

Wird durch einen Heizkessel das Wasser sowohl für die Beheizung als auch für den Warmwasserverbrauch erwärmt, wie dies bei kleinen und mittleren Heizanlagen die Regel ist, so sind die Kosten nach der hier beschriebenen Formel aufzuteilen. Da die Abrechnung regelmäßig durch eine Meßdienstfirma erfolgt, wird von einer Erläuterung im einzelnen abgesehen. Von praktischer Bedeutung ist insbesondere die Möglichkeit, die Warmwasserkosten gemäß Absatz 2 Satz 5 auf 18% festzulegen, wenn die Erfassung des Warmwasserverbrauchs nicht möglich ist. Das Anbringen von Wasserzählern kann somit nicht verlangt werden. Die nach § 9 aufgeteilten Kosten sind dann entsprechend §§ 6 bis 8 HKV zu verteilen.

Überschreitung der Höchstsätze

10 Rechtsgeschäftliche Bestimmungen, die höhere als die in § 7 Abs. 1 und § 8 Abs. 1 genannten Höchstsätze von 70 vom Hundert vorsehen, bleiben unberührt.

Durch Vereinbarung der Beteiligten soll es auch weiterhin möglich sein, mehr als 70% der Heizkosten verbrauchsabhängig abzurechnen. Der von der Verordnung gewünschte Anreiz zur Energieeinsparung ist bei Vereinbarungen, nach denen mehr als 70% der Kosten verbrauchsabhängig abgerechnet werden, noch größer. Die Vereinbarung einer 100%igen verbrauchsabhängigen Abrechnung ist deshalb zugelassen worden. Dies gilt nicht nur für Vereinbarungen, die vor Inkrafttreten der Verordnung abgeschlossen worden sind sondern nach den ausdrücklichen Vorstellungen des Verordnungsgebers auch für entsprechende zukünftige Vereinbarungen. Erforderlich ist jedoch, daß alle Mieter mit einer entsprechenden Regelung einverstanden sind. § 10 geht § 2 HKV als Spezialvorschrift vor.

Ausnahmen

11 (1) Soweit sich die §§ 3 bis 7 auf die Versorgung mit Wärme beziehen, sind sie nicht anzuwenden
1. auf Räume,
    a) bei denen das Anbringen der Ausstattung zur Verbrauchserfassung, die Erfassung des Wärmeverbrauchs oder die Verteilung der Kosten des Wärmeverbrauchs nicht oder nur mit unverhältnismäßig hohen Kosten möglich ist oder

b) die vor dem 1. Juli 1981 bezugsfertig geworden sind und in denen der Nutzer den Wärmeverbrauch nicht beeinflussen kann;
2. a) auf Alters- und Pflegeheime, Studenten- und Lehrlingsheime,
   b) auf vergleichbare Gebäude oder Gebäudeteile, deren Nutzung Personengruppen vorbehalten ist, mit denen wegen ihrer besonderen persönlichen Verhältnisse regelmäßig keine üblichen Mietverträge abgeschlossen werden;
3. auf Räume in Gebäuden, die überwiegend versorgt werden
   a) mit Wärme aus Anlagen zur Rückgewinnung von Wärme oder aus Wärmepumpen- oder Solaranlagen oder
   b) mit Fernwärme aus Anlagen der Kraft-Wärme-Kopplung oder aus Anlagen zur Verwertung von Abwärme, sofern der Wärmeverbrauch des Gebäudes nicht erfaßt wird,
   wenn die nach Landesrecht zuständige Stelle im Interesse der Energieeinsparung und der Nutzer eine Ausnahme zugelassen hat;
4. in sonstigen Einzelfällen, in denen die nach Landesrecht zuständige Stelle wegen besonderer Umstände von den Anforderungen dieser Verordnung befreit hat, um einen unangemessenen Aufwand oder sonstige unbillige Härten zu vermeiden.

(2) Soweit sich die §§ 3 bis 6 und § 8 auf die Versorgung mit Warmwasser beziehen, gilt Absatz 1 entsprechend.

1. Die Heizkostenverordnung will möglichst umfassend eine verbrauchsabhängige Heizkostenabrechnung erreichen. Vereinbarungen von Warmmieten sollen grundsätzlich nicht mehr zulässig sein. Die in § 11 genannten Ausnahmefälle sind deshalb als abschließende Aufzählung aufzufassen. Die Ausnahmetatbestände sind eng auszulegen.

2. Unverhältnismäßig hoch (Nr. 1a) sind die **Umrüstungskosten** z. B. dann, wenn sie deutlich die Kosten übersteigen, die üblicherweise bei nachträglicher Anbringung der Ausstattung zur Verbrauchserfassung entstehen. Dies wird in der Regel auf besonderen baulichen oder technischen Umständen im Einzelfall beruhen. Zu denken ist hierbei auch an eine Niedrigtemperaturheizung, deren Leistungsabgabe nicht durch die üblichen Verdunstungsröhrchen am Heizkörper erfaßbar ist. Die Anbringung elektronischer Erfassungsgeräte kann unverhältnis-

4 HKV § 11 Ausnahmen

mäßig teuer sein. Von Bedeutung können aber auch sonstige besondere Umstände des Einzelfalls sein, z. B. der absehbare, bevorstehende Abriß des Hauses (vgl. Anm. 3 zu § 4 HKV). Die Ausnahmevorschrift ist auch auf die Erfassung des Warmwassers anzuwenden (Absatz 2). Erfolgt die Warmwasserverteilung nicht horizontal, so ist wegen der hohen Kosten keine entsprechende Änderung des Leitungsnetzes und auch keine Installation zahlreicher einzelner Wasseruhren notwendig.

Zu beachten ist immer das Verhältnis der Kosten zu dem von der Verordnung erstrebten Einspareffekt. Dabei wird die in der Verordnung genannte Quote (§ 12 Abs. 1 Nr. 4 HKV) in Höhe von 15% heranzuziehen sein. Sofern die laufenden Kosten der Verbrauchserfassung und Abrechnung sowie die in Anlehnung an § 3 MHG auf 9 Jahre verteilten Kosten der Anbringung der Verbrauchserfassungsausstattung 15% der Heizkosten der gemeinsamen Anlage übersteigen, wird man die Kosten z. B. im Falle der Untervermietung als unangemessen hoch bezeichnen können.

Bestehen Meinungsverschiedenheiten zwischen Vermieter und Mieter über die Anwendbarkeit der Verordnung, kann der Vermieter zur Vermeidung einer gerichtlichen Auseinandersetzung eine Entscheidung der zuständigen Behörde nach Nr. 4 beantragen. Diese ist dann zivilrechtlich bindend.

In **Nr. 1b** werden z. B. Einrohrheizungen angesprochen, bei denen der erste Nutzer seine Heizung nicht abschalten kann, ohne zugleich die Heizungen der dahinter liegenden Nutzer mit abzuschalten. Bei Anlagen, die nach dem 1. 7. 1981 in dieser Weise eingerichtet wurden, kann der Mieter jedoch eine Änderung verlangen.

3. Bei den in **Nr. 2** genannten Fällen der Raumüberlassung wird eine verbrauchsabhängige Abrechnung nicht vorgeschrieben, weil dort die Wohneinheiten regelmäßig recht klein sind, ein erheblicher Wärmeaustausch zwischen den einzelnen Räumen erfolgt und wegen der häufig sehr großen Fluktuation ein unverhältnismäßig großer Verwaltungsaufwand durch verbrauchsabhängige Abrechnung ausgelöst würde. Auf diese Gesichtspunkte ist auch abzustellen bei der Frage, ob vergleichbare Verhältnisse nach Nr. 2b vorliegen. Bewußt nicht generell ausgenommen hat der Verordnungsgeber jedoch Warmmietverhältnisse über **Einliegerwohnungen** sowie Fälle der **Untervermietung.** Soweit in der Einliegerwohnung oder den untervermieteten Räumen jedoch nur ein sehr kleiner Anteil der erzeugten Wärme verbraucht wird, können diese unter den Ausnahmetatbestand nach Nr. 1 oder Nr. 4 fallen.

4. **Nr. 3** ermöglicht eine Ausnahmeregelung für neue energiesparende technische Verfahren. Die Pauschalabrechnung darf in diesen Fällen einer Energieeinsparung nicht entgegenstehen und muß der Gesamtheit der Nutzer zugute kommen. Dies wird aber nur selten der Fall

sein. Die Aufzählung ist abschließend. Bei anderen technischen Verfahren ist die HKV anzuwenden. Auch bei den genannten Technologien besteht die Ausnahme nur, wenn eine entsprechende behördliche Genehmigung vorliegt.

Für die nach § 11 vom Anwendungsbereich der Verordnung ausgenommenen Räume besteht auch keine Ausstattungspflicht nach § 12; vielmehr gilt die Ausnahme auf Dauer.

Zum Anwendungsbereich der Verordnung wird ergänzend auf Anm. 2 zu § 1 HKV Bezug genommen.

Übergangsregelung

12 (1) Für Räume, die vor dem 1. Juli 1981 bezugsfertig geworden sind und in denen die nach dieser Verordnung erforderliche Ausstattung zur Verbrauchserfassung noch nicht vorhanden ist, gilt:

1. Sie sind mit der Ausstattung spätestens bis zum 30. Juni 1984 zu versehen.
2. Der Gebäudeeigentümer ist berechtigt, die Ausstattung bereits vor dem 30. Juni 1984 anzubringen. Bei Wohnungseigentum können die Wohnungseigentümer nach § 3 und den dort bezeichneten Regelungen eine frühere Anbringung der Ausstattung beschließen. Ein Anspruch eines Nutzers auf die Anbringung besteht vor dem 30. Juni 1984 jedoch nur mit der Maßgabe, daß sie spätestens bis zu diesem Zeitpunkt vorzunehmen ist.
3. Die Vorschriften dieser Verordnung über die Kostenverteilung gelten erstmalig für den Abrechnungszeitraum, der nach dem Anbringen der Ausstattung beginnt.
4. Soweit die Ausstattung entgegen den Vorschriften dieser Verordnung nicht angebracht ist, hat der Nutzer das Recht, bei der nicht verbrauchsabhängigen Abrechnung der Kosten den auf ihn entfallenden Anteil um 15 vom Hundert zu kürzen. Dies gilt nicht beim Wohnungseigentum im Verhältnis des einzelnen Wohnungseigentümers zur Gemeinschaft der Wohnungseigentümer; insoweit verbleibt es bei den allgemeinen Vorschriften.

(2) Die Anforderungen des § 5 Abs. 1 Satz 2 gelten als erfüllt

1. für die am 1. Januar 1987 vorhandenen Warmwasserkostenverteiler und

> **2. für die am 1. Juli 1981 bereits vorhandenen sonstigen Ausstattungen zur Verbrauchserfassung.**
>
> **(3) In den Fällen des § 5 Abs. 2 kann der Gebäudeeigentümer die Abrechnungsmaßstäbe ungeachtet des § 6 Abs. 3 Satz 2 einmalig für künftige Abrechnungszeiträume bis zum 31. Dezember 1985 durch Erklärung gegenüber den Nutzern ändern.**

Für den preisgebundenen Wohnraum gilt § 12a HKV.

1. Gebäude, die **nach** dem **1. 7. 1981 bezugsfertig** geworden sind, fallen ab Bezugsfertigkeit unter die Heizkostenverordnung. Sie müssen von Anfang an mit der erforderlichen Ausstattung zur Verbrauchserfassung versehen sein. Ist dies nicht der Fall, wird dieselbe zivilrechtliche Sanktion eintreten wie dies für die vor diesem Stichtag bezugsfertig gewordenen Wohnungen in Absatz 1 Nr. 4 bestimmt ist. Ferner wird man davon ausgehen müssen, daß ein Vermieter, der pflichtwidrig die Ausstattung vor Bezugsfertigkeit nicht angebracht hat, die Kosten der nachträglichen Anbringung nicht nach § 3 MHG auf die Mieter umlegen kann.

2. In Gebäuden, die **vor** dem **1. 7. 1981 bezugsfertig** geworden sind, ist eine verbrauchsabhängige Abrechnung nach der Verordnung durchzuführen, sobald die Verbrauchserfassungsgeräte angebracht sind, spätestens jedoch ab 1. 7. 1984. Bei früherer Anbringung erfolgt aus praktischen Gründen und zum Schutz des Mieters kein Wechsel in der laufenden Heizperiode (Absatz 1 Nr. 3).

3. Wegen des **Kürzungsrechts des Mieters** (Absatz 1 Nr. 4) im Falle einer pflichtwidrig unterlassenen verbrauchsabhängigen Abrechnung wird auf Anm. 2 zu § 4 HKV Bezug genommen. Die Ausnahme für die Wohnungseigentümer trägt dem Umstand Rechnung, daß die Wohnungseigentümergemeinschaft die Gesamtkosten der Heizung aufbringen muß, so daß ein Kürzungsrecht der einzelnen Wohnungseigentümer nicht möglich ist. In diesen Fällen wird der einzelne Wohnungseigentümer nur auf Erfüllung der Umstellungspflicht gegen die Wohnungseigentümergemeinschaft klagen können. Für den Mieter einer solchen Eigentumswohnung ist das Kürzungsrecht gegenüber dem Vermieter jedoch hierdurch nicht beschränkt.

4. War eine **Ausstattung** zur Verbrauchserfassung bereits **vor dem 1. 7. 1981 vorhanden,** so hat eine Abrechnung nach der Verordnung ab der Heizperiode 1981/1982 zu erfolgen. Anforderungen an den Standard dieser Ausstattung sind, sofern sie nur generell zur Verbrauchserfassung geeignet ist, nicht zu stellen (Absatz 2). Die Anforderungen des § 5 gelten dann erst bei einer Ersetzung der Erfassungsgeräte. Für

Warmwasserkostenverteiler gilt diese Regelung sogar für Einbauten bis zum 1. 1. 1987. Es wird davon ausgegangen, daß bis dann anerkannte Regeln der Technik insoweit vorliegen (vgl. Anm. 2 zu § 5 HKV).

5. Durch die Übergangsregelung in Absatz 3 wird sichergestellt, daß der Gebäudeeigentümer die mit Wirkung vom 1. 5. 1984 neu geschaffenen Möglichkeiten einer Vorerfassung, Haupt- und Unterverteilung der Kosten gemäß §§ 5 Abs. 2, 6 Abs. 2 HKV nutzen kann, auch wenn er von der Umstellungsmöglichkeit nach § 6 Abs. 3 Satz 2 HKV (einmalige Möglichkeit zur Änderung der Abrechnungsmaßstäbe) zuvor bereits Gebrauch gemacht hat.

6. **Thermostatventile** zur selbsttätigen, raumweisen Temperaturregelung müssen in bestehenden Wohnungen bis 30. 9. 1987 nachgerüstet werden, sofern keine Niedrigtemperaturheizung besteht (Heizanlagenverordnung v. 24. 2. 1982 – BGBl. I S. 205 –).

Sondervorschriften für preisgebundene Wohnungen im Sinne der Neubaumietenverordnung 1970

12 a (1) **Bei preisgebundenen Wohnungen im Sinne der Neubaumietenverordnung 1970, bei denen die Kosten der Versorgung mit Wärme oder Warmwasser am 30. April 1984 neben der Einzelmiete auf die Mieter umgelegt werden, hat der Mieter ein Kürzungsrecht entsprechend § 12 Abs. 1 Nr. 4, soweit diese Kosten entgegen den Vorschriften dieser Verordnung nicht verbrauchsabhängig abgerechnet werden. Er kann von seinem Kürzungsrecht erstmalig für den Abrechnungszeitraum Gebrauch machen, der im Kalenderjahr 1985 beginnt. § 12 Abs. 1 Nr. 1 bis 3 ist nicht anzuwenden.**

(2) **Bei preisgebundenen Wohnungen im Sinne der Neubaumietenverordnung 1970, bei denen die Kosten für Wärme oder Warmwasser am 30. April 1984 in der Einzelmiete enthalten sind, sind die §§ 11 und 12 mit folgenden Maßgaben anzuwenden:**
1. **In § 11 Abs. 1 Nr. 1 Buchstabe b und § 12 Abs. 1 tritt an die Stelle des Datums „1. Juli 1981" jeweils das Datum „1. August 1984";**
2. **in § 12 Abs. 1 Nr. 1 und 2 tritt an die Stelle des Datums „30. Juni 1984" jeweils das Datum „30. Juni 1985".**

(3) **Bei den in den Absätzen 1 und 2 bezeichneten Wohnungen ist § 12 Abs. 2 Nr. 2 mit der Maßgabe anzuwenden, daß an die Stelle des Datums „1. Juli 1981" das Datum „1. August 1984" tritt.**

Die Vorschrift ergänzt für **preisgebundenen Wohnraum** die in §§ 22 ff. NMV 70 getroffenen Regelungen über die Anwendung der HKV. Es verbleibt insbesondere bei der nach § 23 b NMV 70 bestehenden Umrüstungspflicht bis 31. 12. 1983. Spätestens ab diesem Zeitpunkt hat eine verbrauchsabhängige Abrechnung zu erfolgen. Wird diese Pflicht verletzt, kann der Mieter weiterhin einen Rückerstattungsanspruch gemäß § 8 Abs. 2 Wohnungsbindungsgesetz geltend machen. Dabei muß er dartun, wie weit er über seinen Verbrauch hinaus belastet wurde. Ab der Abrechnungsperiode 1985/86 kann er sich daneben wahlweise auch auf ein pauschales Kürzungsrecht in Höhe von 15% berufen. Das ist eine wesentliche Erleichterung, da dann das unter Umständen recht erhebliche Prozeßrisiko des Mieters entfällt. Anders als im nicht preisgebundenen Wohnraum kann die unterlassene Anwendung der HKV auch öffentlich-rechtlich geahndet werden (§§ 25, 26 Wohnungsbindungsgesetz).

Absatz 2 betrifft die Fälle, in denen bisher zulässigerweise die Kosten für die Versorgung mit Wärme oder Warmwasser in der Einzelmiete enthalten waren. Für diese Wohnungen gelten jetzt die Ausnahmemöglichkeiten nach § 11 HKV und die Übergangsregelung § 12 Abs. 1 HKV. Um zur Zeit der Änderung der Verordnung (April 1984) im Bau befindliche Vorhaben nicht zu beeinträchtigen, wurden die jeweiligen Fristen verlängert. Soweit keine Ausnahmeregelung nach § 11 HKV eingreift, muß auch in diesen preisgebundenen Neubauwohnungen bis 30. 6. 1985 mit der Verbrauchserfassung begonnen werden.

Berlin-Klausel

13 Diese Verordnung gilt nach § 14 des Dritten Überleitungsgesetzes in Verbindung mit § 10 des Energieeinsparungsgesetzes auch im Land Berlin.

Die Verordnung gilt für den nicht preisgebundenen Wohnraum in Berlin. Der Großteil des Berliner Wohnungsbestandes ist jedoch als Altbauwohnung preisgebunden. Für diese Altbauwohnungen gilt die Heizkostenverordnung jetzt ebenfalls (vgl. Anm. 3 zu § 1 HKV und Anm. 3 vor § 1 MHG).

Anhang

5. Gesetz zur Förderung der Modernisierung von Wohnungen und von Maßnahmen zur Einsparung von Heizenergie (Modernisierungs- und Energieeinsparungsgesetz – ModEnG)

In der Fassung vom 12. Juli 1978 (BGBl. I S. 993), geändert durch Gesetz vom 20. Dezember 1982 (BGBl. I S. 1912).

BGBl. III 2330–19

– Auszug –

Modernisierung, Energieeinsparung, Instandsetzung

3 (1) Modernisierung im Sinne dieses Gesetzes ist die Verbesserung von Wohnungen durch bauliche Maßnahmen, die den Gebrauchswert der Wohnungen nachhaltig erhöhen oder die allgemeinen Wohnverhältnisse auf die Dauer verbessern.

(2) Bauliche Maßnahmen, die nachhaltig Einsparungen von Heizenergie bewirken, sind Modernisierung im Sinne dieses Gesetzes.

(3) Maßnahmen der Instandsetzung fallen unter die Modernisierung im Sinne dieses Gesetzes, wenn sie durch bauliche Maßnahmen zur Verbesserung von Wohnungen oder zur Einsparung von Heizenergie verursacht werden.

(4) Instandsetzung im Sinne dieses Gesetzes ist die Behebung von baulichen Mängeln, insbesondere von Mängeln, die infolge Abnutzung, Alterung, Witterungseinflüssen oder Einwirkungen Dritter entstanden sind, durch Maßnahmen, die in den Wohnungen den zum bestimmungsgemäßen Gebrauch geeigneten Zustand wieder herstellen.

(5) Maßnahmen der Modernisierung und Instandsetzung können sich auch auf Gebäudeteile außerhalb der Wohnungen, auf zugehörige Nebengebäude, auf das Grundstück und auf dessen unmittelbare Umgebung erstrecken, sofern sie den Wohnungen zugute kommen.

(6) Wird durch eine Modernisierung ein Ausbau im Sinne des § 17 Abs. 1 Satz 2 des Zweiten Wohnungsbaugesetzes bewirkt, so sind die durch den Ausbau modernisierten Wohnungen neugeschaffener Wohnraum im Sinne des Zweiten Wohnungsbaugesetzes.

Modernisierungsmaßnahmen

4 (1) Bauliche Maßnahmen, die den Gebrauchswert der Wohnungen erhöhen, sind insbesondere Maßnahmen zur Verbesserung
1. des Zuschnitts der Wohnung,
2. der Belichtung und Belüftung,
3. des Schallschutzes,
4. der Energieversorgung, der Wasserversorgung und der Entwässerung,
5. der sanitären Einrichtungen,
6. der Beheizung und der Kochmöglichkeiten,
7. der Funktionsabläufe in Wohnungen,
8. der Sicherheit vor Diebstahl und Gewalt.

Zu den baulichen Maßnahmen, die den Gebrauchswert der Wohnungen erhöhen, kann der Anbau gehören, insbesondere soweit er zur Verbesserung der sanitären Einrichtungen oder zum Einbau eines notwendigen Aufzugs erforderlich ist. Der Gebrauchswert von Wohnungen kann auch durch besondere bauliche Maßnahmen für Behinderte und alte Menschen erhöht werden, wenn die Wohnungen auf Dauer für sie bestimmt sind.

(2) Bauliche Maßnahmen, die die allgemeinen Wohnverhältnisse verbessern, sind insbesondere die Anlage und der Ausbau von nicht öffentlichen Gemeinschaftsanlagen wie Kinderspielplätzen, Grünanlagen, Stellplätzen und anderen Verkehrsanlagen.

(3) Bauliche Maßnahmen, die nachhaltig Einsparungen von Heizenergie bewirken (energiesparende Maßnahmen), sind insbesondere Maßnahmen zur
1. wesentlichen Verbesserung der Wärmedämmung von Fenstern, Außentüren, Außenwänden, Dächern, Kellerdecken und obersten Geschoßdecken,
2. wesentlichen Verminderung des Energieverlustes und des Energieverbrauchs der zentralen Heizungs- und Warmwasseranlagen,

3. Änderung von zentralen Heizungs- und Warmwasseranlagen innerhalb des Gebäudes für den Anschluß an die Fernwärmeversorgung, die überwiegend aus Anlagen der Kraft-Wärme-Kopplung, zur Verbrennung von Müll oder zur Verwertung von Abwärme gespeist wird,
4. Rückgewinnung von Wärme,
5. Nutzung von Energie durch Wärmepumpen- und Solaranlagen.

Miete nach der Modernisierung

14 (1) Bei der Bewilligung der Mittel zur Förderung der Modernisierung von nicht preisgebundenen Wohnungen hat sich der Eigentümer zu verpflichten, nach der Modernisierung höchstens eine Miete zu erheben, die sich aus der vor der Modernisierung zuletzt vereinbarten Miete und dem nach Absatz 2 ermittelten Erhöhungsbetrag ergibt. Im übrigen bleiben die Vorschriften des Gesetzes zur Regelung der Miethöhe (Artikel 3 des Zweiten Wohnraumkündigungsschutzgesetzes vom 18. Dezember 1974 – BGBl. I S. 3603, zuletzt geändert durch Artikel 3 des Gesetzes vom 27. Juni 1978 – BGBl. I S. 878) unberührt.

(2) Der Erhöhungsbetrag kann nach § 2 Abs. 1 oder nach § 3 Abs. 1 des Gesetzes zur Regelung der Miethöhe ermittelt werden.

(3) Die für die Instandsetzung aufgewendeten Kosten und die zur Förderung der Instandsetzung gewährten Mittel bleiben bei der Ermittlung der Miete unberücksichtigt.

(4) Die Verpflichtung nach Absatz 1 endet, wenn die Mittel als Zuschüsse zur Deckung von laufenden Aufwendungen gewährt werden, mit Ablauf des Zeitraums, für den sich die laufenden Aufwendungen vertragsmäßig durch die Gewährung der Mittel vermindern. Sie endet, wenn die Mittel als Zuschuß zur Deckung der Kosten gewährt werden, mit Ablauf des neunten Kalenderjahres nach dem Kalenderjahr, in dem die Modernisierung beendet ist; sind die Mittel auch zur Deckung von laufenden Aufwendungen gewährt worden, endet die Verpflichtung mit dem Ablauf des aus Satz 1 folgenden Zeitraumes. Werden die Mittel als Darlehen zur Deckung der Kosten der Modernisierung gewährt, endet die Verpflichtung mit Ablauf des Kalenderjahres, in dem die Mittel planmäßig vollständig zurückgezahlt werden.

Vorzeitige Beendigung der Verpflichtungen für neu begründete Mietverhältnisse

15 (1) Wird ein Mietverhältnis über eine nicht preisgebundene Wohnung nach Ablauf von drei Jahren nach der Durchführung der Modernisierung neu begründet, so endet die nach § 14 Abs. 1 eingegangene Verpflichtung mit dem Beginn der Mietzeit, wenn der Eigentümer entsprechend der Art der ihm bewilligten Mittel

a) zuvor auf die noch ausstehenden, anteilig auf die Wohnung entfallenden Zuschüsse zur Deckung von laufenden Aufwendungen verzichtet,

b) das anteilig auf die Wohnung entfallende Darlehen zur Deckung der Kosten auf Grund einer zuvor eingegangenen Verpflichtung innerhalb von drei Monaten vollständig zurückgezahlt hat,

c) den anteilig auf die Wohnung entfallenden Zuschuß zur Deckung der Kosten auf Grund einer zuvor eingegangenen Verpflichtung innerhalb von drei Monaten mit dem Betrage zurückgezahlt hat, der bei gleichmäßiger Aufteilung des Zuschusses auf zehn Jahre nach der Modernisierung in die Zeit nach Beginn des neu begründeten Mietverhältnisses fällt.

(2) Die für die Bewilligung der Mittel zuständige Stelle soll dem Eigentümer schriftlich bestätigen, von welchem Zeitpunkt an die Verpflichtung nach § 14 Abs. 1 entfallen ist.

Überhöhte Miete

16 Verstößt der Eigentümer gegen die nach § 14 oder § 15 eingegangenen Verpflichtungen, hat er dem Mieter den zuviel empfangenen Betrag zurückzuerstatten und vom Empfang an zu verzinsen. Der Anspruch auf Rückerstattung verjährt nach Ablauf von vier Jahren nach der jeweiligen Leistung des Mieters, jedoch spätestens nach Ablauf eines Jahres von der Beendigung des Mietverhältnisses an.

Sachverzeichnis

Die fett gedruckten Zahlen bezeichnen die Paragraphen des BGB
oder der sonst jeweils zusätzlich angegebenen Rechtsvorschrift
die mager gedruckten Zahlen bezeichnen die Nummer der Anmerkung.

Abbuchungsermächtigung **535**, 8
Ablauf der Preisbindung 2 MHG 3, 7
Abmahnung 550, 553, 1, 3; **554a**, 2, 3
Abnutzung 548, 1; **564b**, 3
Abrechnung der Nebenkosten 4 MHG 7, 10; **1 HKV** 1, 6 **HKV** 2
Abschluß des Mietvertrages 535, 1
Abschreibung **5 WiStG**, 3
Abstandszahlung **550a**
Abtretung **573**
Änderung des Mietvertrages **566**, 2
Änderungskündigung 1 MHG 1, **10 MHG** 1, 5
Altbauwohnung **564b** 5
Altenheim (Altersheim) **556a** 3; **535**, 6; **11 HKV**, 3
Alter des Mieters **556a**, 3
Amtsgericht **535**, 15
Angabe der Kündigungsgründe 564b, 8; **564**, 6
Annahmeverzug **556**, 1
Antenne **535**, 7
Anwartschaftsrecht **559**, 3
Anzeigepflicht bei Mangel **545**
Arbeitgeber **535**, 5; **1 MHG**, 3
Arbeitsplatzwechsel **552**, 1
Arbeitsverhältnis **565b**
Arglist **539**, 2
Arglistiges Verschweigen **540**
Aufbewahrung **556**, 2
Auflösende Bedingung 564c, 1; **565a**, 5
Aufnahme von Angehörigen **549**, 1, **553**, 2; Personen des anderen Geschlechts **549**, 1; **554a**, 3
Aufrechnung **554**, 5; **558**, 3; **573**; **575**
Aufrechnungsverbot **552a**, 1

Aufteilung der Wohnung 564b, 6
Aufteilung der Baukosten 3 MHG, 10
Aufwendungen, laufende vor **1 MHG**, 4; **5WiStG**, 3
Aufwendungsersatz bei Mängelbeseitigung **538**, bei Modernisierung **541 b**, 12, bei Verwendungen **547**, 1
Ausbildungsverhältnis **564b**, 12
Auskunftspflicht des Mieters **535**, 1
Ausländer **2 MHG** 5
Ausschluß von Mieterhöhungen 1 MHG, 3; **2 MHG**, 3
Ausstattung der Wohnung **2 MHG**, 5; zur Verbrauchserfassung **4 HKV**
Auswahl der Erfassungsgeräte **4 HKV**
Bagatellreparaturen **535**, 13
Balkon **2 MHG**, 5
Bargeld **559**, 2
Baugenehmigung **564c**, 5
Bauherr **3 MHG**, 2
Bauherrenmodell **535**, 5
Baukosten **3 MHG**, 9
Baukostenzuschuß **547**, 3; **557a**; **564**, 4
Bauliche Veränderungen **535**, 7
Baumaßnahmen **564c**, 3, 5; **3 MHG**, 7
Beamter **565b**, **570**
Bearbeitungsgebühr **550a**
Bedienungskosten **7 HKV**, 2
Bedingung **565a**
Beendigung des Mietverhältnisses 564, 557a, 1
Befriedigung des Vermieters **554**, 5, 6
Befristeter Mietvertrag **564c**, 1; **565a**

Sachverzeichnis

Begründung der Kündigung 564a, 2; 564, 6
Begründung der Mieterhöhung 2 MHG, 9
Belästigungen 535, 7; 553, 2; 554a, 3; 564b, 3
Belege 3 MHG, 13; 4 MHG, 7, 10
Belegungsrecht 565b
Belehrung zum Kündigungswiderspruch 564a, 3
Beleidigungen 554a, 3; 564b, 3
Berechnungsverordnung, Text bei 4 MHG, 12
Berechtigtes Interesse 564b, 2
Bergmannswohnungen 7 MHG
Berliner Altbauwohnungen vor 1 MHG, 3; 550b, 1; 564b, 5; 1 HKV, 3
Berufung 535, 16
Beschädigung 545
Besichtigungsrecht 535, 11; 2 MHG, 12
Bestandsschutz 564b, 1; 564c, 2
Betriebskosten 4 MHG, 3; 2 MHG, 10; 5 WiStG, 3; 7 HKV, 2
Betriebsrat 565c
Bevollmächtigter 564, 2; 568, 3; 571, 2; 2 MHG, 9
Beweislastübertragung 535, 2
Bewirtschaftungskosten 5 WiStG, 3
Blockheizwerk 1 HKV, 2
Breitbandkabel 3 MHG, 4; 541b, 1
Bürgschaft 550b, 2, 6
Bürgschaftskosten 5 MHG, 2
Bußgeld 5 WiStG, 1; 1 HKV
Darlehenstilgung 5 MHG, 5
Dauerauftrag 550, 1
Dingliches Wohnrecht 1 MHG, 2
Disagio 5 MHG, 2
Doppelvermietung 541
Dübellöcher 548; 535, 7
Duldungspflicht bei Erhaltungsarbeiten 541a, 2, bei Modernisierungsarbeiten 541b, 1, bei Heizkostenerfassung 4 HKV, 3
Effektivzinssatz 5 MHG, 2
Eigenarbeit 3 MHG, 10
Eigenbedarf 564b, 4
Eigenkapital 5 MHG, 3

Eigenkapitalkosten 5 WiStG, 3
Eigennutzung 564c, 3, 4
Eigentum 559, 3
Eigentumsübergang 571; 5 MHG, 7
Eigentumsvorbehalt 559, 3
Eigentumswohnung 564b, 5; 1 HKV, 3
Einbauten des Mieters 541b, 5
Einfamilienhaus 1 HKV, 2
Einfamilienhaus mit Einliegerwohnung siehe Zweifamilienhaus
Einrichtungen 535, 7; 547a, 1; 556, 1; 557, 2
Einschreiben 564, 3
Einsichtsrecht 3 MHG, 13; 4 MHG, 7
Einstweilige Verfügung 550; 561
Eintritt in den Mietvertrag 565, 3; 569a; 557, 2
Einweisung des Mieters durch Gemeinde 557, 2
Elektronische Verbrauchserfassungsgeräte 4 HKV, 3
Energieeinsparung 3 MHG, 6
Entlassung aus dem Mietvertrag 552, 3
Entschädigung für Einrichtungen 547a, 2
Erbfall 554, 2
Erhaltung der Wohnung 535, 12; 541a, 1; 548, 1; 3 MHG, 3
Erhaltungsarbeiten 564c, 5; 541a
Erhöhung der Miete 2 MHG, Nebenkosten 4 MHG
Erklärungsfiktion 535, 2
Erlaubnis zur Untervermietung 549, 3
Ersatzmieter 552, 3
Erschließungsaufwand 3 MHG, 2
Fälligkeit der Miete 551, 1, der erhöhten Miete 2 MHG, 16; 3 MHG, 12, 14; der Nebenkostenabrechnung 4 MHG, 7, 11
Fahrräder 535, 7
Faksimile 564a, 1; 8 MHG
Falsche Angaben 535, 1; 564b, 9
Familie 564b, 12
Familienangehörige 564b, 4; 564c, 4

Sachverzeichnis

Fehler 537, 6
Feiertag 565, 2
Ferienwohnung 535, 15
Fernsehantenne 3 MHG, 4
Fernwärme 6 HKV, 1; 1 HKV, 2
Feuchtigkeit 535, 2; 537, 3
Finanzierungskosten 2 MHG, 5; 3 MHG, 9; 5 MHG, 2; 5 WiStG, 3
Formularmietvertrag 535, 2
Fortsetzung des Mietverhältnisses bei befristetem Mietvertrag 564c, 2; mit Ersatzmieter 552, 3; nach der Sozialklausel 556a, 6; durch stillschweigenden Gebrauch 568
Fragebogen 535, 1
Fristenplan 535, 12
Fristlose Kündigung siehe Kündigung
Frostschaden 535, 7
Fußbodenbelag siehe Teppichboden
Gäste 549, 1
Garage 543; 559 2; 564, 7; vor 1 MHG, 2
Garantiehaftung des Vermieters 538, 1
Garten 564, 7
Gasumstellung 3 MHG, 7
Gebrauchspflicht des Mieters 535, 9
Gebrauchsgestattung 535, 7
Geisteskrankheit 553, 4; 554a, 3
Geld 559, 2
Genossenschaftswohnung 535, 1
Gemeinde 2 MHG, 4
Gemeinnützige Wohnungsbaugesellschaft vor 1 MHG, 2; 2 MHG, 5, 9; 10 MHG, 4
Gemeinschaftsanlage 3 MHG, 5
Gerichtliches Verfahren 535, 15
Gerichtsstandsvereinbarung 535, 15
Gerichtsvollzieher 556, 2; 559, 5; 560
Geschirrspülmaschine 535, 7
Gesundheitsgefährdung 544, 2
Gesundheitsschäden 538, 4; 535, 4
Gewerberaum 535, 4; 557, 4; 564b, 10
Gewerbliche Nutzung 535, 7; 553, 2; 564b, 3; 1 HKV, 2; 2 HKV

Gewerbliche Weitervermietung 535, 5
Gewohnheitsrecht 535, 12
Gleitklausel 1 MHG, 3
Grob fahrlässige Unkenntnis 539, 2
Grundrißveränderung 541b, 4; 564b, 6
Grundsteuer 546, 4 MGH, 7
Härte 541b, 2; 556a, 3; 557, 4
Haftung für Untermieter 549, 8
Hausmeisterwohnung 564b, 12; 4 MHG, 3
Hausordnung 535, 3; 553, 2; 554a, 3
Hausstandsangehörige 564b, 4
Hausverwaltung 4 MHG, 3
Hauswart (Hausmeister) 565c; 4 MHG, 3
Heime 564b, 12; 535, 6; 11 HKV, 3
Heizkosten 4 MHG, 1, 4; 1 HKV
Heizkostenverteiler 5 HKV, 2; 7 HKV, 2
Heizmaterial 535, 7
Heizöl 556, 1
Heizöltank 4 MHG, 4
Heizpflicht 536, 7, 10
Heizungsausfall 537, 3; 541b, 3; 542, 2
Heizungsbetrieb 535, 7
Herausgabeanspruch 556, 5
Indexorientierte Mieterhöhung 10 MHG, 1
Individualabreden 535, 2
Inklusivmiete 2 MHG, 10
Inserate 556a, 3; 564b, 9
Instandhaltungskosten 5 WiStG, 3
Instandhaltungsreparaturen 548, 1
Instandsetzungsmaßnahmen 3 MHG, 3; 4 MHG, 3
Investitionen des Mieters 556a, 3
Jugendwohnheim 564b, 12
Kabelfernsehen 3 MHG, 4; 541b, 1
Kaltverdunstung 5 HKV, 2
Kapitalkosten 5 MHG, 2; siehe auch Finanzierungskosten
Kappungsgrenze 2 MHG, 7
Kaution 550b, 554, 1; 558, 2; 572
Kenntnis des Mangels 539, 1; der Pfandentfernung 560; des Untermieters 556, 5
Kinderbetreuung 536, 7

Sachverzeichnis

Klagefrist 2 MHG, 15
Kleider 559, 4
Konkurs 550b, 4; **571**, 1, 4
Kosten des gerichtlichen Verfahrens **535**, 18; **554**, 6; **2 MHG**, 15; der Räumung **556**, 2; der Verbrauchserfassung **4 HKV**, 4
Kostenmiete 557, 3; **558**, 3; **5 WiStG**, 3
Krankheit des Mieters **552**, 1, 3; **556a**, 3
Kühlschrank 559, 4
Kündigung 564; befristete, außerordentliche **564**, 5; **564b**, 1; **569**, 1; **569a**, 6; **571**, 4; **9 MHG**, 1; fristlose außerordentliche **564**, 6; **542**, 1; **544**, 1; **553**, 1; **554**, 1; **554a**, 1; ordentliche **564** b; Schriftformerfordernis **564a**
Kündigungsausschluß 10 MHG, 3
Kündigungsfrist 565
Kündigungsschutz des Untermieters 564b, 1; **556**, 5
Kündigungstermin 564, 1
Kündigungswiderspruch 556a, 1
Kürzungsbetrag bei subventionierter Modernisierung **2 MHG**, 8
Lärm 542, 2; **554a**, 6; **564b**, 3
Lage 2 MHG, 5
Landeszentralbank 10 MHG, 1
Lasten 546
Laufende Aufwendungen 5 WiStG, 3; **vor 1 MHG**, 4
Leasing von Wärmemessern **4 HKV**, 4
Lebenspartner 549, 1
Lebensversicherungsbeiträge 5 MHG, 2
Lebenszeit 567
Leitungsverstopfung 535, 2
Luxusmodernisierung 541b, 6
Makler 556a, 3; **564b**, 9
Mangel 537
Mangelanzeige 545
Mangelbeseitigung 538, 5
Mangelkenntnis 539, 1
Mansardenzimmer 564b, 10
Mietanpassungsklausel 10 MHG, 1
Mietaufhebungsvertrag 564, 1

Mietausfall 553, 4; **554**, 4; **557**, 4; **558**, 1
Miete, Fälligkeit 551, 1
Mieterdarlehen 557a, 1
Mieterhöhung 1 ff MHG, nach Modernisierung **541b**, 6; **3 MHG**
Mieterhöhungsverlangen 2 MHG, 9
Mietermodernisierung 547a, 3; **556a**, 3
Mietkaution siehe Kaution
Mietnachfolgeklausel 552, 3
Mietpreisüberhöhung 5 WiStG
Mietrückstände, Kündigung **554**; Pfandrecht **563**
Mietspiegel 2 MHG, 10, 17
Mietverhältnis auf bestimmte Zeit 564, 1
Mietverhältnis zur Probe 564c, 3
Mietvorauszahlung 547a, 3; **557a**, 1; **554**, 1; **573**
Mietwucher 5 WiStG, 2
Mietzahlungspflicht 538, 8
Minderung 537, 3; **554**, 2; **557**, 3
Mindestanforderung an Verbrauchserfassungsgeräte **5 HKV**
Mischraummietverhältnis 535, 5
Mischverträge 535, 6
Mitbestimmung 565c
Mitmieter 535, 4
Mitteilung des berechtigten Interesses **564c**, 2; von geplanten Modernisierungsarbeiten **541b**, 11; beim Zeitmietvertrag **564c**, 6
Modernisierung 541b, 1; **564c**, 5; **1 MHG**, 3; **3 MHG**, 1
Modernisierungsgebot 541b, 10
Modernisierungs- und Energiesparungsgesetz abgedruckt im Anhang
Möblierter Wohnraum 564b, 12; **565**, 4; **5 WiStG**, 3
Moped 535, 7
Müllabfuhr 4 MHG, 4
Mustermietvertrag 535, 2
Musikausübung 535, 7
Nachholen des Mieterhöhungsverlangen **2 MHG**, 15
Nachlaßverwalter 569, 1

Sachverzeichnis

Nachschieben von Kündigungsgründen 564b, 8
Nebenkosten 554, 1; 557, 3; 4 MHG; 7 HKV, 3; 2 MHG, 10
Neubau 539, 1; 7 HKV, 2
Nichteheliche Lebensgemeinschaft 564b, 12; 569a, 1, 4
Niedrigtemperaturheizung 11 HKV, 2
Nutzungsentschädigung 556, 2; 557, 1; 558, 1
Nutzungsvergütung 556, 5
Obdachlosigkeit 557, 1
Obhutspflicht 535, 10
Öffentliche Aufgaben 564b, 7
Öffentlich geförderter Wohnungsbau 564b, 5, 7; 535, 8; vor 1 MHG; 4 MHG, 2; 9 MHG, 1; 10 MHG, 4; 5 WiStG, 1; 1 HKV, 2
Öffentliche Mittel siehe Subventionen
Öffentliches Interesse 556a, 5
Örtliche (ortsübliche) Vergleichsmiete 2 MHG, 4
Offenlegung der Finanzierung 5 MHG, 6
Pauschale Kürzung der Heizungskosten 4 HKV, 2
Pauschale für Nebenkosten 4 MHG, 2; 7 HKV, 3
Personenmehrheit 535, 1; 564, 2; 568, 3; 2 MHG, 9
Pfändungspfandrecht 559, 5
Pfandrecht 559, 1
Pfandverwertung 559, 1
Pflanzen 547a, 1
Pflegebedürftigkeit 556a, 3
Pflegeheim 556a, 3
Pflichtverletzung 564b, 3
Pförtner 565c
Preisbindung vor 1 MHG, 2; 2 MHG, 3; siehe auch Ablauf der Preisbindung; siehe auch öffentlicher geförderter Wohnungsbau
Prozeßkostenhilfe 535, 18
Radio 559, 4
Räumung 556, 1
Räumungsfrist 535, 16; 554, 4; 568, 2
Räumungsklage 535, 16; 556, 2; 564c, 9
Räumungsschutz 556, 2; 556a, 1; 557, 1, 5
Räumungsschutz bei befristetem Mietvertrag 564a, 2; des Untermieters 549, 2
Ratenzahlung 550b, 3
Raumschräge 2 MHG, 5
Rechnungsbelege 3 MHG, 13; 4 MHG, 7
Rechtsentscheid 535, 17
Reinigung 535, 3, 14; 556, 1; eines Heizöltanks 7 HKV, 2
Rendite 564b, 6; 2 MHG, 13
Reparaturen 535, 13; an Heizanlage 4 MHG, 4
Ruhezeiten 535, 7
Rückforderung überhöhter Miete vor 1 MHG, 4; 10 MHG, 3; 5 WiStG, 1; überhöhter Modernisierungszuschläge 3 MHG, 11
Rückgabe 556, 1
Rücktrittsrecht 570a
Rückzahlungspflicht 557, 1, 2; 558, 2
Ruhrkohle AG 7 MHG
Saarland 6 MHG
Sachverständigengutachten 2 MHG, 11
Sanierung 556a, 5
Schadensersatz bei Mängel 538, 1; bei Kündigung 542, 1; 553, 4; 564b, 9; neben Nutzungsentschädigung 557, 4; -pauschalierung 550a; 535, 2; bei Rechtsmängel 541; bei Täuschung des Mieters 564c, 8; bei Untervermietung 549, 6, 7; Verjährung 558, 1; bei Verletzung der vorvertraglichen Schutzpflichten 535, 1; bei verspäteter Wohnungsübergabe 535, 7
Schätzung des Wärmeverbrauchs 4 HKV, 3
Schallschutz 537, 1; 541b, 1
Scheck 559, 2
Schlüsselübergabe 556, 1; 557, 2
Schlüsselüberlassung 535, 10
Schönheitsreparaturen, Duldung bei Modernisierung 541a, 1; 541b,

Sachverzeichnis

5; Übertragung auf Mieter **535**, 12; **548**, 1; unterlassene – **550a**; **557**, 2, Verjährung **558**, 1
Schornsteinreinigung 7 HKV, 2
Schräge 2 MHG, 5
Schreibautomat 8 MHG
Schriftform 564a, 1; **566**; **535**, 1; **2 MHG**, 9
Schriftformklausel 566, 4
Schwangerschaft 556a, 3
Selbstauskunft 535, 1
Selbsthilferecht 561
Sicherheitsleistung 550b, 2; **562**, **572**
Sicherheitsvorrichtung 535, 7
Sonderkonto 550b, 4
Sonderkündigungsrecht 556a, 4
Sonnabend 551, 1; **565**, 2
Sonntag 565, 2
Sozialhilfeträger 554, 6
Sozialklausel 556a, 1; **564c**, 2; **565d**
Sozialwohnung siehe öffentlich geförderten Wohnungsbau
Spanne in Mietspiegeln **2 MHG**, 10
Sparbuch 550b, 2; **559**, 2
Spekulation 564b, 6
Staffelmiete 10 MHG, 3
Streichen 535, 12
Streupflicht 535, 7
Studentenwohnheim 564c; **550b**, 7; **564b**, 12; **11 HKV**
Subventionen 1 MHG, 3; **2 MHG**, 8; **3 MHG**, 11
Tätlichkeiten 554a, 3
Tagesmutter 536, 7
Tankreinigung 7 HKV, 2
Tapezieren 535, 12
Teilleistung 554, 5
Teilmarkt 2 MHG, 5
Telefon 535, 7
Teppichboden 535, 7; **547a**, 1; **548**, 1; **556**, 1
Testamentsvollstrecker 569, 1
Thermostatventile 12 HKV, 6
Tierhaltung 535, 7
Tilgung des Darlehens **5MHG**, 5
Tilgungsbestimmung 551, 1
Tod des Mieters **552**, **569**
Überbelegung 549, 1; **553**, 2
Übergabe (Mängelrüge) **539**, 1

Übergang zur verbrauchsabhängigen Heizkostenabrechnung **7 HKV**, 3
Überlassung der Wohnung 549, 1
Überlebende Angehörige 569a, **569b**
Überlegungsfrist 2 MHG, 14
Überweisung 551, 1; **554**, 5
Übliche Modernisierung 541b, 9
Übliche Energiekosten 7 HKV, 2
Übliche Entgelte 2 MHG, 4
Umgebung 2 MHG, 5
Umlagemaßstab 4 MHG, 9; **5 MHG**, 4
Umrüstungskosten 11 HKV, 2
Umwandlung in Eigentumswohnung 564b, 5
Umzug 556a, 3
Umzugskosten als Schadensersatz **542**, 1; **564b**, 9
Unkenntnis eines Mangels **539**, 2
Unklare Vertragsabrede 535, 2
Unpfändbare Gegenstände 559, 4
Unterbelegung 569b, 6
Unterlassungsanspruch 550, **535**, 7
Untermiete 549; Heizkostenabrechnung **11 HKV**, 3; Herausgabeanspruch **556**, 4; Kündigungsschutz **556**, 5
Unterrichtung von Modernisierungsarbeiten **541b**, 11
Unterstellung eines Pkw **559**, 2
Untervermietung, unerlaubte **553**, 2; **564b**, 3
Unwirksame Vertragsklausel 535, 2, 12
Verbesserung der Wohnung 541b, 1
Verbrauchsabhängige Abrechnung 1 HKVO
Verbrauchsabhängige Kosten 4 MHG, 7
Verbrauchserfassung 4 HKV, 1, 5; **7 HKV**, 2
Verdunstungsprinzip 5 HKV, 2
Verfahrenskosten 554, 6
Verfallklausel 547, 3; **550a**
Vergleichswohnungen 2 MHG, 12
Verhinderung des Mieters 552, 1
Verjährung 558, 1; **4 MHG**, 7

Sachverzeichnis

Verkauf der Mietwohnung 571, 1; 564b, 5
Verkehrssicherungspflicht 535, 7
Verlängerung des Mietverhältnisses 556a, 6; 556c, 1; 568, 1; 557, 1
Verlängerungsklausel 564c, 1; 565a, 1;
Verlobte 549, 1
Vermieterpfandrecht 549, 2; 559, 1
Verpflichtungserklärung 554, 6
Versetzung des Mieters 570
Verstopfung von Abflußleitungen 548, 2
Verteilungsschlüssel 4 MHG, 7; 3 MHG, 10; 7 HKV, 1
Vertragsgemäßer Gebrauch 535, 7; 537, 2; 548; 550; 553, 1
Vertragsstrafe 547, 3; 550a
Vertragsverletzungen 554a, 1; 564b, 3
Vertragswidriger Gebrauch 564b, 3;
Vertretung siehe Bevollmächtigter
Verwaltungskosten 4 MHG, 3
Verwendungen des Mieters 541b, 5; 547, 1
Verwirkung 4 MHG, 7
Verzicht auf Minderungsrecht 537, 4; auf Kündigungswiderspruch 556a, 8
Verzug bei Mängelbeseitigung 538, 4; bei Mietzahlung 551, 2; 554, 2; als Kündigungsgrund 564b, 3
Verzugsschaden 557, 2
Vollmacht, siehe Bevollmächtigter
Vollstreckungsschutz 556a, 1; 557, 1
Vorausverfügung 573
Vorauszahlung 557a, 1; 574; 4 MHG, 2, 5
Vorgetäuschter Kündigungsgrund 564b, 9
Vormerkung 571, 1
Vorübergehender Gebrauch 564b, 12
Vorvertragliche Schutzpflicht 535, 1
Vorzugsweise Befriedigung 560, 563
Währungsgesetz 10 MHG, 1

Wärmemesser 4 HKV, 3
Wärmezähler 5 HKV, 2
Wahrheitspflicht 535, 1
Wandschrank 547a, 1
Warmmiete 11 HKV, 1; 2 HKV
Warmwasserkosten 1 HKV, 1; 5 HKV, 3; 8 HKV
Wartefrist 564b, 5; 2 MHG, 3
Wartungskosten 7 HKV, 2
Waschbecken 547a, 1
Waschmaschine 535, 7, 10
Wasserschaden 535, 4, 10; 545
Wechsel zur verbrauchsabhängigen Abrechnung 7 HKV, 3
Wegnahmerecht 547a, 2; 558, 3
Weitervermietung 535, 5; 556, 5; 549, 2
Werkdienstwohnung 565b
Werkmietwohnung 565b, 565c
Wertpapiere 559, 2
Wertsicherungsklausel 10 MHG, 1
Wesentlichkeitsgrenze 5 WiStG, 3
Widerspruch gegen Fortsetzung des Mietverhältnisses 568, 3; gegen Kündigung 556a, 1; 565b; des Untermieters 556a, 5
Wirtschaftlichkeit 541b, 7; 1 MHG
Wirtschaftliche Verwertung 564b, 6
Wohnbedarf 564b, 4
Wohnflächenermittlung 2 MHG, 5
Wohngeldstatistik 2 MHG, 13
Wohngemeinschaft 2 MHG, 5; 549, 3
Wohnheim, siehe Altenheim, Studentenwohnheim
Wohnraummietrecht, Anwendungsbereich 535, 5; 564b, 1
Wohnrecht, dingliches 1 MHG, 2
Wohnungseigentum 564b, 2
Wohnungsgröße 2 MHG, 5
Wohnverhältnisse 3 MHG, 5
Zahlung unter Vorbehalt 10 MHG, 1
Zahlungsverzug siehe Verzug
Zeitmietvertrag 564c, 3; 556b, 1
Zentralheizung 4 MHG, 4; 1 HKV, 2; 9 HKV
Zinsen 550b, 4; 5 MHG, 2
Zinsverbilligung 3 MHG, 11

Sachverzeichnis

Zugang der Kündigung 564, 3
Zugangsfiktion 535, 2
Zumutbare Miete 541 b, 6
Zumutbarkeit von Modernisierungsarbeiten 541 b, 2; der Vertragsfortsetzung 554 a, 3, 6
Zurückbehaltungsrecht 552 a, 1; 554, 2; 556, 3
Zusammenlegung von Räumen 564 b, 6, 10; 541 a, 4
Zuschlag zu Mietspiegelwerten 2 MHG, 18

Zustimmung zur Mieterhöhung 2 MHG, 14; 10 MHG, 2
Zwangsversteigerung 571, 1, 4
Zwangsvollstreckung 550 b, 4; 559, 4
Zweckentfremdungsgenehmigung 564 c, 5, 564 b, 6
Zweifamilienhaus 564 b, 10; 556 a; 1 MHG, 1; 11 HKV, 3; 2 HKV, 1 HKV, 2
Zwischenumzug 556 a, 3

Buchanzeigen

Beck'sche Gesetzestexte mit Erläuterungen

Wohngeldgesetz
mit Wohngeldtabellen, Wohngeldverordnung und Allgemeiner Verwaltungsvorschrift

Von **Rolf Lenhard,** Oberregierungrat im Bundesministerium für Raumordnung, Bauwesen und Städtebau
1984. XV, 246 Seiten. Kartoniert DM 24,–
(ISBN 3-406-09405-8)

Rund **1,8 Millionen Haushalte erhalten Wohngeld** nach dem Wohngeldgesetz. In Zeiten sinkender Realeinkommen und steigender Mieten ist das Gesetz für einkommensschwache Haushalte von zunehmender Bedeutung.

Das Wohngeldrecht ist in jüngster Zeit **häufig geändert** worden. Dadurch hat die Überschaubarkeit des Wohngeldrechts stark gelitten. Angesichts dieser Lage bietet dieser Band eine zuverlässige Hilfe. Die Erläuterungen sollen für Sachbearbeiter, im Wohngeldrecht nicht spezialisierte Juristen, Berater in sozialen Angelegenheiten sowie schließlich auch für Antragsberechtigte selbst die wesentlichen Probleme klären und die Einarbeitung in das Wohngeldrecht und dessen Anwendung erleichtern. **Kurz und bündig** werden das **Wohngeldgesetz** und die **Wohngeldverordnung** unter Beachtung der Bestimmungen des Sozialgesetzbuchs erläutert. Die für die Bewilligungspraxis besonders wichtige **Allgemeine Verwaltungsvorschrift** ist bei den einzelnen Paragraphen abgedruckt.

Zum Verfasser:

Rolf Lenhard ist Oberregierungsrat im Bundesministerium für Raumordnung, Bauwesen und Städtebau und dort als Referent für den gesamten Bereich des Wohngeldrechts tätig.

Wichtig: Im Anschluß an die zum 1. 1. 1986 in Kraft tretenden Änderungen des Wohngeldrechts wird die 2. Auflage Anfang 1986 erscheinen. Sie wird auch die zu erwartenden Änderungen der Wohngeldverordnung und Wohngeldverwaltungsvorschriften berücksichtigen.

Verlag C. H. Beck München

Beck'sche Gesetzestexte mit Erläuterungen

Bayerische Bauordnung (BayBO)

Von **Dr. Herbert Schwarzer,** Vorsitzender Richter am Bayerischen Verwaltungsgerichtshof, Mitglied des Bayerischen Verfassungsgerichtshofs
1984. XII, 275 Seiten. Kartoniert DM 32,–
(ISBN 3-406-09793-6)

Zum Inhalt

Die Bayerische Bauordnung ist durch das 4. Änderungsgesetz vom 21. 6. 1982 erheblich geändert und anschließend mit neuer Artikel-, Absatz- und Nummernfolge bekanntgemacht worden. Das damit für Bayern weitgehende **neu geregelte und vereinfachte Bauordnungsrecht** berührt die Rechte und Interessen vieler Bürger und Unternehmen. Für sie und ihre technischen und juristischen Berater, also in erster Linie für Architekten und Rechtsanwälte sowie für alle mit baurechtlichen Vorgängen und Maßnahmen befaßten Gemeinden, Verwaltungsbehörden und Gerichte enthält der vorliegende Band nicht nur den neuen Text der Bayerischen Bauordnung, sondern auch eine **knappe und allgemeinverständliche Erläuterung** aller Artikel.

Bei der Darstellung wurde besonderer Wert darauf gelegt, Sinn und Zweck der jeweiligen Vorschriften und ihren Zusammenhang herauszustellen. Näher erläutert werden vor allem die **Abstandsvorschriften, die behördlichen Eingriffsmöglichkeiten, der Nachbarschutz sowie der Rechtsschutz der Betroffenen.**

Zum Verfasser:

Dr. Herbert Schwarzer ist Vorsitzender Richter eines Senats des Bayerischen Verwaltungsgerichtshofs, der sich ausschließlich mit dem öffentlichen Baurecht befaßt, und außerdem Mitglied des Bayerischen Verfassungsgerichtshofs.

Verlag C. H. Beck München

07. SEP. 1988
20. JUN. 1989

17. AUG. 1989
11. SEP. 1989
31. MAI 1990

08. MRZ 1991

09. OKT. 1991
18. NOV. 1991

21. APR. 1992
27. Mai 1992